16	3	2	13
5	10	11	8
9	6	7	12
4	15	14	1

coleção TRANS

Pierre Lévy

AS TECNOLOGIAS
DA INTELIGÊNCIA
O futuro do pensamento na era da informática

Tradução
Carlos Irineu da Costa

editora■34

EDITORA 34

Editora 34 Ltda.
Rua Hungria, 592 Jardim Europa CEP 01455-000
São Paulo - SP Brasil Tel/Fax (11) 3811-6777 www.editora34.com.br

Copyright © Editora 34 Ltda. (edição brasileira), 1993
Les technologies de l'intelligence © Éditions La Découverte, Paris, 1990

A FOTOCÓPIA DE QUALQUER FOLHA DESTE LIVRO É ILEGAL E CONFIGURA UMA
APROPRIAÇÃO INDEVIDA DOS DIREITOS INTELECTUAIS E PATRIMONIAIS DO AUTOR.

Edição conforme o Acordo Ortográfico da Língua Portuguesa.

Título original:
Les technologies de l'intelligence

Capa, projeto gráfico e editoração eletrônica:
Bracher & Malta Produção Gráfica

Revisão técnica:
Ivana Bentes

Revisão:
Wendell Setúbal

1ª Edição - 1993 (15 Reimpressões),
2ª Edição - 2010 (2ª Reimpressão - 2016)

CIP - Brasil. Catalogação-na-Fonte
(Sindicato Nacional dos Editores de Livros, RJ, Brasil)

Lévy, Pierre, 1956-

L65t   As tecnologias da inteligência: o futuro do
pensamento na era da informática / Pierre Lévy;
tradução de Carlos Irineu da Costa. — São Paulo:
Editora 34, 2010 (2ª Edição).
208 p. (Coleção TRANS)

ISBN 978-85-85490-15-7

Tradução de: Les technologies de l'intelligence

1. Informática - Aspectos sociais.
2. Inteligência artificial. 3. Ciência - Filosofia.
I. Costa, Carlos Irineu da. II. Título. III. Série.

CDD - 303.483

AS TECNOLOGIAS DA INTELIGÊNCIA

Introdução: Face à técnica 7

I. A METÁFORA DO HIPERTEXTO 21
1. Imagens do sentido 21
2. O hipertexto 28
3. Sobre a técnica enquanto hipertexto:
   o computador pessoal 43
4. Sobre a técnica enquanto hipertexto:
   a política das interfaces 51
5. O *groupware* 62
6. A metáfora do hipertexto 70

II. OS TRÊS TEMPOS DO ESPÍRITO:
   A ORALIDADE PRIMÁRIA, A ESCRITA E A INFORMÁTICA 75
7. Palavra e memória 76
8. A escrita e a história 87
9. A rede digital 102
10. O tempo real 115
11. O esquecimento 132

III. RUMO A UMA ECOLOGIA COGNITIVA 135
12. Para além do sujeito e do objeto 137
13. As tecnologias intelectuais e a razão 154
14. As coletividades pensantes e o fim da metafísica 165
15. Interfaces 178

Conclusão: Por uma tecnodemocracia 187

Agradecimentos 200
Bibliografia geral 201

Introdução
FACE À TÉCNICA

Novas maneiras de pensar e de conviver estão sendo elaboradas no mundo das telecomunicações e da informática. As relações entre os homens, o trabalho, a própria inteligência dependem, na verdade, da metamorfose incessante de dispositivos informacionais de todos os tipos. Escrita, leitura, visão, audição, criação, aprendizagem são capturados por uma informática cada vez mais avançada. Não se pode mais conceber a pesquisa científica sem uma aparelhagem complexa que redistribui as antigas divisões entre experiência e teoria. Emerge, neste final do século XX, um *conhecimento por simulação* que os epistemologistas ainda não inventariaram.

Na época atual, a técnica é uma das dimensões fundamentais onde está em jogo a transformação do mundo humano por ele mesmo. A incidência cada vez mais pregnante das realidades tecnoeconômicas sobre todos os aspectos da vida social, e também os deslocamentos menos visíveis que ocorrem na esfera intelectual obrigam-nos a reconhecer a técnica como um dos mais importantes temas filosóficos e políticos de nosso tempo. Ora, somos forçados a constatar o distanciamento alucinante entre a natureza dos problemas colocados à coletividade humana pela situação mundial da evolução técnica e o estado do debate "coletivo" sobre o assunto, ou antes do debate *mediático*.

Uma razão histórica permite compreender esse distanciamento. A filosofia política e a reflexão sobre o conhecimento cristalizaram-se em épocas nas quais as tecnologias de transformação e de comunicação estavam relativamente estáveis ou pareciam evoluir em uma direção previsível.

Na escala de uma vida humana, os agenciamentos sociotécnicos constituíam um *fundo* sobre o qual se sucediam os acontecimentos políticos, militares ou científicos. Apesar de algumas estratégias poderem cristalizar-se explicitamente em torno de uma inovação técnica, este era um caso excepcional [77].[1] Tudo começou a mudar com a

---

[1] Os números entre colchetes remetem à bibliografia geral que está no fim

Face à técnica

revolução industrial, mas apesar das análises de Marx e alguns outros, o segredo permaneceu bem guardado. O século XX só elaborou reflexões profundas sobre motores e máquinas operatrizes, enquanto a química, os avanços da impressão, a mecanografia, os novos meios de comunicação e de transporte, a iluminação elétrica transformavam a forma de viver dos europeus e desestabilizavam os outros mundos. O ruído dos aplausos ao progresso cobria as queixas dos perdedores e mascarava o silêncio do pensar.

Hoje em dia, ninguém mais acredita no progresso, e a metamorfose técnica do coletivo humano nunca foi tão evidente. Não existe mais fundo sociotécnico, mas sim a cena das mídias. As próprias bases do funcionamento social e das atividades cognitivas modificam-se a uma velocidade que todos podem perceber diretamente. Contamos em termos de anos, de meses. Entretanto, apesar de vivermos em um regime democrático, os processos sociotécnicos raramente são objeto de deliberações coletivas explícitas, e menos ainda de decisões tomadas pelo conjunto dos cidadãos. Uma reapropriação mental do fenômeno técnico nos parece um pré-requisito indispensável para a instauração progressiva de uma tecnodemocracia. É para esta reapropriação que desejamos contribuir aqui, no caso particular das tecnologias intelectuais.

Alguém talvez objete que a evolução da informática não é muito adequada a qualquer tipo de debate democrático ou a decisões "políticas". Parece-nos, entretanto, que a informatização das empresas, a criação da rede telemática ou a "introdução" dos computadores nas escolas podem muito bem prestar-se a debates de orientação, dar margem a múltiplos conflitos e negociações onde técnica, política e projetos culturais misturam-se de forma inextrincável. Tomemos o caso da informática escolar na França. Durante os anos oitenta, quantias consideráveis foram gastas para equipar as escolas e formar os professores. Apesar de diversas experiências positivas sustentadas pelo entusiasmo de alguns professores, o resultado global é deveras decepcionante. Por quê? É certo que a escola é uma instituição que há cinco mil anos se baseia no falar/ditar do mestre, na escrita manuscrita do aluno e, há quatro séculos, em um uso moderado da impressão. Uma verdadeira integração da informática (como do audiovisual) supõe portanto o abandono de um hábito antropológico mais que milenar,

do livro. Além disso, no final de cada capítulo há a menção dos títulos citados ou usados em cada um deles.

o que não pode ser feito em alguns anos. Mas as "resistências" do social têm bons motivos. O governo escolheu material da pior qualidade, perpetuamente defeituoso, fracamente interativo, pouco adequado aos usos pedagógicos. Quanto à formação dos professores, limitou--se aos rudimentos da programação (de um certo estilo de programação, porque existem muitos deles...), como se fosse este o único uso possível de um computador!

Foram tiradas lições das muitas experiências anteriores neste assunto? Foram analisadas as transformações em andamento da ecologia cognitiva e os novos modos de constituição e de transmissão do saber a fim de orientar a evolução do sistema educativo a longo prazo? Não, apressaram-se em colocar dentro de sala as primeiras máquinas que chegaram. Em vez de conduzir um verdadeiro projeto político, ao mesmo tempo acompanhando, usando e desviando a evolução técnica, certo ministro quis mostrar a *imagem* da modernização, e não obteve, efetivamente, nada além de imagens. Uma concepção totalmente errônea da técnica e de suas pretensas "necessidades", às quais acreditou-se (ou fez-se acreditar) que era necessário "adaptar-se", impediu o governo e a direção da Educação nacional de impor fortes restrições aos construtores de material e aos criadores de programas. Eles não foram forçados a inventar. Seus comandatários parecem não ter entendido que a política e a cultura podem passar pelo detalhe de uma interface material, ou por cenários de programas bem concebidos.

Ora, tentarei mostrar neste livro que não há informática em geral, nem essência congelada do computador, mas sim um campo de novas tecnologias intelectuais, aberto, conflituoso e parcialmente indeterminado. Nada está decidido a priori. Os dirigentes das multinacionais, os administradores precavidos e os engenheiros criativos sabem perfeitamente (coisa que a direção da Educação nacional parecia ignorar) que as estratégias vitoriosas passam pelos mínimos detalhes "técnicos", dos quais nenhum pode ser desprezado, e que são todos inseparavelmente políticos e culturais, ao mesmo tempo que são técnicos...

Não se trata aqui, portanto, de uma nova "crítica filosófica da técnica", mas antes de colocar em dia a possibilidade prática de uma tecnodemocracia, que somente poderá ser inventada na prática. A filosofia política não pode mais ignorar a ciência e a técnica. Não somente a técnica é uma questão política, mas é ainda, e como um todo, uma *micropolítica em atos*, como veremos em detalhes no caso das interfaces informáticas.

Face à técnica

A questão da técnica ocupa uma posição central. Se por um lado conduz a uma revisão da filosofia política, por outro incita também a revisitar a filosofia do conhecimento. Vivemos hoje uma redistribuição da configuração do saber que se havia estabilizado no século XVII com a generalização da impressão. Ao desfazer e refazer as ecologias cognitivas, as tecnologias intelectuais contribuem para fazer derivar as fundações culturais que comandam nossa apreensão do real. Mostrarei que as categorias usuais da filosofia do conhecimento, tais como o mito, a ciência, a teoria, a interpretação ou a objetividade dependem intimamente do uso histórico, datado e localizado de certas tecnologias intelectuais. Que isto fique claro: a sucessão da oralidade, da escrita e da informática como modos fundamentais de gestão social do conhecimento não se dá por simples substituição, mas antes por complexificação e deslocamento de centros de gravidade. O saber oral e os gêneros de conhecimento fundados sobre a escrita ainda existem, é claro, e sem dúvida irão continuar existindo sempre. Não se trata aqui, portanto, de profetizar uma catástrofe cultural causada pela informatização, mas sim de utilizar os trabalhos recentes da psicologia cognitiva e da história dos processos de inscrição para analisar precisamente a articulação entre gêneros de conhecimento e tecnologias intelectuais. Isto não nos conduzirá a qualquer versão do *determinismo* tecnológico, mas sim à ideia de que certas técnicas de armazenamento e de processamento das representações tornam possíveis ou condicionam certas evoluções culturais, ao mesmo tempo em que deixam uma grande margem de iniciativa e interpretação para os protagonistas da história.

Finalmente, é a uma interrogação sobre as divisões mais fundamentais do ser que nossa reflexão sobre as tecnologias intelectuais irá nos conduzir. O que acontece com a distinção bem marcada entre o sujeito e o objeto do conhecimento quando nosso pensamento encontra-se profundamente moldado por dispositivos materiais e coletivos sociotécnicos? Instituições e máquinas informacionais se entrelaçam no íntimo do sujeito. A progressão multiforme das tecnologias da mente e dos meios de comunicação pode ser interpretada como um *processo metafísico molecular*, redistribuindo sem descanso as relações entre sujeitos individuais, objetos e coletivos. Quem pensa? É o sujeito nu e monádico, face ao objeto? São os grupos intersubjetivos? Ou ainda as estruturas, as línguas, as *epistemes* ou os inconscientes sociais que pensam em nós? Ao desenvolver o conceito de *ecologia cognitiva*, irei defender a ideia de um coletivo pensante homens-coisa, coletivo dinâmico povoado por singularidades atuantes e subjetividades mutantes, tão longe do sujeito exangue da epistemologia quanto das estruturas formais dos belos dias do "pensamento 68".

Em seu livro *Entre dire et faire* [98], Daniel Sibony mostrou até que ponto o objeto técnico e mais geralmente a imensa maquinaria do "fazer" contemporâneo encontravam-se impregnados de desejo e subjetividade. Sem negar a abordagem inteiramente apaixonante tentada por Sibony, persegui o objetivo contrário: mostrar a quantidade de *coisas* e *técnicas* que habitam o inconsciente intelectual, até o ponto extremo no qual o sujeito do pensamento quase não se distingue mais (mas se distingue ainda) de um coletivo cosmopolita[2] composto por dobras e volutas do qual cada parte é, por sua vez, misturada, marmoreada ou matizada de subjetividade branca ou rosa e de objetividade negra ou cinza.

Seguindo esta concepção da inteligência, muitas vezes *deixei a técnica pensar em mim* (como fizeram meus ilustres predecessores Lewis Mumford e Gilbert Simondon) ao invés de debruçar-me sobre ela ou criticá-la. Que o filósofo ou o historiador devam adquirir conhecimentos técnicos antes de falar sobre o assunto, é o mínimo. Mas é preciso ir mais longe, não ficar preso a um "ponto de vista sobre..." para abrir-se a possíveis metamorfoses *sob o efeito* do objeto. A técnica e as tecnologias intelectuais em particular têm muitas coisas para ensinar aos filósofos sobre a filosofia e aos historiadores sobre a história.

Quanto valeria um pensamento que nunca fosse transformado por seu objeto? Talvez escutando as *coisas*, os sonhos que as precedem, os delicados mecanismos que as animam, as utopias que elas trazem atrás de si, possamos aproximar-nos ao mesmo tempo dos seres que as produzem, usam e trocam, tecendo assim o coletivo misto, impuro, sujeito-objeto que forma o meio e a condição de possibilidade de toda comunicação e todo pensamento.

---

[2] A palavra *cosmo-polités*, que significa cidadão do mundo (do *cosmos*), foi cunhada pelos filósofos cínicos e retomada pelos estoicos. Longe de considerar apenas o fato de pertencer à comunidade política ateniense ou romana, o sábio estoico se sabia e se desejava cidadão de uma cidade da dimensão do universo, não excluindo nada nem ninguém, nem o escravo, nem o bárbaro, nem o astro, nem a flor. Preconiza-se nesta obra um retorno à grande tradição antiga do cosmopolitismo não somente por razões de simples humanidade, mas também em vista de uma plena integração das dimensões técnicas e ecológicas na reflexão e ação políticas.

Face à técnica

Sobre o mau uso da abstração

Antes de abordar o tema principal deste livro, que é o papel das tecnologias da informação na constituição das culturas e inteligência dos grupos, parece-me necessário esclarecer um certo número de ideias sobre a técnica em geral, técnica que é hoje objeto de muitos preconceitos.

Nestes últimos anos, efetivamente, numerosas obras de reflexão sobre este assunto foram publicadas em língua francesa. Entre elas, destaca-se um grupo importante que compartilha uma orientação globalmente antitécnica. Jacques Ellul, Gilbert Hottois, Michel Henry e, talvez em menor grau, Dominique Janicaud têm em comum a concepção de uma ciência e de uma técnica separadas do devir coletivo da humanidade, tornando-se autônomas para retornarem e imporem-se sobre o social com a força de um destino cego. A técnica encarna, para eles, a forma contemporânea do mal. Infelizmente, a imagem da técnica como potência má, inelutável e isolada revela-se não apenas falsa, mas catastrófica; ela desarma o cidadão frente ao novo príncipe, o qual sabe muito bem que as redistribuições do poder são negociadas e disputadas em *todos* os terrenos e que nada é definitivo. Ao exprimir uma condenação moral a priori sobre um fenômeno artificialmente separado do devir coletivo e do mundo das significações (da "cultura"), esta concepção nos proíbe de pensar ao mesmo tempo a técnica e a tecnodemocracia.

No momento em que dezenas de trabalhos empíricos e teóricos renovam completamente a reflexão sobre a tecnociência não é mais possível repetir, com ou sem variantes, Husserl, Heidegger ou Ellul. A ciência e a técnica representam uma questão política e cultural excessivamente importante para serem deixadas a cargo dos irmãos inimigos (cientistas ou críticos da ciência) que concordam em ver no objeto de seus louvores ou de suas censuras um fenômeno estranho ao funcionamento social ordinário.

Não existe uma "Técnica" por trás da técnica, nem "Sistema técnico" sob o movimento da indústria, mas apenas indivíduos concretos situáveis e datáveis. Também não existe um "Cálculo", uma "Metafísica", uma "Racionalidade ocidental", nem mesmo um "Método" que possam explicar a crescente importância das ciências e das técnicas na vida coletiva. Estas vagas entidades trans-históricas, estes pseudoatores na realidade são desprovidos de qualquer eficácia e não apresentam simetricamente qualquer ponto de contato para a mínima ação real. Frente a estas abstrações, evidentemente ninguém pode negociar nem lutar. Mesmo com as melhores intenções do mundo, toda teoria, explicação ou projeto que faça apelo a estes macroconceitos espetaculares e ocos não pode fazer outra coisa senão despistar, engrossar a cortina de fumaça que abriga os príncipes modernos de olhares e desencorajar os cidadãos a se informarem e agirem.

Também não há maior progresso em direção a análises concretas quando se explica o desdobramento da tecnociência pela economia, sociedade, cultura ou ideologia. Obtêm-se então estes famosos esquemas nos quais a Economia determina a sociedade, que determina a ideologia da qual faz parte a ciência, que é aplicada sob a forma de técnica, a qual modifica o estado das forças produtivas, que por sua vez determina a economia etc.

Mesmo um diagrama tecido por estrelas entrecruzadas e munido de todos os anéis de retroação desejados ainda seria mistificador. Porque aquilo que ligaríamos por setas seriam *dimensões de análise*, ou pior: pontos de vista congelados em disciplinas.

Pela voz de Heidegger, a faculdade de filosofia acredita controlar a faculdade de ciências: a verdade das ciências está na metafísica. Mas as outras faculdades também querem sua parte, e logo as ciências estão sitiadas pelas faculdades de teologia, de história, de sociologia, de linguística, de economia, pelas escolas de engenharia, laboratórios de antropologia etc. Podemos imaginar todas as permutações que quisermos nos papéis de sitiados e sitiantes: a técnica ou a religião determinando a economia, esta última determinando a metafísica, e assim por diante.

É por isto que não há mais sentido em sustentar que a essência da técnica é ontológica (Heidegger), que a essência do capitalismo é religiosa (Max Weber) ou que a metafísica depende da economia em última instância (marxismo vulgar). Nem a sociedade, nem a economia, nem a filosofia, nem a religião, nem a língua, nem mesmo a ciência ou a técnica são forças reais, elas são, repetimos, dimensões de análise, quer dizer, abstrações. Nenhuma destas macroentidades ideais pode determinar o que quer que seja porque são *desprovidas de qualquer meio de ação*.

Os agentes efetivos são indivíduos situados no tempo e no espaço. Abandonam-se aos jogos de paixões e embriaguez, às artimanhas do poder e da sedução, aos refinamentos complicados das alianças e das reviravoltas nas alianças. Transmitem uns aos outros, por um sem

Face à técnica

número de meios, uma infinidade de mensagens que eles se obrigam a truncar, falsear, esquecer e reinterpretar de seu próprio jeito. Trocam entre si um número infinito de *dispositivos materiais* e *objetos* (eis a técnica!) que transformam e desviam perpetuamente.

No rio tumultuoso do devir coletivo, é possível discernir várias ilhas, acumulações, irreversibilidades, mas por sua vez estas estabilidades, estas tendências longas mantêm-se apenas graças ao trabalho constante de coletividades e pela reificação eventual deste em *coisas* (eis de novo a técnica!) duráveis ou facilmente reproduzíveis: construções, estradas, máquinas, textos em papel ou fitas magnéticas...

A serviço das estratégias variáveis que os opõem e os agrupam, os seres humanos utilizam de todas as formas possíveis entidades e forças não humanas, tais como animais, plantas, leveduras, pigmentos, montanhas, rios, correntes marinhas, vento, carvão, elétrons, máquinas etc. E tudo isto em circunstâncias infinitamente diversas. Vamos repetir, a técnica é apenas a dimensão destas estratégias que passam por atores não humanos.

A TÉCNICA PARTICIPA ATIVAMENTE DA ORDEM CULTURAL, SIMBÓLICA, ONTOLÓGICA OU AXIOLÓGICA

Não há nenhuma distinção real bem definida entre o homem e a técnica, nem entre a vida e a ciência, ou entre o símbolo e a operação eficaz ou a poiésis e o arrazoado. É sempre possível introduzir distinções para fins de análise, mas não se deve tomar os *conceitos* que acabamos de forjar para certos fins precisos como sendo *regiões do ser* radicalmente separadas.

Podemos distinguir, por exemplo, como fez Kant, entre um domínio empírico (aquilo que é percebido, que constitui a experiência) e um domínio transcendental (aquilo através de que a experiência é possível, que estrutura a percepção). Em sua *Crítica da razão pura*, Kant atribuiu esta função de estruturação do mundo percebido a um sujeito transcendental a-histórico e invariável. Hoje, ainda que características cognitivas universais sejam reconhecidas para toda a espécie humana, geralmente pensa-se que as formas de conhecer, de pensar, de sentir são grandemente condicionadas pela época, cultura e circunstâncias. Chamaremos de *transcendental histórico* aquilo que estrutura a experiência dos membros de uma determinada coletividade.

Certamente podemos ressaltar a diferença entre as coisas em sua materialidade utilitária e as narrativas, símbolos, estruturas imaginárias e formas de conhecer que as fazem parecer aquilo que elas são aos olhos dos membros das diversas sociedades consideradas.

Mas quando colocamos de um lado as coisas e as técnicas e do outro os homens, a linguagem, os símbolos, os valores, a cultura ou o "mundo da vida", então o pensamento começa a resvalar. Uma vez mais, reificamos uma diferença de ponto de vista em uma fronteira separando as próprias coisas. Uma entidade pode ser *ao mesmo tempo* objeto da experiência e fonte instituinte, em particular se ela diz respeito à técnica.

O cúmulo da cegueira é atingido quando as antigas técnicas são declaradas culturais e impregnadas de valores, enquanto as novas são denunciadas como bárbaras e contrárias à vida. Alguém que condena a informática não pensaria nunca em criticar a impressão e menos ainda a escrita. Isto porque a impressão e a escrita (que são técnicas!) *o constituem* em demasia para que ele pense em apontá-las como estrangeiras. Não percebe que sua maneira de pensar, de comunicar-se com seus semelhantes, e mesmo de acreditar em Deus (como veremos mais adiante neste livro) são condicionadas por processos materiais.

Mais profundamente, a técnica toma parte plenamente no transcendental histórico. Para citar apenas este exemplo clássico, sabemos que o espaço e o tempo tal como os percebemos e vivemos hoje na Europa ou na América do Norte não resultam apenas de discursos ou de ideias sobre o tempo e o espaço, mas igualmente de todo um imenso agenciamento técnico que compreende os relógios, as vias de comunicação e transporte, os procedimentos de cartografia e de impressão etc.

Michel Serres sugeriu em *La Distribution* [97] que a máquina a vapor era não apenas um objeto, e um objeto técnico, mas que podíamos ainda analisá-la como o modelo termodinâmico através do qual autores como Marx, Nietzsche ou Freud pensavam a história, o psiquismo, ou a situação do filósofo. Eu mesmo tentei mostrar, em *La Machine univers* [71], que o computador havia se tornado hoje um destes dispositivos técnicos pelos quais percebemos o mundo, e isto não apenas em um plano empírico (todos os fenômenos apreendidos graças aos cálculos, perceptíveis na tela, ou traduzidos em listagens pela máquina), mas também em um plano transcendental hoje em dia, pois, hoje, cada vez mais concebemos o social, os seres vivos ou os processos cognitivos através de uma matriz de leitura informática.

Face à técnica

A experiência pode ser *estruturada* pelo computador. Ora, a lista dos objetos que são ao mesmo tempo estruturas transcendentais é infinitamente longa. O telégrafo e o telefone serviram para pensar a comunicação em geral. Os servomecanismos concretos e a teoria matemática da informação serviram como suporte para a visão cibernética do mundo etc. Os produtos da técnica moderna, longe de se adequar apenas a um uso instrumental e calculável, são importantes fontes de imaginário, entidades que participam plenamente da instituição de mundos percebidos.

Se algumas formas de ver e agir parecem ser compartilhadas por grandes populações durante muito tempo (ou seja, se existem culturas relativamente duráveis), isto se deve à estabilidade de instituições, de dispositivos de comunicação, de formas de fazer, de relações com o meio ambiente natural, de *técnicas* em geral, e a uma infinidade indeterminada de *circunstâncias*. Estes equilíbrios são frágeis. Basta que, em uma situação histórica dada, Cristóvão Colombo descubra a América, e a visão europeia do homem encontra-se transtornada, o mundo pré-colombiano da América está ameaçado de arruinar-se (não somente o império dos Incas, mas seus deuses, seus cantos, a beleza de suas mulheres, sua forma de *habitar* a terra). O transcendental histórico está à mercê de uma viagem de barco. Basta que alguns grupos sociais disseminem um novo dispositivo de comunicação, e todo o equilíbrio das representações e das imagens será transformado, como vimos no caso da escrita, do alfabeto, da impressão, ou dos meios de comunicação e transporte modernos.

Quando uma circunstância como uma mudança técnica desestabiliza o antigo equilíbrio das forças e das representações, estratégias inéditas e alianças inusitadas tornam-se possíveis. Uma infinidade heterogênea de agentes sociais exploram as novas possibilidades em proveito próprio (e em detrimento de outros agentes), até que uma nova situação se estabilize provisoriamente, com seus valores, suas morais e sua cultura locais. Neste sentido, a mudança técnica é uma das principais forças que intervêm na dinâmica da ecologia transcendental. A técnica não é sinônimo de esquecimento do ser ou de deserto simbólico, é ao contrário uma cornucópia de abundância axiológica, ou uma caixa de Pandora metafísica.

Iniciada no fim do século XVIII, a presente mutação antropológica somente pode ser comparada à revolução neolítica que viu surgirem, em poucos séculos, a agricultura, a criação de animais, a cida-

16 Introdução

de, o Estado e a escrita. Dentre todas as transformações fundamentais que afetaram os países desenvolvidos na época atual, ressaltemos o desaparecimento do mundo agrícola, o apagamento da distinção cidade/campo e consequente surgimento de uma rede urbana onipresente, um novo imaginário do espaço e do tempo sob a influência dos meios de transporte rápidos e da organização industrial do trabalho, o deslocamento das atividades econômicas para o terciário e a influência cada vez mais direta da pesquisa científica sobre as atividades produtivas e os modos de vida. As consequências a longo prazo do sucesso fulminante dos instrumentos de comunicação audiovisuais (a partir do fim da Segunda Guerra Mundial) e dos computadores (a partir do fim dos anos setenta) ainda não foram suficientemente analisadas. Uma coisa é certa: vivemos hoje em uma destas épocas limítrofes na qual toda a antiga ordem das representações e dos saberes oscila para dar lugar a imaginários, modos de conhecimento e estilos de regulação social ainda pouco estabilizados. Vivemos um destes raros momentos em que, a partir de uma nova configuração técnica, quer dizer, de uma nova relação com o cosmos, um novo estilo de humanidade é inventado.

Nenhuma reflexão séria sobre o devir da cultura contemporânea pode ignorar a enorme incidência das mídias eletrônicas (sobretudo a televisão) e da informática. Em *La Machine univers*, como neste livro, restringi minhas reflexões aos computadores.

Não será encontrada aqui, portanto, nem uma apologia nem uma crítica da informática em geral, mas sim um ensaio de avaliação das questões antropológicas ligadas ao uso crescente dos computadores: o transcendental histórico ameaçado pela proliferação dos programas.

Razões de duas ordens diferentes levaram-me a empreender a redação desta obra apenas dois anos após a publicação de *La Machine univers*, sobre um tema bastante próximo. Em primeiro lugar, no plano das ideias, um certo número de críticas justificadas foram feitas a meu trabalho precedente. Tal como estava descrita em *La Machine univers*, a evolução técnica parecia obedecer, por isomorfismo ou analogia, a uma estrutura abstrata e separada dos acasos do devir histórico: o "cálculo". Além disso, esta estrutura calculante foi identificada com o Ocidente. Eu havia instituído a cultura ocidental, a partir de sua origem grega, em uma posição de realce, uma posição "calculante", precisamente, em vez de analisá-la como resultado provisório de uma dinâmica ecológica complexa e do encadeamento contingente de cir-

Face à técnica

cunstâncias históricas. O problema das traduções, das mediações concretas pelas quais a essência calculante da cultura grega teria chegado até nós, amplificando-se e endurecendo-se em técnica e depois em informática, este problema fundamental infelizmente não foi colocado, ou o foi de forma excessivamente alusiva. Isto quer dizer que este novo livro seria pura e simplesmente a crítica do primeiro? Não, pois eu continuo defendendo a maior parte das teses desenvolvidas em *La Machine univers*, sobretudo a crítica das teorias formais e tecnicistas do pensamento e do cosmos. Desejo apenas sinalizar ao leitor que o trabalho sobre as implicações culturais da informática foi retomado a partir do ponto mais fraco da obra anterior, aquele que se refere às transmissões, às traduções e às deformações que modelam o devir social. Eis aqui portanto um livro sobre as interfaces.

Quanto à segunda ordem de razões, está relacionada com uma mudança de posição do analista em relação a seu objeto. O autor de *La Machine univers* decerto havia desenvolvido um longo e minucioso trabalho de pesquisa sobre a informática, sua teoria, suas realizações e seus usos; mas o fazia enquanto sociólogo, historiador ou filósofo, quer dizer, querendo ou não, *do exterior*. O autor da presente obra, por outro lado, participou da realização de dois sistemas especialistas[3] enquanto engenheiro do conhecimento, e encontra-se ativamente envolvido em diversos projetos de multimídia interativa de suporte informático. Ao tornar-se um ator da evolução técnica (por pouco que seja), ele descobriu que a margem de liberdade neste domínio era muito maior do que geralmente é dito. As pretensas "necessidades técnicas" na maior parte do tempo são apenas máscaras de projetos, de orientações deliberadas ou de compromissos estabelecidos entre diversas forças antagonistas, das quais a maior parte não tem nada de "técnica". Ora, a perspectiva de *La Machine univers* era um pouco paradoxal, já que, indeterminista e antimecanicista nas ordens física, biológica e cognitiva, mantinha ares de necessidade na ordem cultural, à qual pertence a técnica.

Ao abandonar uma posição de observador externo, não estaria eu arriscado a perder ao mesmo tempo todo recuo, todo espírito crítico? Muito pelo contrário, já que, como veremos, os críticos mais radicais e mais eficazes da corrente principal da evolução da informática situaram-se precisamente no terreno da técnica. Os inventores,

---

[3] Pierre Lévy, *L'Idéographie dynamique*, Paris, La Découverte, 1991.

engenheiros, cientistas, empresários e investidores que contribuem para edificar o tecnocosmos onde viveremos daqui em diante são impulsionados por verdadeiros *projetos políticos* rivais, eles fazem referência aos *imaginários* antagonistas da técnica e das relações sociais. Se o devir da cidade contemporânea depende pelo menos tanto da evolução tecnocientífica quanto do resultado das eleições, eu não estava deixando o domínio da crítica social ou da interrogação filosófica ao me aproximar do cerne da atividade técnica.

A primeira parte deste livro, "A metáfora do hipertexto", é consagrada à informática de comunicação naquilo que ela tem de mais original em relação às outras mídias. Veremos em particular que o *hipertexto* (cujo conceito será amplamente definido e ilustrado) representa sem dúvida um dos futuros da escrita e da leitura. Mas, longe de se limitar a uma simples pintura das novas técnicas de comunicação de suporte informático, as páginas que se seguem entrelaçam sempre um fio reflexivo ao fio descritivo. O que é a comunicação? O que é o sentido? Ao acompanharmos a história do computador pessoal, veremos que a criação técnica pode ser pensada dentro do modelo da interpretação e da produção de sentido, que por sua vez remete a uma teoria hipertextual da comunicação.

Não é a primeira vez que a aparição de novas tecnologias intelectuais é acompanhada por uma modificação das normas do saber. Na segunda parte deste livro: "Os três tempos do espírito, oralidade, escrita, informática", tomaremos uma certa distância em relação às evoluções contemporâneas, ressituando-as em uma continuidade histórica.

De que lugar julgamos a informática e os estilos de conhecimento que lhe são aparentados? Ao analisar tudo aquilo que, em nossa forma de pensar, depende da oralidade, da escrita e da impressão, descobriremos que apreendemos o *conhecimento por simulação*, típico da cultura informática, com os critérios e os reflexos mentais ligados às tecnologias intelectuais anteriores. Colocar em perspectiva, relativizar as formas teóricas ou críticas de pensar que perdem terreno hoje, isto talvez facilite o indispensável trabalho de luto que permitirá abrirmo-nos a novas formas de comunicar e de conhecer.

A tese defendida neste livro refere-se a uma história mais fundamental que a das ideias: a história da própria inteligência. Os coletivos cosmopolitas compostos de indivíduos, instituições e técnicas não são somente meios ou ambientes para o pensamento, mas sim seus verdadeiros *sujeitos*. Dado isto, a história das tecnologias intelectuais

Face à técnica

condiciona (sem no entanto determiná-la) a do pensamento. Este é o tema principal da *ecologia cognitiva*, cujo programa esboçamos na terceira e última parte deste livro. Ao propor uma abordagem ecológica da cognição, minha maior esperança é a de contribuir para renovar o debate em andamento sobre o devir do sujeito, da razão e da cultura.

BIBLIOGRAFIA

CASTORIADIS, Cornélius. *L'Institution imaginaire de la société*. Paris: Seuil, 1975.

COMMISSION MONDIALE SUR L'ENVIRONNEMENT ET LE DÉVELOPPEMENT. *Notre avenir à tous (Rapport Brundtland)*. Montreal: Éditions du Fleuve/Les Publications du Québec, 1988.

DEBORD, Guy. *La Société du spectacle*. Paris: Buchet-Chastel, 1967.

DEBORD, Guy. *Commentaires sur la société du spectacle*. Paris: Gérard Lebovici, 1988.

ELLUL, Jacques. *La Technique ou l'enjeu du siècle*. Paris: Armand Colin, 1954.

ELLUL, Jacques. *Le Système technicien*. Paris: Calmann-Lévy, 1977.

ELLUL, Jacques. *Le Bluff technologique*. Paris: Hachette, 1988.

HEIDEGGER, Martin. *Essais et conférences* (trad. André Préaux). Paris: Gallimard, 1958.

HENRI, Michel. *La Barbarie*. Paris: Grasset, 1987.

HOTTOIS, Gilbert. *Le Signe et la technique*. Paris: Aubier, 1984.

JANICAUD, Dominique. *La Puissance du rationnel*. Paris: Gallimard, 1985.

LA TECHNO-DÉMOCRATIE, MODE D'EMPLOI, dossiê da revista *Esprit*, agosto e setembro de 1983.

LÉVY, Pierre. *La Machine univers: création, cognition et culture informatique*. Paris: La Découverte, 1987.

McNEILL, William. *The Pursuit of Power Technology: Armed Forces and Society since A.D. 1000*. Chicago: University of Chicago Press, 1982.

MUMFORD, Lewis. *Technique et civilisation*. Paris: Seuil, 1950.

SERRES, Michel. *Hermès IV. La distribution*. Paris: Minuit, 1977.

SIBONY, Daniel. *Entre dire et faire: penser la technique*. Paris: Grasset, 1989.

SIMONDON, Gilbert. *Du mode d'existence des objets techniques*. Paris: Aubier, 1958.

I.
A METÁFORA DO HIPERTEXTO

1. IMAGENS DO SENTIDO

PRODUZIR O CONTEXTO

Seria a transmissão de informações a primeira função da comunicação? Decerto que sim, mas em um nível mais fundamental o ato de comunicação define a situação que vai dar sentido às mensagens trocadas. A circulação de informações é, muitas vezes, apenas um pretexto para a confirmação recíproca do estado de uma relação. Quando, por exemplo, conversamos sobre o tempo com um comerciante de nosso bairro, não aprendemos absolutamente nada de novo sobre a chuva ou o sol, mas confirmamos um ao outro que mantemos boas relações, e que ao mesmo tempo nossa intimidade não ultrapassou um certo grau, já que falamos de assuntos anódinos etc.

Não é apenas quando declaramos que "a sessão está aberta", ou em certas ocasiões excepcionais, que agimos ao falar. Através de seus atos, seu comportamento, suas palavras, cada pessoa que participa de uma situação estabiliza ou reorienta a representação que dela fazem os outros protagonistas. Sob este aspecto, ação e comunicação são quase sinônimos. A comunicação só se distingue da ação em geral porque visa mais diretamente ao plano das representações.

Na abordagem clássica dos fenômenos de comunicação, os interlocutores fazem intervir o contexto para interpretar as mensagens que lhes são dirigidas. Após vários trabalhos em pragmática e em microssociologia da comunicação, propomos aqui uma inversão da problemática habitual: longe de ser apenas um auxiliar útil à compreensão das mensagens, o contexto é o próprio alvo dos atos de comunicação. Em uma partida de xadrez, cada novo lance ilumina com uma luz nova o passado da partida e reorganiza seus futuros possíveis; da mesma forma, em uma situação de comunicação, cada nova mensagem recoloca em jogo o contexto e seu sentido. A situação sobre o tabuleiro

Imagens do sentido

de xadrez em determinado momento certamente permite compreender um lance, mas a abordagem complementar segundo a qual a sucessão dos lances constrói pouco a pouco a partida talvez traduza ainda melhor o espírito do jogo.

O jogo da comunicação consiste em, através de mensagens, precisar, ajustar, transformar o contexto compartilhado pelos parceiros. Ao dizer que o sentido de uma mensagem é uma "função" do contexto, não se define nada, já que o contexto, longe de ser um dado estável, é algo que está em jogo, um objeto perpetuamente reconstruído e negociado. Palavras, frases, letras, sinais ou caretas interpretam, cada um à sua maneira, a rede das mensagens anteriores e tentam influir sobre o significado das mensagens futuras.

O sentido emerge e se constrói no contexto, é sempre local, datado, transitório. A cada instante, um novo comentário, uma nova interpretação, um novo desenvolvimento podem modificar o sentido que havíamos dado a uma proposição (por exemplo) quando ela foi emitida...

Se estas ideias são de alguma forma válidas, as modelizações sistêmicas e cibernéticas da comunicação em uma organização são no mínimo insuficientes. Elas consistem quase sempre em designar um certo número de agentes de emissão e recepção, e depois em traçar o percurso de fluxos informacionais, com tantos anéis de retroação quanto se desejar.

Os diagramas sistêmicos reduzem a informação a um dado inerte e descrevem a comunicação como um processo unidimensional de transporte e decodificação. Entretanto, as mensagens e seus significados se alteram ao se deslocar de um ator a outro na rede, e de um momento a outro do processo de comunicação.

O diagrama dos fluxos de informação é apenas a imagem congelada de uma configuração de comunicação em determinado instante, sendo geralmente uma interpretação particular desta configuração, um "lance" no jogo da comunicação. Ora, a situação deriva perpetuamente sob o efeito das mudanças no ambiente e de um processo ininterrupto de interpretação coletiva das mudanças em questão. Identidade, composição e objetivos das organizações são portanto periodicamente redefinidos, o que implica uma revisão dos captadores e das informações pertinentes que eles devem recolher, assim como dos mecanismos de regulagem que orientam as diferentes partes da organização rumo a seus objetivos. É nesta metamorfose paralela da organização e de seu ambiente que se baseia o poder instituinte da comunicação; vemos que ela está mal representada pelos diagramas funcionais dos fluxos de informação.

Porque transformam os ritmos e as modalidades da comunicação, as mutações das técnicas de transmissão e de tratamento das mensagens contribuem para redefinir as organizações. São lances decisivos, "metalances", se podemos falar assim, no jogo da interpretação e da construção da realidade.

Clarões

Os atores da comunicação produzem portanto continuamente o universo de sentido que os une ou que os separa. Ora, a mesma operação de construção do contexto se repete na escala de uma micropolítica interna às mensagens. Desta vez, os jogadores não são mais pessoas, mas sim elementos de representação. Se o assunto em questão é, por exemplo, comunicação verbal, a interação das palavras constrói redes de significação transitórias na mente de um ouvinte.

Quando ouço uma palavra, isto ativa imediatamente em minha mente uma rede de outras palavras, de conceitos, de modelos, mas também de imagens, sons, odores, sensações proprioceptivas, lembranças, afetos etc. Por exemplo, a palavra "maçã" remete aos conceitos de fruta, de árvore, de reprodução; faz surgir o modelo mental de um objeto basicamente esférico, com um cabo saindo de uma cavidade, recoberto por uma pele de cor variável, contendo uma polpa comestível e caroços, ficando reduzido a um talo quando o comemos; evoca também o gosto e a consistência dos diversos tipos de maçã, a granny mais ácida, a golden muitas vezes farinhenta, a melrose deliciosamente perfumada; traz de volta memórias de bosques normandos de macieiras, de tortas de maçã etc. A palavra maçã está no centro de toda esta rede de imagens e conceitos que, de associação em associação, pode estender-se a toda nossa memória. Mas apenas os nós selecionados pelo contexto serão ativados com força suficiente para emergir em nossa consciência.

Selecionados pelo contexto, o que isto quer dizer? Tomemos a frase: "Isabela come uma maçã por suas vitaminas". Como a palavra "maçã", as palavras "come" e "vitaminas" ativam redes de conceitos, de modelos, de sensações, de lembranças etc. Serão finalmente selecio-

Imagens do sentido

nados os nós da minirrede, centrada sobre a maçã, que outras palavras da frase tiverem ativado ao mesmo tempo; neste caso: as imagens e os conceitos ligados à comida e à dietética. Se fosse "a maçã da discórdia" ou a "maçã de Newton", as imagens e os modelos mentais associados à palavra "maçã" seriam diferentes. O contexto designa portanto a configuração de ativação de uma grande rede semântica em um dado momento. Reiteremos aqui a conversão do olhar já tentada para a abordagem macroscópica da comunicação: podemos certamente afirmar que o contexto serve para determinar o sentido de uma palavra; é ainda mais judicioso considerar que cada palavra contribui para produzir o contexto, ou seja, uma configuração semântica reticular que, quando nos concentramos nela, se mostra composta de imagens, de modelos, de lembranças, de sensações, de conceitos e de pedaços de discurso. Tomando os termos leitor e texto no sentido mais amplo possível, diremos que o objetivo de todo texto é o de provocar em seu leitor um certo estado de excitação da grande rede heterogênea de sua memória, ou então orientar sua atenção para uma certa zona de seu mundo interior, ou ainda disparar a projeção de um espetáculo multimídia na tela de sua imaginação.

Não somente cada palavra transforma, pela ativação que propaga ao longo de certas vias, o estado de excitação da rede semântica, mas também contribui para construir ou remodelar a própria topologia da rede ou a composição de seus nós. Quando ouvi Isabela declarar, ao abrir uma caixa de raviólis, que não se preocupava com dietética, eu havia construído uma certa imagem de sua relação com a comida. Mas ao descobrir que ela comia uma maçã "por suas vitaminas", sou obrigado a reorganizar uma parte da rede semântica a ela relacionada. Em termos gerais, cada vez que um caminho de ativação é percorrido, algumas conexões são reforçadas, ao passo que outras caem aos poucos em desuso. A imensa rede associativa que constitui nosso universo mental encontra-se em metamorfose permanente. As reorganizações podem ser temporárias e superficiais quando, por exemplo, desviamos momentaneamente o núcleo de nossa atenção para a audição de um discurso, ou profundas e permanentes como nos casos em que dizemos que "a vida" ou "uma longa experiência" nos ensinaram alguma coisa.

O sentido de uma palavra não é outro senão a guirlanda cintilante de conceitos e imagens que brilham por um instante ao seu redor. A reminiscência desta claridade semântica orientará a extensão do grafo luminoso disparado pela palavra seguinte, e assim por diante, até que uma forma particular, uma imagem global, brilhe por um instante na noite dos sentidos. Ela transformará, talvez imperceptivelmente, o mapa do céu, e depois desaparecerá para abrir espaço para outras constelações.

Seis características do hipertexto

Cada um em sua escala, os atores da comunicação ou os elementos de uma mensagem constroem e remodelam universos de sentido. Inspirando-nos em certos programas contemporâneos, que descreveremos abundantemente na continuação desta seção, chamaremos estes mundos de significação de *hipertextos*.

Como veremos, a estrutura do hipertexto não dá conta somente da comunicação. Os processos sociotécnicos, sobretudo, também têm uma forma hipertextual, assim como vários outros fenômenos. O hipertexto é talvez uma metáfora válida para todas as esferas da realidade em que *significações* estejam em jogo.

A fim de preservar as possibilidades de múltiplas interpretações do modelo do hipertexto, propomos caracterizá-lo através de seis princípios abstratos.

1. Princípio de metamorfose

A rede hipertextual está em constante construção e renegociação. Ela pode permanecer estável durante um certo tempo, mas esta estabilidade é em si mesma fruto de um trabalho. Sua extensão, sua composição e seu desenho estão permanentemente em jogo para os atores envolvidos, sejam eles humanos, palavras, imagens, traços de imagens ou de contexto, objetos técnicos, componentes destes objetos etc.

2. Princípio de heterogeneidade

Os nós e as conexões de uma rede hipertextual são heterogêneos. Na memória serão encontradas imagens, sons, palavras, diversas sensações, modelos etc., e as conexões serão lógicas, afetivas etc. Na comunicação, as mensagens serão multimídias, multimodais, analógicas, digitais etc. O processo sociotécnico colocará em jogo pessoas, grupos, artefatos, forças naturais de todos os tamanhos, com todos os tipos de associações que pudermos imaginar entre estes elementos.

Imagens do sentido

3. Princípio de multiplicidade e de encaixe das escalas
O hipertexto se organiza em um modo "fractal", ou seja, qualquer nó ou conexão, quando analisado, pode revelar-se como sendo composto por toda uma rede, e assim por diante, indefinidamente, ao longo da escala dos graus de precisão. Em algumas circunstâncias críticas, há efeitos que podem propagar-se de uma escala a outra: a interpretação de uma vírgula em um texto (elemento de uma microrrede de documentos), caso se trate de um tratado internacional, pode repercutir na vida de milhões de pessoas (na escala da macrorrede social).

4. Princípio de exterioridade
A rede não possui unidade orgânica, nem motor interno. Seu crescimento e sua diminuição, sua composição e sua recomposição permanente dependem de um exterior indeterminado: adição de novos elementos, conexões com outras redes, excitação de elementos terminais (captadores) etc. Por exemplo, para a rede semântica de uma pessoa escutando um discurso, a dinâmica dos estados de ativação resulta de uma fonte externa de palavras e imagens. Na constituição da rede sociotécnica intervêm o tempo todo elementos novos que não lhe pertenciam no instante anterior: elétrons, micróbios, raios X, macromoléculas etc.

5. Princípio de topologia
Nos hipertextos, tudo funciona por proximidade, por vizinhança. Neles, o curso dos acontecimentos é uma questão de topologia, de caminhos. Não há espaço universal homogêneo onde haja forças de ligação e separação, onde as mensagens poderiam circular livremente. Tudo que se desloca deve utilizar-se da rede hipertextual tal como ela se encontra, ou então será obrigado a modificá-la. A rede não está no espaço, ela é o espaço.

6. Princípio de mobilidade dos centros
A rede não tem centro, ou melhor, possui permanentemente diversos centros que são como pontas luminosas perpetuamente móveis, saltando de um nó a outro, trazendo ao redor de si uma ramificação infinita de pequenas raízes, de rizomas, finas linhas brancas esboçando por um instante um mapa qualquer com detalhes delicados, e depois correndo para desenhar mais à frente outras paisagens do sentido.

Bibliografia

ANDERSON, John R. *Cognitive Psychology and its Implications* (2ª ed.). Nova York: W. H. Freeman and Company, 1985.

BADDELEY, Alan. *Your Memory: A User's Guide*. Toronto: McGraw-Hill, 1982.

COULON, Alain. *L'Ethnométhodologie*. Paris: PUF, 1987.

DELEUZE, Gilles; GUATTARI, Félix. *Mille plateaux: capitalisme et schizophrénie*. Paris: Minuit, 1980.

GARFINKEL, Harold. *Studies in Ethnomethodology*. Engelwood Cliffs, New Jersey: Prentice Hall, 1967.

JOHNSON-LAIRD, Philip N. *Mental Models*. Cambridge: Massachusetts, Harvard University Press, 1983.

QUÉRÉ, Louis. *Des miroirs équivoques*. Paris: Aubier Montaigne, 1982.

STILLINGS, Neil *et al. Cognitive Science: An Introduction*. Cambridge, Massachusetts: MIT Press, 1987.

WINKIN, Yves (org.). *La Nouvelle communication*. Paris: Seuil, 1981.

2. O HIPERTEXTO

Memex

A ideia de hipertexto foi enunciada pela primeira vez por Vannevar Bush em 1945, em um célebre artigo intitulado "As We May Think" [62]. Bush era um matemático e físico renomado que havia concebido, nos anos trinta, uma calculadora analógica ultrarrápida, e que tinha desempenhado um papel importante para o financiamento do Eniac, a primeira calculadora eletrônica digital. Na época em que o artigo foi publicado pela primeira vez, nosso autor encontrava-se na chefia do organismo encarregado de coordenar o esforço de guerra dos cientistas americanos, sob as ordens do Presidente Roosevelt.

Por que "As We May Think"? Segundo Bush, a maior parte dos sistemas de indexação e organização de informações em uso na comunidade científica são artificiais. Cada item é classificado apenas sob uma única rubrica, e a ordenação é puramente hierárquica (classes, subclasses etc.). Ora, diz Vannevar Bush, a mente humana não funciona desta forma, mas sim através de associações. Ela pula de uma representação para outra ao longo de uma rede intrincada, desenha trilhas que se bifurcam, tece uma trama infinitamente mais complicada do que os bancos de dados de hoje ou os sistemas de informação de fichas perfuradas existentes em 1945. Bush reconhece que certamente não seria possível duplicar o processo reticular que embasa o exercício da inteligência. Ele propõe apenas que nos inspiremos nele. Imagina então um dispositivo, denominado *Memex*, para mecanizar a classificação e a seleção por associação paralelamente ao princípio da indexação clássica.

Antes de mais nada, seria preciso criar um imenso reservatório multimídia de documentos, abrangendo ao mesmo tempo imagens, sons e textos. Certos dispositivos periféricos facilitariam a integração rápida de novas informações, outros permitiriam transformar automaticamente a palavra em texto escrito. A segunda condição a ser preenchida seria a miniaturização desta massa de documentos, e para isto Bush previa em particular a utilização do microfilme e da fita magnética, que acabavam de ser descobertos naquela época. Tudo isto deveria caber em um ou dois metros cúbicos, o equivalente ao volume de um móvel de escritório. O acesso às informações seria feito através de uma tela de televisão munida de alto-falantes. Além dos acessos clássicos por indexação, um comando simples permitiria ao feliz proprietário de um *Memex* criar ligações independentes de qualquer classificação hierárquica entre uma dada informação e uma outra. Uma vez estabelecida a conexão, cada vez que determinado item fosse visualizado, todos os outros que tivessem sido ligados a ele poderiam ser instantaneamente recuperados, através de um simples toque em um botão. Bush retrata o usuário de seu dispositivo imaginário traçando trilhas transversais e pessoais no imenso e emaranhado continente do saber. Estas conexões, que ainda não se chamavam hipertextuais, materializam no *Memex*, espécie de memória auxiliar do cientista, uma parte fundamental do próprio processo de pesquisa e de elaboração de novos conhecimentos. Bush chegou mesmo a imaginar uma nova profissão, uma espécie de engenharia civil no país das publicações, cuja missão seria a de ordenar redes de comunicação no centro do corpus imenso e sempre crescente dos sons, imagens e textos gravados.

XANADU

No início dos anos sessenta, os primeiros sistemas militares de teleinformática acabavam de ser instalados, e os computadores ainda não evocavam os bancos de dados e muito menos o processamento de textos. Foi contudo nesta época que Theodore Nelson inventou o termo hipertexto para exprimir a ideia de escrita/leitura não linear em um sistema de informática. Desde então, Nelson persegue o sonho de uma imensa rede acessível em tempo real contendo todos os tesouros literários e científicos do mundo, uma espécie de Biblioteca de Alexandria de nossos dias. Milhões de pessoas poderiam utilizar *Xanadu*, para escrever, se interconectar, interagir, comentar os textos, filmes e gravações sonoras disponíveis na rede, anotar os comentários etc. Aquilo que poderíamos chamar de estado supremo da troca de mensagens teria a seu encargo uma boa parte das funções preenchidas hoje pela editoração e o jornalismo clássicos. *Xanadu*, enquanto horizonte ideal ou absoluto do hipertexto, seria uma espécie de materialização do diálogo incessante e múltiplo que a humanidade mantém consigo mesma e com seu passado.

Ainda que milhares de hipertextos tenham sido elaborados e consultados após as primeiras visões de Vannevar Bush e Theodore Nel-

O hipertexto

son, até o momento nenhum deles tem a amplitude quase cósmica imaginada por estes pioneiros, e há três razões para isto. Em primeiro lugar, em um plano estritamente informático, não se sabe ainda como programar bancos de dados acima de uma certa ordem de grandeza. Os algoritmos que são eficazes abaixo de um certo limite para gerir uma grande quantidade de informações revelam-se impotentes para tratar as gigantescas massas de dados implicadas em projetos como *Xanadu* ou *Memex*. Em segundo lugar, a indexação, a digitalização e a formatação uniforme de informações hoje dispersas em uma infinidade de diferentes suportes pressupõem o emprego de meios materiais avançados, a reunião de muitas competências e sobretudo muito tempo; o que equivale a dizer que ela seria extremamente cara. Enfim, e esta não é uma dificuldade menor, a constituição de hipertextos gigantes supõe um minucioso trabalho de organização, de seleção, de contextualização, de acompanhamento e de orientação do usuário, e isto em função de públicos bastante diversos. Ora, quem, em 1990, possui as competências necessárias no plano da *concepção* de hipertextos com vocação universal, já que, no domínio da multimídia interativa, tudo, ou quase tudo, ainda está para ser inventado?

Hoje, portanto, não encontramos hipertextos universais, mas sim sistemas de porte modesto, voltados para domínios bem particulares, como a edição de obras de característica enciclopédica em CD-ROM (o *compact disc digital*), o aprendizado e diversos programas de auxílio ao trabalho coletivo. Eis aqui dois exemplos do que é possível realizar hoje.

MOTOR!

Um aprendiz de mecânico vê surgir na tela à sua frente o esquema tridimensional de um motor. Com a ajuda de um cursor comandado por um mouse, ele seleciona uma determinada peça do motor. A peça muda de cor enquanto seu nome — carburador, por exemplo — aparece na tela. O jovem mecânico clica outra vez o mouse sobre o carburador. A peça é então ampliada até ocupar toda a tela. O aprendiz escolhe no menu a opção "animação". Um filme didático, em câmera lenta, passa a mostrar o interior do carburador em funcionamento, os fluxos de gasolina, de ar etc., sendo representados em cores diferentes, de forma que seja fácil compreender seus respectivos papéis.

Enquanto o filme é exibido, uma voz em off explica o funcionamento interno do carburador, expõe seu papel na organização geral do motor, cita os possíveis defeitos etc.

O mecânico interrompe o filme e retorna à visão inicial do motor escolhendo a opção "retorno ao início" no menu. Agora, em vez de começar sua exploração selecionando a imagem de um órgão (o que lhe permitia conhecer o nome deste órgão, e depois descobrir seu funcionamento), escolhe a opção "mostre" e digita no teclado: "o balancim". O balancim é então colorido de maneira a contrastar com o esquema do conjunto do motor, e o aprendiz pode continuar sua exploração... Se tivesse escolhido a opção "simulação de defeitos" no lugar de "mostre", teria assistido a um pequeno filme mostrando um cliente trazendo seu carro à oficina e descrevendo os diversos barulhos estranhos e irregularidades de funcionamento que o fizeram procurar o mecânico. Depois disto nosso aprendiz poderia escolher entre alguns testes, experiências e verificações para determinar com precisão o defeito e consertá-lo. Se ele tivesse decidido "fazer rodar o motor em marcha lenta e escutar", por exemplo, teria realmente ouvido o barulho de um motor com o defeito a ser descoberto. Se o aprendiz não tivesse achado o problema após um número estabelecido de tentativas e erros, o sistema teria indicado os procedimentos a seguir para determinar a natureza exata do defeito, teria mostrado no esquema do motor, eventualmente utilizando sequências animadas, a relação entre os sintomas e a disfunção do carro, terminando pela demonstração dos reparos a serem efetuados. Em 1990, todos os dados necessários ao funcionamento de um destes sistemas de auxílio ao aprendizado da mecânica de automóveis podem residir em um *compact disc* com poucos centímetros de diâmetro e rodar em um microcomputador de alta performance. Podemos imaginar bancos de dados interativos como este nas diversas especialidades da engenharia ou da medicina.

Cícero

O professor de civilização latina pediu à turma que preparasse o tema de diversões em Roma para a semana seguinte. Uma estudante está diante de um terminal de tela grande em uma das salas do campus, a não ser que esteja sentada em casa frente a seu microcomputador pessoal, ligado por modem à rede da universidade.

Após ter chamado o programa *Cícero*, diversos ícones dispostos sobre a tela indicam-lhe as possíveis formas de explorar a civilização romana: períodos, personagens históricos, textos, visita guiada a Roma... A estudante escolhe a visita guiada. O programa pergunta então qual o tema da visita. Após ter digitado "as diversões", um mapa de Roma no século II d.C. aparece, com os parques indicados em verde, as termas em azul, os teatros em amarelo e os circos em vermelho. O nome de cada local colorido está indicado em maiúsculas. A jovem latinista clica então sobre o teatro de Marcelo, a oeste do campo de Marte, porque nota que neste setor há uma forte concentração de teatros: lá se encontram também os teatros de Pompeu e de Balbino. Através deste gesto simples, nossa estudante desce na cidade, aterrissando no local preciso que ela havia selecionado. Perto do teatro de Marcelo há algumas pessoas em trajes romanos: um guia, um explicador de latim, um quiosque de livros... Ela escolhe o guia e lhe pede uma introdução geral à arte dramática em Roma. Graças a uma série de esquemas e planos arquitetônicos comentados pela voz do guia, ela descobre, por exemplo, a diferença entre as construções gregas e as romanas, porque muitos dos teatros romanos têm o nome de políticos famosos, quais são os grandes autores de comédias e tragédias, e suas contribuições à história do teatro. Após uma série de informações gerais deste tipo, o guia conta-lhe os detalhes da construção do templo de Marcelo, mostrando-lhe depois as peculiaridades arquitetônicas do monumento enquanto visitam-no (uma microcâmera havia filmado a maquete do teatro reconstituído). Depois, andando pelo campo de Marte, dirigem-se para o teatro de Pompeu...

Após ter visitado cinco teatros desta forma, a estudante relê as notas que tomou durante sua visita: os planos arquitetônicos dos teatros romanos, o texto de certas passagens do comentário do guia, uma lista bibliográfica de textos antigos ou modernos relacionados ao teatro. Todas estas notas são diretamente transferidas para seus arquivos pessoais de textos e imagens, e ela poderá servir-se delas ou citá-las em um ensaio ou exercício escolar. Na bibliografia que seu guia lhe forneceu ou que ela obteve em um dos quiosques de livros que encontrou durante sua visita, os textos marcados com uma estrela estão diretamente disponíveis a partir de *Cícero*, os outros devendo ser procurados na biblioteca da universidade. Nossa estudante decide ler o *Anfitrião*, de Plauto, que está marcado com uma estrela. Um analisador sintático e morfológico assim como um dicionário latim-francês (o

"Gaffiot eletrônico") permitem que ultrapasse rapidamente as dificuldades apresentadas pelo texto. Enquanto lê a peça de Plauto, ela escreve "na margem" alguns comentários que serão invisíveis para os próximos leitores, mas que poderá encontrar na tela e ampliar na próxima leitura. Abandonando o texto antes que terminasse de lê-lo, deixa uma marca que lhe permitirá voltar automaticamente à última passagem que leu. Na próxima aula de civilização latina, cada estudante terá alguma coisa diferente para dividir com os outros: um terá visitado as termas, outro terá lido e comentado no *Cícero* trechos de obras modernas sobre os jogos de circo em Roma etc.

Os sistemas educativos e de documentação que acabamos de descrever não existem ainda, sob esta forma, em 1990. O primeiro condensa diversos programas já prontos ou em curso de desenvolvimento. O segundo prefigura a realização daquilo que por enquanto é apenas um projeto dirigido pelo professor Bernard Frisher da Universidade da Califórnia em Los Angeles [2]. A terminologia para a denominação de tais sistemas ainda não foi definida. Devemos falar de multimídia interativa? De hipermídia? De hipertexto? Escolhemos aqui o termo hipertexto, deixando claro que ele não exclui de forma alguma a dimensão audiovisual. Ao entrar em um espaço interativo e reticular de manipulação, de associação e de leitura, a imagem e o som adquirem um estatuto de quase textos.

Tecnicamente, um hipertexto é um conjunto de nós ligados por conexões. Os nós podem ser palavras, páginas, imagens, gráficos ou partes de gráficos, sequências sonoras, documentos complexos que podem eles mesmos ser hipertextos. Os itens de informação não são ligados linearmente, como em uma corda com nós, mas cada um deles, ou a maioria, estende suas conexões em estrela, de modo reticular. Navegar em um hipertexto significa portanto desenhar um percurso em uma rede que pode ser tão complicada quanto possível. Porque cada nó pode, por sua vez, conter uma rede inteira.

Funcionalmente, um hipertexto é um tipo de programa para a organização de conhecimentos ou dados, a aquisição de informações e a comunicação. Em 1990, sistemas de hipertexto para o ensino e a comunicação entre pesquisadores estão sendo desenvolvidos experimentalmente em cerca de vinte universidades da América do Norte, bem como em várias grandes empresas. Estes hipertextos avançados possuem um grande número de funções complexas e rodam em computadores grandes ou médios. Existem ainda no comércio uma dezena de programas para computadores pessoais que permitem a seus usuários a construção de seus próprios hipertextos. Estes programas mais rudimentares permitem, entretanto, a construção de bases de dados com acesso associativo, muito imediato, intuitivo, combinando som, imagem e texto. Em 1990, a maior parte dos usos registrados destes sistemas de hipertexto para computadores pessoais estava relacionada à formação e à educação.

ALGUMAS INTERFACES DA ESCRITA

O hipertexto retoma e transforma antigas interfaces da escrita. A noção de interface, na verdade, não deve ser limitada às técnicas de comunicação contemporâneas. A impressão, por exemplo, à primeira vista é sem dúvida um operador quantitativo, pois multiplica as cópias. Mas representa também a invenção, em algumas décadas, de uma interface padronizada extremamente original: página de título, cabeçalhos, numeração regular, sumários, notas, referências cruzadas. Todos esses dispositivos lógicos, classificatórios e espaciais sustentam-se uns aos outros no interior de uma estrutura admiravelmente sistemática: não há sumário sem que haja capítulos nitidamente destacados e apresentados; não há sumários, índice, remissão a outras partes do texto, e nem referências precisas a outros livros sem que haja páginas uniformemente numeradas. Estamos hoje tão habituados com esta interface que nem notamos mais que existe. Mas no momento em que foi inventada, possibilitou uma relação com o texto e com a escrita totalmente diferente da que fora estabelecida com o manuscrito: possibilidade de exame rápido do conteúdo, de acesso não linear e seletivo ao texto, de segmentação do saber em módulos, de conexões múltiplas a uma infinidade de outros livros graças às notas de pé de página e às bibliografias. É talvez em pequenos dispositivos "materiais" ou organizacionais, em determinados modos de dobrar ou enrolar os registros que estão baseadas a grande maioria das mutações do "saber".

A impressão, por sua vez, se estrutura sobre um grande número de características de interface estabilizadas antes do século XV e que não são óbvias: a organização do livro em códex (páginas dobradas e costuradas juntas) e não em rolos; emprego do papel e não do papiro, da tabuinha de argila, ou do pergaminho; a existência de um alfabeto e de uma caligrafia comuns à maior parte do espaço europeu, sem dúvida graças à reforma caligráfica imposta autoritariamente por Alcuíno na época de Carlos Magno (os problemas de padronização e de compatibilidade não datam de hoje).

A mutação da impressão em si foi completada por uma transformação do tamanho e peso dos incunábulos. Na Idade Média os livros eram enormes, acorrentados nas bibliotecas, lidos em voz alta no atril. Graças a uma modificação na dobradura, o livro torna-se portátil e difunde-se maciçamente. Em vez de dobrar as folhas em dois (*in folio*), começou-se a dobrá-las em oito (*in octavo*). Mas para que o *Timeu* ou a *Eneida* coubessem em um volume tão pequeno, Aldus Manutius, o editor veneziano que promoveu o *in-octavo*, inventou o estreito caractere itálico e decidiu livrar os textos do aparelho crítico e dos comentários que os acompanhavam há séculos... Foi assim que o livro tornou-se fácil de manejar, cotidiano, móvel, e disponível para a apropriação pessoal [11]. Como o computador, o livro só se tornou uma mídia de massa quando as variáveis de interface "tamanho" e "massa" atingiram um valor suficientemente baixo. O projeto político-cultural de colocar os clássicos ao alcance de todos os leitores em latim não pode ser dissociado de uma infinidade de decisões, reorganizações e invenções relativas à rede de interfaces "livro".

O agenciamento complexo que o documento impresso constituía continuou a se disseminar e a ramificar após o século XV. A biblioteca moderna, por exemplo, surgiu no século XVIII. As coleções de fichas classificadas em ordem alfabética, construídas a partir das páginas de apresentação e dos índices dos livros, nos permitem considerar a biblioteca como um tipo de megadocumento relativamente bem sinalizado, no qual é possível deslocar-se facilmente para achar aquilo que se procura, com um mínimo de treinamento.

O jornal ou revista, refugos da impressão bem como da biblioteca moderna, são particularmente bem adaptados a uma atitude de atenção flutuante, ou de interesse potencial em relação à informação. Não se trata de caçar ou de perseguir uma informação particular, mas de recolher coisas aqui e ali, sem ter uma ideia preconcebida. O verbo *to browse* ("recolher", mas também "dar uma olhada") é empregado em inglês para designar o procedimento curioso de quem navega em um hipertexto. No território quadriculado do livro ou da biblioteca, precisamos de mediações e mapas como o índice, o sumário ou o fichário. Ao contrário, o leitor do jornal realiza diretamente uma na-

O hipertexto

vegação a olho nu. As manchetes chamam a atenção, dando uma primeira ideia, pinçam-se aqui e ali algumas frases, uma foto, e depois, de repente, é isso, um artigo fisga nossa atenção, encontramos algo que nos atrai... Só podemos nos dar conta realmente do quanto a interface de um jornal ou de uma revista se encontra aperfeiçoada quando tentamos encontrar o mesmo desembaraço num sobrevoo usando a tela e o teclado. O jornal encontra-se todo em *open field*, já quase inteiramente desdobrado. A interface informática, por outro lado, nos coloca diante de um pacote terrivelmente redobrado, com pouquíssima superfície que seja diretamente acessível em um mesmo instante. A manipulação deve então substituir o sobrevoo.

O SUPORTE INFORMÁTICO DO HIPERTEXTO

Estes inconvenientes da consulta através da tela são parcialmente compensados por um certo número de características de interfaces que se disseminaram em informática durante os anos oitenta e que poderíamos chamar de princípios básicos da interação amigável:

— a representação figurada, diagramática ou icônica das estruturas de informação e dos comandos (por oposição a representações codificadas ou abstratas);

— o uso do "mouse" que permite ao usuário agir sobre o que ocorre na tela de forma intuitiva, sensório-motora e não através do envio de um sequência de caracteres alfanuméricos;

— os "menus" que mostram constantemente ao usuário as operações que ele pode realizar;

— a tela gráfica de alta resolução.

Foi neste reduto ecológico da interação amigável que o hipertexto pôde ser inicialmente elaborado e depois disseminar-se.

Realizando o sonho de Vannevar Bush, mas através de técnicas diferentes daquelas imaginadas em 1945, os suportes de registro *ótico* como o *compact disc* oferecem uma enorme capacidade de armazenamento em um volume bastante pequeno. Eles certamente terão um papel importante na edição e distribuição de quantidades muito grandes de informação sob forma hipertextual. Leitores laser miniaturizados e telas planas ultraleves tornarão estes hipertextos tão fáceis de consultar na cama ou no metrô quanto um romance policial.

Navegar

Partindo de traços tomados de empréstimo de várias outras mídias, o hipertexto constitui, portanto, uma rede original de interfaces. Algumas particularidades do hipertexto (seu aspecto dinâmico e multimídia) devem-se a seu suporte de inscrição ótica ou magnética e a seu ambiente de consulta do tipo "interface amigável". As possibilidades de pesquisa por palavras-chave e a organização subjacente das informações remetem aos bancos de dados clássicos. O hipertexto também desvia em seu proveito alguns dispositivos próprios da impressão: índice, thesaurus, referências cruzadas, sumário, legendas... Um mapa ou esquema detalhado com legendas já constitui um agenciamento complexo para uma leitura não linear. A nota de pé de página ou a remissão para o glossário por um asterisco também quebram a sequencialidade do texto. Uma enciclopédia com seu thesaurus, suas imagens, suas remissões de um artigo a outro, é por sua vez uma interface altamente reticular e "multimídia". Pensemos na forma de consultar um dicionário, onde cada palavra de uma definição ou de um exemplo remete a uma palavra definida ao longo de um circuito errático e virtualmente sem fim.

O que, então, torna o hipertexto específico quanto a isto? A velocidade, como sempre. A reação ao clique sobre um botão (lugar da tela de onde é possível chamar um outro nó) leva menos de um segundo. A quase instantaneidade da passagem de um nó a outro permite generalizar e utilizar em toda sua extensão o princípio da não linearidade. Isto se torna a norma, um novo sistema de escrita, uma metamorfose da leitura, batizada de navegação. A pequena característica de interface "velocidade" desvia todo o agenciamento intertextual e documentário para outro domínio de uso, com seus problemas e limites. Por exemplo, nos perdemos muito mais facilmente em um hipertexto do que em uma enciclopédia. A referência espacial e sensório-motora que atua quando seguramos um volume nas mãos não mais ocorre diante da tela, onde somente temos acesso direto a uma pequena superfície vinda de outro espaço, como que suspensa entre dois mundos, sobre a qual é difícil projetar-se.

É como se explorássemos um grande mapa sem nunca podermos desdobrá-lo, sempre através de pedaços minúsculos. Seria preciso então que cada pequena fração de superfície trouxesse consigo suas coordenadas, bem como um mapa em miniatura com uma zona acinzen-

O hipertexto

tada indicando a localização desta fração ("Você está aqui"). Inventa-se hoje toda uma interface da navegação, feita de uma infinidade de microdispositivos de interface deformados, reutilizados, desviados.

MAPAS INTERATIVOS

Podemos representar de várias maneiras a conectividade de um hipertexto. A visualização gráfica ou diagramática é, evidentemente, o meio mais intuitivo. Mas quais serão as extensões, as escalas, os princípios de organização destes mapas de conexões, destas bússolas conceituais nas redes de documentos?

Um mapa global não estaria arriscado a tornar-se ilegível a partir de uma certa quantidade de conexões, a tela cobrindo-se de linhas entrecruzadas, em meio as quais não seria possível distinguir mais nada? Algumas pesquisas contemporâneas parecem mostrar que representações de conexões em três dimensões seriam menos embaraçadas e mais fáceis de consultar, dada uma mesma quantidade, que as representações planas. O usuário teria a impressão de entrar em uma estrutura espacial, e nela deslocar-se como dentro de um volume.

Podemos também construir mapas globais em duas dimensões, mas que mostram apenas os caminhos disponíveis a partir de um único nó: seja ele o documento de partida, a raiz do hipertexto, ou então o documento ativo no momento. Imaginemos um mapa das estradas francesas no qual estariam representadas apenas as estradas que levassem de Bordeaux às outras cidades quando estivéssemos em Bordeaux, de Toulouse às outras cidades quando estivéssemos em Toulouse etc. A cada momento, a complexidade visual ficaria assim reduzida ao mínimo necessário.

É possível ainda focalizar detalhadamente a informação mais importante em determinado momento, representando em pontilhado ou em escala menor a informação marginal. Trabalharíamos então com lupas, sistemas de zoom, e escalas graduadas sobre uma representação diagramática ou esquemática do hipertexto.

Podemos deixar que o usuário represente apenas o subconjunto do hipertexto que considere pertinente. Ele consultaria ou modificaria mais frequentemente a estrutura de seu próprio "novelo de conexões" do que o do megadocumento. Teria a impressão de estar percorrendo a sua sub-rede privada, e não a grande rede geral.

Para ajudar a orientar os que se aventuram nas vias tortuosas dos dispositivos hipertextuais ou multimídias, pensa-se também em colocar módulos inteligentes ou pequenos sistemas especialistas em alguns de seus desvios.[4] Estes sistemas especialistas poderiam também fornecer informações mais refinadas àqueles que não se contentassem com uma simples navegação. Já existem geradores de sistemas especialistas capazes de se conectar de forma simples em hipertextos padrão para microcomputadores. Os próprios sistemas especialistas podem ser considerados como um tipo particular de hipertexto: uma manta discursiva condensada ou redobrada (a base de conhecimentos) é desdobrada sob mil facetas diferentes pela máquina de inferência de acordo com o problema específico com o qual se confronta seu usuário. Hipertextos, agenciamentos multimídias interativos e sistemas especialistas têm em comum esta característica multidimensional, dinâmica, esta capacidade de adaptação fina às situações que os tornam algo além da escrita estática e linear. Eis por que estes diferentes modos de representação que utilizam um suporte informático combinam-se facilmente, tornam-se rede.

Esta descrição das soluções imaginadas para orientar o usuário e representar a organização dos caminhos possíveis entre diferentes documentos de um hipertexto está incompleta, mas dá uma ideia do tipo de solução que se tem em mente em 1990. Estudos de ergonomia e de psicologia cognitiva sobre a compreensão de documentos escritos mostram que, para entender bem e memorizar o conteúdo dos textos, é indispensável que os leitores depreendam sua macroestrutura conceitual [49]. Mas construir esquemas que abstraiam e integrem o sentido de um texto ou, de forma mais geral, de uma configuração

---

[4] Os sistemas especialistas são programas de computador capazes de substituir (ou, na maior parte dos casos, ajudar) um especialista humano no exercício de suas funções de diagnóstico ou aconselhamento. O sistema contém, em uma "base de regras", os conhecimentos do especialista humano sobre um domínio em particular; a "base de fatos" contém os dados (provisórios) sobre a situação particular que está sendo analisada; a "máquina de inferência" aplica as regras aos fatos para chegar a uma conclusão ou a um diagnóstico. Os sistemas especialistas são utilizados em domínios tão diversos quanto bancos, seguradoras, medicina, produção industrial etc. Sistemas especialistas muito próximos daqueles que mencionamos aqui auxiliam usuários pouco experientes a se orientar no dédalo dos bancos de dados e das linguagens de pesquisa sempre que eles precisam achar rapidamente (sem um longo treinamento prévio) uma informação on-line.

O hipertexto

informacional complexa, é uma tarefa difícil. As representações do tipo cartográfico ganham hoje cada vez mais importância nas tecnologias intelectuais de suporte informático, justamente para resolver este problema de construção de esquemas. Diagramas dinâmicos são empregados em *software houses* (auxílio à programação), em sistemas de auxílio à concepção, à escrita, à gestão de projetos etc. Os esquemas interativos tornam explicitamente disponíveis, diretamente visíveis e manipuláveis à vontade as macroestruturas de textos, de documentos multimídias, de programas informáticos, de operações a coordenar ou de restrições a respeitar. Os sistemas cognitivos humanos podem então transferir ao computador a tarefa de construir e de manter em dia representações que eles antes deviam elaborar com os fracos recursos de sua memória de trabalho, ou aqueles, rudimentares e estáticos, do lápis e papel. Os esquemas, mapas ou diagramas interativos estão entre as interfaces mais importantes das tecnologias intelectuais de suporte informático.

A memória humana é estruturada de tal forma que nós compreendemos e retemos bem melhor tudo aquilo que esteja organizado de acordo com relações espaciais. Lembremos que o domínio de uma área qualquer do saber implica, quase sempre, a posse de uma rica representação esquemática. Os hipertextos podem propor vias de acesso e instrumentos de orientação em um domínio do conhecimento sob a forma de diagramas, de redes ou de mapas conceituais manipuláveis e dinâmicos. Em um contexto de formação, os hipertextos deveriam portanto favorecer, de várias maneiras, um domínio mais rápido e mais fácil da matéria do que através do audiovisual clássico ou do suporte impresso habitual.

O hipertexto ou a multimídia interativa adequam-se particularmente aos usos educativos. É bem conhecido o papel fundamental do envolvimento pessoal do aluno no processo de aprendizagem. Quanto mais ativamente uma pessoa participar da aquisição de um conhecimento, mais ela irá integrar e reter aquilo que aprender. Ora, a multimídia interativa, graças à sua dimensão reticular ou não linear, favorece uma atitude exploratória, ou mesmo lúdica, face ao material a ser assimilado. É, portanto, um instrumento bem adaptado a uma pedagogia ativa.

Réquiem para uma página

Quando um leitor se desloca na rede de microtextos e imagens de uma enciclopédia, deve traçar fisicamente seu caminho nela, manipulando volumes, virando páginas, percorrendo com seus olhos as colunas tendo em mente a ordem alfabética. Os volumes da Britannica ou da Universalis são muito pesados, inertes, imóveis. O hipertexto é dinâmico, está perpetuamente em movimento. Com um ou dois cliques, obedecendo por assim dizer ao dedo e ao olho, ele mostra ao leitor uma de suas faces, depois outra, um certo detalhe ampliado, uma estrutura complexa esquematizada. Ele se redobra e desdobra à vontade, muda de forma, se multiplica, se corta e se cola outra vez de outra forma. Não é apenas uma rede de microtextos, mas sim um grande metatexto de geometria variável, com gavetas, com dobras. Um parágrafo pode aparecer ou desaparecer sob uma palavra, três capítulos sob uma palavra do parágrafo, um pequeno ensaio sob uma das palavras destes capítulos, e assim virtualmente sem fim, de fundo falso em fundo falso.

Na interface da escrita que se tornou estável no século XV e foi sendo lentamente aperfeiçoada depois, a página é a unidade de dobra elementar do texto. A dobradura do códex é uniforme, calibrada, numerada. Os sinais de pontuação, as separações de capítulos e de parágrafos, estes pequenos amarrotados ou marcas de dobras, não têm, por assim dizer, nada além de uma existência lógica, já que são figurados por signos convencionais e não talhados na própria matéria do livro. O hipertexto informatizado, em compensação, permite todas as dobras imagináveis: dez mil signos ou somente cinquenta redobrados atrás de uma palavra ou ícone, encaixes complicados e variáveis, adaptáveis pelo leitor. O formato uniforme da página, a dobra parasita do papel, a encadernação independente da estrutura lógica do texto não têm mais razão de ser. Sobra, sem dúvida, a restrição da superfície limitada da tela. Cabe àqueles que concebem a interface fazer desta tela não um leito de Procusto, mas sim uma ponte de comando e de observação das metamorfoses do hipertexto. Ao ritmo regular da página se sucede o movimento perpétuo de dobramento e desdobramento de um texto caleidoscópico.

O hipertexto

Bibliografia

AMBRON, Sueann; HOOPER, Kristina (orgs.). *Interactive Multimedia*. Redmond, Washington: Microsoft Press, 1988.

BOORSTIN, Daniel. *Les Découvreurs*. Paris: Seghers, 1987 (edição original: *The Discoverers*. Nova York: Random House, 1983).

BALPE, Jean-Pierre; LAUFER Roger (orgs.). *Instruments de communication évolués, hypertextes, hypermédias*. Paris: Groupe Paragraphe/Université Paris VIII, 1990.

DELEUZE, Gilles. *Le Pli: Leibniz et le baroque*. Paris: Minuit, 1988.

GROUPWARE, dossiê da revista *Byte*, dezembro de 1988.

GUINDON, Raimonde (org.). *Cognitive Science and its Applications for Human-Computer Interaction*. Hillsdale, New Jersey: Lawrence Erlbaum, 1988.

HYPERTEXT, dossiê da revista *Byte*, outubro de 1988.

LAMBERT, Steve; ROPIEQUET, Suzanne (orgs.). *CD-ROM: The New Papyrus*. Redmond, Washington: Microsoft Press, 1986 (contém a reprodução do texto de Vannevar Bush, "As We May Think", originalmente publicado em *The Atlantic Monthly* em 1945).

3. SOBRE A TÉCNICA ENQUANTO HIPERTEXTO: O COMPUTADOR PESSOAL

Desordem e caos: Silicon Valley

Na metade da década de setenta, uma pitoresca comunidade de jovens californianos à margem do sistema inventou o computador pessoal. Os membros mais ativos deste grupo tinham o projeto mais ou menos definido de instituir novas bases para a informática e, ao mesmo tempo, revolucionar a sociedade. De uma certa forma, este objetivo foi atingido.

Silicon Valley, mais do que um cenário, era um verdadeiro meio ativo, um caldo primitivo onde instituições científicas e universitárias, indústrias eletrônicas, todos os tipos de movimentos *hippies* e de contestação faziam confluir ideias, paixões e objetos que iriam fazer com que o conjunto entrasse em ebulição e reagisse.

No início dos anos setenta, em poucos lugares no mundo havia tamanha abundância e variedade de componentes eletrônicos quanto no pequeno círculo radiante, medindo algumas dezenas de quilômetros, ao redor da universidade de Stanford. Lá podiam ser encontrados artefatos informáticos aos milhares: grandes computadores, jogos de vídeo, circuitos, componentes, refugos de diversas origens e calibres... E estes elementos formavam outros tantos membros dispersos, arrastados, chocados uns contra os outros pelo turbilhão combinatório, experiências desordenadas de alguma cosmogonia primitiva.

No território de Silicon Valley, nesta época, encontravam-se implantadas, entre outras, a NASA, Hewlett-Packard, Atari e Intel. Todas as escolas da região ofereciam cursos de eletrônica. Exércitos de engenheiros voluntários, empregados nas empresas locais, passavam seus fins de semana ajudando os jovens fanáticos por eletrônica que faziam bricolagem nas famosas garagens das casas californianas.

Vamos seguir, como exemplo, dois destes jovens, Steve Jobs e Steve Wozniak, enquanto eles realizavam sua primeira máquina, a *blue box*, uma espécie de auxílio à pirataria, um pequeno dispositivo digital para telefonar sem pagar. Ambos cresceram em um mundo de silício e de circuitos. Evoluíram em uma reserva ecológica, indissoluvelmente material e cognitiva, excepcionalmente favorável à bricolagem *high tech*. Tudo estava ao alcance de suas mãos. Poderíamos encontrá-los em um apartamento de São Francisco, ouvindo as explicações de um pirata telefônico em contato (gratuito) com o Vaticano. Ou então pesquisando em revistas de eletrônica, tomando nota de ideias, levantando bibliografias. Continuavam suas pesquisas na biblioteca de Stanford. Faziam compras nas lojas de sobras de componentes eletrônicos. Graças a um amigo pertencente a Berkeley, desviaram os computadores da universidade para efetuar os últimos cálculos para seus circuitos. Finalmente, algumas dezenas de exemplares da *blue box* foram construídas e os dois Steve ganharam algum dinheiro, antes de perceber que a Máfia estava ficando interessada no assunto e abandonar o jogo.

Milhares de jovens divertiam-se desta forma, fabricando rádios, amplificadores de alta-fidelidade e, cada vez mais, dispositivos de telecomunicação e de cálculo eletrônico. O *nec plus ultra* era construir seu próprio computador a partir de circuitos de segunda mão. As máquinas em questão não tinham nem teclado, nem tela, sua capacidade de memória era ínfima e, antes do lançamento do Basic em 1975 por dois outros adolescentes, Bill Gates e Paul Allen, elas também não tinham linguagem de programação. Estes computadores não serviam para quase nada, todo o prazer estava em construí-los.

O campus de Berkeley não ficava muito longe; a paixão pela bricolagem eletrônica se misturava então a ideias sobre o desvio da alta tecnologia em proveito da "contracultura" e a slogans tais como *Computers for the people* (computadores "para o povo" ou "ao serviço das pessoas"). Entre todos os grupos da nebulosa *underground* que trabalhavam para a reapropriação das tecnologias de ponta, o *Homebrew Computer Club*, do qual Jobs e Wozniak faziam parte, era um dos mais ativos. Fica subentendido que seus membros mais ricos dividiam suas máquinas com os outros e que ninguém tinha segredos para ninguém. As reuniões do clube eram no auditório do acelerador linear de Stanford. Este era o lugar para fazer com que os outros admirassem ou criticassem suas últimas realizações. Trocavam-se e vendiam-se componentes, programas, ideias de todos os tipos. Assim que eram construídos, logo após emitidos, objetos e conceitos eram retomados, transformados pelos agentes febris de um coletivo denso, e os resultados destas transformações, por sua vez, eram reinterpretados e reempregados ao longo de um ciclo rápido que talvez seja o da invenção. Foi deste ciclone, deste turbilhão de coisas, pessoas, ideias e paixões que saiu o computador pessoal. Não o objeto definido simplesmente por seu tamanho, não o pequeno computador de que os militares já dispunham há muito tempo, mas sim o complexo de circuitos eletrônicos e de utopia social que era o computador pessoal no fim dos anos setenta: a potência de cálculo arrancada do Estado, do exército, dos monstros burocráticos que são as grandes empresas e restituída, enfim, aos indivíduos.

UMA INTERFACE APÓS A OUTRA

Estudando o caso Apple, tal como foi descrito por Jeffrey Young [115], veremos que o computador pessoal foi sendo construído progressivamente, interface por interface, uma camada recobrindo a outra, cada elemento suplementar dando um sentido novo aos que o precediam, permitindo conexões com outras redes cada vez mais extensas, introduzindo pouco a pouco agenciamentos inéditos de significação e uso, seguindo o próprio processo de construção de um hipertexto.

Wozniak, como tantos outros, criou um computador dotado de circuitos originais. Jobs queria vendê-lo, e para isto os dois amigos fundaram uma empresa: a *Apple*. Em 1975, floresciam em Silicon Valley diversas outras empresas de microinformática cujos nomes evocativos estão hoje completamente esquecidos: The Sphere, Golemics, Kentucky Fried Computer... No momento em que Jobs e Wozniak montaram sua sociedade, o grande sucesso comercial da microinformática era o *Altair*, vendido em peças separadas e cuja primeira versão vinha sem monitor nem teclado. Afinal, quem iria comprar um computador todo montado?

A *Byte Shop*, primeira loja de informática pessoal, abriu em fins de 1975 e procurava produtos para vender. Seu proprietário, Paul Terrell, aceitou o Apple 1, mas pediu a Jobs que o *montasse*. A montagem foi o primeiro princípio de interface com os usuários dos novos computadores. Essa característica da interface implicava uma modificação no significado da máquina: o essencial não era mais montá-la, mas sim usá-la. Ainda se fazia bricolagem, mas havia-se atingido um novo estágio. A segunda interface, desenvolvida por Wozniak, era o gravador cassete que permitia carregar o Basic. Na verdade, a primeira versão do Apple 1 não possuía um gravador cassete, sendo preciso digitar a linguagem de programação à mão cada vez que o computador era ligado, antes de começar a programar qualquer outra coisa. Mal haviam decidido seguir este caminho, Jobs e Wozniak viram-se confrontados a um terceiro problema de interface, o da compatibilidade, já que a versão de Basic que rodava no Apple 1 não era a mesma do *Altair*. Os programas feitos para um deles não poderiam rodar no outro. (Quinze anos depois, a Apple ainda enfrenta esta questão da compatibilidade.) Entre outras coisas, foi para compensar essa desvantagem através de melhores interfaces com o ser humano que Jobs e Wozniak iniciaram a concepção de um novo computador: o Apple 2.

No Apple 1, a linguagem de programação (Basic) era uma peça adicional que deveria ser carregada através de um gravador. No Apple 2, estava diretamente gravada em uma memória ROM. A interface havia se tornado um componente interno. Resultado: passou a ser possível fazer algo com o computador *a partir do momento em que fosse ligado*. Além disso, havia uma conexão que permitia usar uma televisão a cores comum como monitor (tela) do computador.

Em sua versão do início de 1976, o Apple 2 possibilitava duas atividades principais: programar em Basic e jogar. Não fora ainda deixado totalmente para trás o mundo dos adolescentes apaixonados por eletrônica. Mas quando, no outono de 1976, Steve Jobs voltou da primeira exposição de microinformática de Atlantic City, estava convencido de que havia um mercado de massa para o computador pessoal. Se a Apple quisesse sobreviver, deveria dirigir-se a um público amplo, e isto significava a integração de novas interfaces à máquina: a partir de então, o Apple 2 seria vendido com uma fonte, um gabinete protetor de plástico rígido e um teclado.

Para os fundadores da Apple, o computador era o circuito básico. A fonte, o gabinete, os diversos periféricos não eram nada além de uma fonte de atração ou de publicidade para fazer com que as pessoas utilizassem os circuitos. É preciso perdoar os informatas, pois não perceberam de imediato o significado da microinformática, ou seja, que o computador estava se tornando uma mídia de massa. Mesmo para os criadores da microinformática quando começaram, tudo aquilo que se afastasse, ainda que muito pouco, da concepção da unidade aritmética e lógica do computador não era realmente informática.

Uma máquina é constituída de camadas sucessivas, aparentemente cada vez menos "técnicas", cada vez menos "duras", e que se assemelham cada vez mais a jogadas publicitárias, a uma série de operações de relações públicas com os clientes potenciais. Mas estes suplementos publicitários aos poucos vão sendo integrados à máquina, terminam fundindo-se ao núcleo rígido da técnica. Ora, o que é a publicidade se não a organização de uma relação, de uma interface com o público? Tanto é assim que, invertendo o olhar, também podemos considerar um objeto técnico — no caso o computador pessoal — como uma série de jogadas publicitárias mais ou menos bem articuladas umas com as outras, sedimentadas, reificadas, endurecidas em um objeto. Se o objeto é realmente um construto de interfaces, então não há, entre publicidade e dispositivo material, nada além de uma diferença de fluidez ou de distância em relação ao núcleo solidificado do agenciamento técnico. Dependendo do ponto de vista, tudo é engenharia ou tudo é marketing. A questão é sempre a de estender, por meio de conexões e traduções, a rede sociotécnica que passa pela máquina.

No exato momento em que decidiu fornecer o Apple 2 com uma fonte, um gabinete e um teclado incorporados, Jobs procurava encontrar um logotipo sedutor, cuidava da aparência do estande da Apple nas exposições, preparava a redação de manuais e instruções *legíveis* e lançava a primeira grande operação publicitária da empresa na *Playboy*. Tudo aquilo que interfaceia conta.

Foi justamente um periférico que tornou o Apple 2 o maior sucesso da informática pessoal no final dos anos setenta e começo dos oitenta: a unidade de discos desenhada por Wozniak. Por que esta interface teve um papel tão importante? Para que um computador funcione, são necessários programas compostos por centenas de instruções. Ou bem estas instruções deviam ser digitadas manualmente (como era o caso no Apple 1), ou então precisavam ser gravadas sobre um suporte que pudesse ser lido pela máquina. Os computadores de grande porte utilizavam fitas magnéticas ou disquetes. Mas, em 1977, estas soluções eram caras demais para o mercado de microinformática, devido ao custo dos componentes envolvidos na fabricação de unidades de fita magnética ou de disquetes. Utilizava-se então unidades de leitura de fitas de papel perfurado ou de cassetes. Entretanto, estes suportes de informação eram frágeis e sua leitura muito lenta.

Wozniak transformou os dados do problema ao conceber um circuito de controle para sua unidade de disquetes que continha cerca de dez vezes menos componentes que os circuitos então usados na informática pesada e que, além disso, era muito menos volumoso e de construção mais simples.

Os disquetes padrão usados no drive do Apple 2 tinham uma capacidade de memória infinitamente superior à das fitas cassete. Gra-

Sobre a técnica enquanto hipertexto: o computador pessoal

ças ao novo periférico, os tempos de leitura e de acesso às informações tornaram-se também muito menores em relação aos dos outros microcomputadores da época. Como resultado, numerosos programadores, tanto aprendizes como mestres, começaram a produzir programas no e para o Apple 2. A disponibilidade de uma grande quantidade de programas incitou os amadores a se equiparem com o computador que os aceitava. Um processo cumulativo de retroação positiva desencadeou-se e, em 1979, as vendas do Apple 2 dispararam. A interface material — o drive de disquetes — permitiu a multiplicação das interfaces lógicas — os programas. Esta interface de duplo efeito abriu um campo de usos e conexões práticas aparentemente sem limites.

Em 1979 surgiram, entre outros, um dos primeiros *processadores de texto* (*Apple Writer*) para microcomputadores, assim como a primeira *planilha* (*Visicalc*, programa de simulação e de tratamento integrado de dados contábeis e financeiros), sem contar com as inúmeras linguagens de programação, jogos e programas especializados.

O microcomputador fora composto por interfaces sucessivas, em um processo de pesquisa cega, no qual foram negociados, aos poucos, acessos a redes cada vez mais vastas, até que um limite fosse rompido e a conexão fosse estabelecida com os circuitos sociotécnicos da educação e do escritório. Simultaneamente, estes mesmos circuitos começavam a se redefinir em função da nova máquina. A "revolução da informática" havia começado.

ÍCONES

O surgimento do Apple Macintosh, em 1984, acelerou a integração da informática ao mundo da comunicação, da edição e do audiovisual, permitindo a generalização do hipertexto e da multimídia interativa. Numerosas características de interface típicas do Macintosh foram em pouco tempo retomadas por outros fabricantes de computadores e hoje, em 1990, não podemos mais conceber a informática "amigável" sem "ícones" e "mouse".

Muitas vezes, na literatura especializada, foi narrada a "cena primitiva" semilegendária que orientou o nascimento da nova máquina. Quando Steve Jobs e alguns de seus colaboradores visitaram os laboratórios do Palo Alto Research Center (PARC) da Xerox, e viram pela primeira vez como era possível interagir com um computador de forma intuitiva e sensório-motora, sem o intermédio de códigos abstratos, souberam imediatamente que iriam seguir aquele caminho.

Sob a direção de Alan Kay, Larry Tessler e sua equipe do PARC trabalhavam no desenvolvimento de uma interface informática que simulasse o ambiente do escritório. Fazendo deslizar um pequeno aparelho (o mouse) sobre uma superfície plana, era possível selecionar, na tela do computador, ideogramas (ícones) que representavam documentos, pastas, instrumentos de desenho, ou partes de textos e gráficos. Apertando os botões do mouse ("clicando"), podia-se efetuar diversas operações sobre os objetos selecionados. Em vez de ser obrigado a digitar, no teclado, códigos de comandos que precisavam ser decorados, bastava que o usuário consultasse os "menus" e selecionasse, através do mouse, as ações desejadas. O usuário tinha sempre à vista os diferentes planos nos quais se desenvolvia seu trabalho, bastando abrir ou fechar as "janelas" visíveis na tela para passar de uma atividade a outra.

Jobs reverteu em proveito da Apple as ideias da Xerox e parte de seu pessoal. Mas os ícones e o mouse não bastam para explicar o relativo sucesso do Macintosh. O pequeno impacto do Star da Xerox e do Lisa da Apple, que no entanto incorporavam estas mesmas características, nos provam isto *a contrario*.

O Macintosh reuniu outras características de interface que remetem umas às outras, redefinem-se e valorizam-se mutuamente, como os textos e imagens interconectados de um hipertexto.

Entre todas estas características da interface, é preciso levar em conta a velocidade de cálculo do computador, seu tamanho, sua aparência, a independência do teclado, o desenho dos ícones e das janelas etc., sem esquecer do preço da máquina (que remete, por sua vez, à elegância de sua concepção e portanto à facilidade de sua fabricação). Os mais ínfimos detalhes, desde os aspectos aparentemente mais "técnicos", até o que poderia ser visto como sendo apenas floreios estéticos indignos de uma discussão entre engenheiros, passando pelo próprio nome da máquina (o de um tipo de maçã), tudo foi discutido apaixonadamente pela equipe que concebeu o Macintosh.

Isto porque cada característica da interface remete ao exterior, desenhando em pontilhado as conexões práticas que poderão ser efetuadas em outras redes sociotécnicas, tanto no plano das representações (o nome, a forma dos ícones) quanto no dos agenciamentos práticos (o tamanho, o preço etc.). A largura da tela, por exemplo, foi calculada a partir do formato padrão de uma folha de papel, de forma que textos ou gráficos vistos na tela pudessem ter exatamente a mesma dimensão que teriam quando impressos. Um outro exemplo: decidiu-se que o Mac conteria em memória ROM (pré-programada) as ferramentas necessárias aos desenvolvedores de programas, de forma que todos os futuros aplicativos utilizassem a mesma interface com o usuário. Assim, não seria preciso adquirir novos reflexos a cada vez que se mudasse de programa, e nos sentiríamos sempre "em casa" usando o Macintosh.

Apesar de todos os esforços daqueles que o conceberam, a aventura do Macintosh quase terminou em um fracasso comercial. Se a chegada inesperada das impressoras laser de baixo preço não tivesse redefinido a máquina como elo essencial de uma cadeia de publicação auxiliada por computador, ela talvez tivesse permanecido como o brinquedo para amadores esclarecidos que parecia ser quando foi lançada. Mais uma vez, um uso imprevisto tinha transformado, a partir do exterior e a posteriori, o significado de uma máquina. Em uma rede sociotécnica, como em um hipertexto, cada nova conexão recompõe a configuração semântica da zona da rede à qual está conectada.

BIBLIOGRAFIA

YOUNG, Jeffrey S. *Steve Jobs, un destin fulgurant*. Paris: Éditions Micro Application, 1989 (edição original: *Steve Jobs: The Journey is the Reward*. Nova York: Scott Foresman and Company, 1987).

4. SOBRE A TÉCNICA ENQUANTO HIPERTEXTO: A POLÍTICA DAS INTERFACES

DOUGLAS ENGELBART
OU A ENGENHARIA DA COLETIVIDADE

As ideias que orientaram a construção do Macintosh vinham de longe. Desde a metade dos anos cinquenta, Douglas Engelbart, diretor do Augmentation Research Center (ARC) do Stanford Research Institute, tinha imaginado programas para comunicação e trabalho coletivos, chamados hoje de *groupwares*. No ARC foram testados pela primeira vez...

— a tela com múltiplas janelas de trabalho;

— a possibilidade de manipular, com a ajuda de um mouse, complexos informacionais representados na tela por um símbolo gráfico;

— as conexões associativas (hipertextuais) em bancos de dados ou entre documentos escritos por autores diferentes;

— os grafos dinâmicos para representar estruturas conceituais (o "processamento de ideias");

— os sistemas de ajuda ao usuário integrados aos programas [2].

Diversas demonstrações públicas de *groupwares* que reuniam todas estas características de interface foram organizadas no fim dos anos sessenta. Elas tiveram uma recepção muito fraca na época entre os construtores e vendedores de computadores. A informática ainda era tida como uma arte de automatizar cálculos, e não como tecnologia intelectual. Como vimos antes, algumas das ideias de Douglas Engelbart e sua equipe acabaram sendo postas em prática e comercializadas pela Xerox, Apple, e também pela Sun Microsystems na metade dos anos oitenta, sobretudo por intermédio de engenheiros que haviam colaborado no ARC.

Durante a Segunda Guerra Mundial, Douglas Engelbart havia trabalhado em um sistema de radar, um dos primeiros dispositivos eletrônicos que implicava uma interação estreita entre um homem e uma tela catódica. Alguns anos mais tarde, observando os primeiros monstros informáticos entrincheirados em salas refrigeradas, alimentados por cartões perfurados e cuspindo listagens em um crepitar infernal, ele teve a visão (irreal na época) de coletividades reunidas pela nova máquina, de homens diante de telas falando com as imagens animadas de interlocutores distantes, ou trabalhando em silêncio frente a telas onde dançavam símbolos.

A micropolítica das interfaces à qual Douglas Engelbart tinha decidido dedicar-se conecta finamente, por mil canais diferentes, os construtos heteróclitos que os aparelhos eletrônicos constituem (apesar de seu aspecto compacto) e a rede de módulos díspares que compõem o sistema cognitivo do ser humano. O princípio de *coerência das interfaces*, sobre o qual já falamos um pouco, ilustra bem esta noção de micropolítica. Nos sistemas de cooperação auxiliada por computador desenvolvidos no ARC, *as mesmas representações e os mesmos comandos eram sistematicamente usados em várias aplicações.* Por exemplo, os procedimentos eram iguais, fosse para eliminar um objeto gráfico quando se desenhava, fosse para apagar uma palavra quando se escrevia. Desta forma, quanto mais se houvesse dominado determinados aplicativos, mais a aprendizagem dos outros tornava-se rápida e fácil, uma vez que a experiência adquirida podia ser reempregada. Graças a ideias extremamente simples como esta, o usuário sentia-se em um mundo familiar mesmo quando executava uma operação pela primeira vez. Ele era então estimulado a explorar as possibilidades que o sistema lhe oferecia em vez de deixá-las de lado e empregar seus canais habituais.

O objetivo de Douglas Engelbart era o de articular entre si dois sistemas cognitivos humanos através de dispositivos eletrônicos inteligentes. A coerência das interfaces, uma espécie de característica de interface elevada ao quadrado, representa um princípio estratégico essencial em relação a esta visão a longo prazo. Ela seduz o usuário em potencial e o liga cada vez mais ao sistema. O princípio que acabamos de enunciar, assim como a crença na necessidade de uma comunicação com o computador que fosse intuitiva, metafórica e sensório-motora, em vez de abstrata, rigidamente codificada e desprovida de sentido para o usuário, contribuíram para "humanizar a máquina". Ou seja, essas interfaces, essas camadas técnicas suplementares tornaram os complexos agenciamentos de tecnologias intelectuais e mídias de comunicação, também chamados de sistemas informáticos, mais amáveis e mais imbricados ao sistema cognitivo humano.

Apesar de ser engenheiro, ou justamente por ser engenheiro no sentido pleno da palavra, Douglas Engelbart foi um participante ativo do debate sobre os usos sociais da informática [2]. Segundo ele, os diversos agenciamentos de mídias, tecnologias intelectuais, linguagens e métodos de trabalho disponíveis em uma dada época condicionam fundamentalmente a maneira de pensar e funcionar em grupo vigente em uma sociedade. No prolongamento de uma longa evolução cultural que começa com as primeiras palavras articuladas pelos neandertais, ele via no computador um instrumento adequado para transformar positivamente, para "aumentar" — segundo suas próprias palavras — o funcionamento dos grupos. Mas, para que haja um verdadeiro "aumento", é preciso acompanhar e dirigir com brandura, passo a passo, a *coevolução* dos humanos e das ferramentas. Está fora de questão conceber um *groupwares* de A a Z, a priori, independentemente de uma experimentação contínua envolvendo grupos de usuários reais. A perfeita adaptação das interfaces às peculiaridades do sistema cognitivo humano, a extrema atenção às mínimas reações e propostas dos usuários de protótipos, a ênfase colocada sobre os métodos (lentos e progressivos) para instalar novas tecnologias intelectuais nos grupos de trabalho caracterizam o estilo tecnológico de Douglas Engelbart.

No decorrer de sua prática, dos artigos publicados e conferências proferidas, o antigo diretor do Augmentation Research Center talvez tenha esboçado o destino próximo da informática. A futura disciplina estaria encarregada dos equipamentos coletivos da inteligência, contribuindo para estruturar os espaços cognitivos dos indivíduos e das organizações, assim como os urbanistas e os arquitetos definem o espaço físico no qual se desenvolve boa parte da vida privada e das atividades sociais. Continuando com a metáfora, as futuras equipes de arquitetos cognitivos não irão construir novas cidades em campo aberto para indivíduos maleáveis e sem passado. Muito pelo contrário, deverão levar em conta particularidades sensoriais e intelectuais da espécie humana, hábitos adquiridos com as antigas tecnologias intelectuais, práticas que se cristalizaram há séculos em torno de agenciamentos semióticos diversos, dos quais o principal é a língua. Estes arquitetos deverão partir dos modos de interação em vigor nas organizações, os quais diferem de acordo com os locais e as culturas. É toda uma ecologia cognitiva já disseminada em nossos dias que será preciso administrar e fazer evoluir sem choques brutais, com a participação dos interessados.

Os equipamentos coletivos da inteligência

Durante muito tempo, os informatas consideraram-se especialistas em máquinas. Apesar da extraordinária penetração dos computadores pessoais e da progressiva transformação da informática em mídia universal, grande número de informatas ainda mantém esta concepção. Da mesma forma que Douglas Engelbart, gostaríamos de opor a imagem de um criador envolvido com os *equipamentos coletivos da inteligência* àquela do *especialista em computadores*. É preciso deslocar a ênfase do objeto (o computador, o programa, este ou aquele módulo técnico) para o projeto (o ambiente cognitivo, a rede de relações humanas que se quer instituir).

Vale a pena repetir que a maior parte dos programas atuais desempenha um papel de *tecnologia intelectual*: eles reorganizam, de uma forma ou de outra, a visão de mundo de seus usuários e modificam seus reflexos mentais. As redes informáticas modificam os circuitos de comunicação e de decisão nas organizações. Na medida em que a informatização avança, certas funções são eliminadas, novas habilidades aparecem, a ecologia cognitiva se transforma. O que equivale a dizer que engenheiros do conhecimento e promotores da evolução sociotécnica das organizações serão tão necessários quanto especialistas em máquinas.

Mas não é por isso que a vertente humana e a vertente objetiva da informática deveriam ser entregues a duas profissões diferentes: é no próprio cerne da concepção de um programa ou de um circuito que são decididas as conexões possíveis (os famosos problemas de compatibilidade), o leque de usos — negociável em maior ou menor grau —, o prazer ou a dificuldade de se trabalhar com um computador. Cada grande inovação em informática abriu a possibilidade de novas relações entre homens e computadores: códigos de programação cada vez mais intuitivos, comunicação em tempo real, redes, micro, novos princípios de interfaces... É porque dizem respeito aos humanos que estas viradas na história dos artefatos informáticos nos importam.

O cego e o paralítico, ou o engenheiro e o sociólogo

O fracasso de uma informatização pode estar relacionado a detalhes mínimos, dissimulados entre as complexidades de um programa. Algumas poucas instruções suplementares ou um programa projetado de outra forma talvez houvessem economizado milhares de horas de codificação entediante ou de manipulação penosa aos empregados de uma empresa. Não nos referimos a erros de programação, mas sim a uma incompetência *técnica*, no sentido deste termo que estamos tentando definir.

Por outro lado, o sucesso de alguns programas de microcomputadores deveu-se a certas intuições muito profundas sobre como deveria ser a interface com o usuário para *determinado* uso (*Visicalc*, *MacPaint*). Na falta de uma iluminação genial, a equipe de desenvolvimento pode concentrar sua atenção no conforto do usuário, em seus hábitos, em suas necessidades, sobre as críticas feitas às versões precedentes... O conhecimento das entranhas de uma máquina ou de um sistema operacional será então usado com o objetivo de tornar o produto final amigável. O virtuosismo técnico só produz seu efeito completo quando consegue deslocar os eixos e os pontos de contato das relações entre homens e máquinas, reorganizando assim, indiretamente, a ecologia cognitiva como um todo. Separar o conhecimento das máquinas da competência cognitiva e social é o mesmo que fabricar artificialmente um cego (o informata "puro") e um paralítico (o especialista "puro" em ciências humanas), que se tentará associar em seguida; mas será tarde demais, pois os danos já terão sido feitos.

Aqueles que lançaram a microinformática ou o *groupware* não são, de forma alguma, "técnicos puros". Deveríamos, antes, considerar os grandes participantes da "revolução da informática" como homens políticos de um tipo um pouco especial. O que os distingue é o fato de trabalharem na escala molecular das interfaces, lá onde se organizam as passagens entre os reinos, lá onde os microfluxos são desviados, acelerados, transformados, as representações traduzidas, lá onde os elementos constituintes dos homens e das coisas se enlaçam.

Contrariamente ao que geralmente pensamos, os agenciadores de inovações técnicas não estão interessados apenas nas engrenagens complicadas das coisas. São antes de tudo movidos pela visão de novos agenciamentos na coletividade mista formada pelos homens, seus artefatos e as diversas potências cósmicas que os afetam. Os engenheiros, agenciadores e visionários que ligam seu destino a determinada técnica são movidos por verdadeiros *projetos políticos*, contanto que se admita que a cidade contemporânea seja povoada por máquinas,

Sobre a técnica enquanto hipertexto: a política das interfaces   55 por microrganismos, por forças naturais, por equipamentos de silício e de cimento tanto quanto por humanos.

Retomemos a comparação entre informática e arquitetura ou urbanismo. Em vez de estruturar o *espaço físico* das relações humanas e da vida cotidiana, o informata organiza o *espaço das funções cognitivas*: coleta de informações, armazenamento na memória, avaliação, previsão, decisão, concepção etc.

Os arquitetos estudaram a resistência dos materiais e a mecânica, conhecem todas as propriedades do cimento. Mas seus conhecimentos, como todos sabem, não se limitam à vertente objetiva de sua profissão. Que diríamos de urbanistas que não tivessem nenhuma noção sobre sociologia, estética ou história da arte? Entretanto, a maioria dos informatas se encontra hoje em situação análoga a esta. Eles intervêm sobre a comunicação, a percepção e as estratégias cognitivas de indivíduos e de grupos de trabalho; apesar disto, não encontramos em seu currículo nem pragmática da comunicação, nem psicologia cognitiva, história das técnicas ou estética. Como acordar os futuros informatas para a dimensão humana de sua missão? Somos forçados a constatar que o ensino superior produz hoje, na maioria dos casos, "especialistas em máquinas".

O trabalho de *engenharia do conhecimento* desenvolvido por certas empresas de inteligência artificial pode servir de guia para repensar a função do informata. O engenheiro de conhecimentos não traz sua solução "racional" totalmente pronta para os empregados de uma empresa. Ao contrário, ele passa meses em campo, presta uma minuciosa atenção às habilidades concretas dos futuros usuários (muitas vezes bem diversas dos métodos prescritos); ele demonstra um respeito irrestrito à sua experiência.

Ao se aproximar dos etnógrafos e dos artistas, os criadores de programas e os analistas de sistemas descobrirão a ética que falta à sua jovem profissão. Talvez a informática vá enfim tornar-se uma técnica.

MÁQUINAS DESEJÁVEIS

Uma versão puramente ergonômica ou funcional da relação entre humanos e computadores não daria conta daquilo que está em jogo. O conforto e a performance cognitiva não são as únicas coisas em causa. O desejo e a subjetividade podem estar profundamente implicados em agenciamentos técnicos. Da mesma forma que ficamos apaixonados por uma moto, um carro ou uma casa, ficamos apaixonados por um computador, um programa ou uma linguagem de programação.

A informática não intervém apenas na ecologia cognitiva, mas também nos *processos de subjetivação* individuais e coletivos. Algumas pessoas ou grupos construíram uma parte de suas vidas ao redor de sistemas de troca de mensagens (BBS), de certos programas de ajuda à criação musical ou gráfica, da programação ou da pirataria nas redes [17, 63]. Mesmo sem ser pirata ou *hacker*, é possível que alguém se deixe *seduzir* pelos dispositivos de informática. Há toda uma dimensão estética ou artística na concepção das máquinas ou dos programas, aquela que suscita o envolvimento emocional, estimula o desejo de explorar novos territórios existenciais e cognitivos, conecta o computador a movimentos culturais, revoltas, sonhos. Os grandes atores da história da informática, como Alan Turing, Douglas Engelbart ou Steve Jobs, conceberam o computador de outra forma que não um autômato funcional. Eles trabalharam e viveram em sua dimensão subjetiva, maravilhosa ou profética.

Com o passar dos anos, os primeiros agenciamentos técnico-organizacionais informatizados talvez nos pareçam tão estranhos, inumanos, tão arqueológicos em seu gênero quanto aquelas cidades industriais do século XIX, cinza, uniformes, sem história, desprovidas de parques ou praças, centradas em torno de alguma enorme usina invadida por vapores nocivos ou reverberando o estrondo monstruoso dos bate-estacas. O espaço das interações sensório-intelectuais, a ecologia cognitiva que enquadra a vida mental dos indivíduos, talvez seja menos perceptível, de imediato, que o espaço físico, mas ainda assim temos o dever de torná-la habitável. Sonhamos — e talvez por vezes o tenhamos atingido, sobretudo após a metade da década de oitenta — com um ambiente operacional desejável, aberto às explorações, às conexões com o exterior e às singularizações.

SOBRE O USO

Os críticos da informática acreditaram, ingenuamente, nos informatas que sustentavam, até cerca de 1975, que a "máquina" era binária, rígida, restritiva, centralizadora, que não poderia ser de outra forma. Através de suas críticas, subscreveram a ideia errônea de uma essência da informática. Na realidade, desde o começo dos anos sessenta, engenheiros como Douglas Engelbart conduziam pesquisas na direção de uma informática da comunicação, do trabalho cooperativo e da interação amigável. As grandes empresas de informática só deram esta guinada vinte anos depois, para não serem ultrapassadas pelos recém-chegados da microinformática, muito agressivos comercialmente.

A verdadeira crítica não opôs o homem e a máquina, em um face a face raivoso, cada um dos dois termos congelado em sua pretensa essência, mas antes situou-se no próprio terreno técnico, transformando a substância das coisas: quer dizer, tanto os computadores quanto as ecologias cognitivas onde estes estavam inseridos.

Não eram os agenciamentos concretos de metal, de vidro e de silício que era preciso combater, mas sim as máquinas burocráticas e hierárquicas que os assombravam.

A "máquina", maciça e fascinante, foi substituída por um agenciamento instável e complicado de circuitos, órgãos, aparelhos diversos, camadas de programas, interfaces, cada parte podendo, por sua vez, decompor-se em redes de interfaces. Na medida em que cada conexão suplementar, cada nova camada de programa transforma o funcionamento e o significado do conjunto, o computador emprega a estrutura de um hipertexto, como talvez seja o caso de todo dispositivo técnico complexo. E os *usos* do computador constituem ainda conexões suplementares, estendendo mais longe o hipertexto, conectando-o a novos agenciamentos, reinventando assim o significado dos elementos conectados.

O que é o uso? O prolongamento do caminho já traçado pelas interpretações precedentes; ou, pelo contrário, a construção de novos agenciamentos de sentido. Não há uso sem torção semântica inventiva, quer ela seja minúscula ou essencial.

Em 1979, quando Daniel Bricklin e Robert Frankston lançaram a primeira planilha, a *Visicalc, eles usaram* o Apple 2. Ao mesmo tempo, entretanto, eles *reinventaram* a microinformática ao permitir aos executivos e aos pequenos empresários que fizessem previsões contábeis e financeiras sem que precisassem programar. A partir de então, os clientes comprariam Apples, Commodores ou Tandys para ter acesso ao *Visicalc*. A planilha abriu a porta da microinformática às empresas [29].

58 A metáfora do hipertexto

Toda criação equivale a utilizar de maneira original elementos preexistentes. Todo uso criativo, ao descobrir novas possibilidades, atinge o plano da criação. Esta dupla face da operação técnica pode ser encontrada em todos os elos da cadeia informática, desde a construção de circuitos impressos até o manejo de um simples processador de textos. Criação e uso são, na verdade, dimensões complementares de uma mesma operação elementar de conexão, com seus efeitos de reinterpretação e construção de novos significados. Ao se prolongarem reciprocamente, criação e uso contribuem alternadamente para fazer ramificar o hipertexto sociotécnico.

Tecnopolítica

Muitas vezes ouvimos dizer que a técnica em si mesma não é nem boa nem má, e que tudo o que conta é o uso que fazemos dela. Ora, ao repetir isto, não nos apercebemos que um circuito impresso já é um "uso"; o uso de uma matéria-prima (o silicone), de diversos princípios lógicos, dos processos industriais disponíveis etc. Um determinado computador cristaliza algumas escolhas entre os usos possíveis de seus componentes, cada um deles sendo, por sua vez, a conclusão de uma longa cadeia de decisões. Um programa resulta de uma utilização específica de um computador e uma linguagem de programação. O programa, por sua vez, será usado de uma forma particular, e assim por diante. Esta análise pode ser repetida para todas as escalas de observação, e ao longo de todas as linhas da grande rede sociotécnica, para cima, para baixo, seguindo inúmeras conexões laterais e rizomáticas, sem que jamais achemos um objeto em estado bruto, um fato inicial ou final que já não seja um uso, uma interpretação. O uso do "usuário final", ou seja, do sujeito que consideramos em determinado instante, não faz nada além de continuar uma cadeia de usos que pré-restringe o dele, condiciona-o sem contudo determiná-lo completamente. Não há, portanto, a técnica de um lado e o uso de outro, mas um único hipertexto, uma imensa rede flutuante e complicada de usos, e a técnica consiste exatamente nisto.

O debate a respeito da natureza opressiva, antissocial, ou ao contrário benéfica e amigável da informática nunca ficou confinado ao círculo dos sociólogos, dos filósofos, dos jornalistas ou dos sindicalistas (os pretensos especialistas das finalidades — dos usos — e das relações entre os homens). Ele começa com os cientistas, os engenheiros, os técnicos, com os assim chamados profissionais das relações entre as *coisas*, aqueles que supostamente cuidariam apenas dos meios, das ferramentas. A distinção abstrata e bem dividida entre fins e meios não resiste a uma análise precisa do processo sociotécnico no qual, na realidade, as mediações (os meios, as interfaces) de todos os tipos se entreinterpretam em relação às finalidades locais, contraditórias e perpetuamente contestadas, tão bem que, neste jogo de desvios, um "meio" qualquer nunca possui um "fim" estável por muito tempo.

É verdade que a discussão sobre o valor da informática deu-se sob a forma de artigos ou de livros como os de Norbert Wiener, Vannevar Bush, ou Theodore Nelson. Ela explodiu pelas revistas de cientistas contestatórios californianos dos anos setenta, ou no periódico francês *Terminal*. Mas foi em terrenos práticos que ela desenvolveu-se em primeiro lugar, entre os protagonistas impiedosos de uma tecnopolítica em atos: escolhas técnicas, estratégias comerciais, batalhas de imagem, riscos financeiros. Os grandes fabricantes de computadores e as jovens sociedades de microinformática que entraram em choque na virada dos anos setenta e oitenta escreveram, através de exemplos, alguns capítulos decisivos de uma filosofia concreta da técnica. O fato de podermos aprender a usar um computador em vinte minutos ao invés de quarenta dias provavelmente contribuiu mais para a "reapropriação da técnica" do que mil discursos críticos.

Estando o uso em toda parte, a questão do bom e do mau (que dependeria "apenas do uso") é portanto coextensiva ao processo técnico. Ela não pode ser relegada ao último plano, em uma região ideal e vazia onde os humanos, completamente nus, separados dos objetos que tecem suas relações e dos meios concretos onde sua vida é constituída, escolheriam objetivos para o melhor ou o pior e procurariam depois meios para realizá-los. Quer sejam consideradas como naturais ou como frutos da atividade humana, as coisas, ao passar de um ator a outro, são alternativamente fins e meios, elementos objetivos da situação ou dispositivos a serem transformados e destruídos. As coisas, todas as coisas, seguindo o espectro completo de suas significações e de seus efeitos (e não somente enquanto mercadorias), mediatizam desta forma as relações humanas. Eis por que a atividade técnica é intrinsecamente política, ou antes cosmopolítica.

Abertamente ou não, a questão do bom ou mau uso se coloca de maneira singular a cada instante do processo técnico. Não em algum a posteriori do uso, mas desde o começo sem origem da cadeia dos artifícios, começo impossível de ser achado, semelhante à hipotética primeira palavra do hipertexto cultural, que já é sempre uma narrativa de uma narrativa, o comentário, o julgamento ou a interpretação de um texto precedente.

Bibliografia

AMBRON, Sueann; HOOPER, Kristina (orgs.). *Interactive Multimedia*. Redmond, Washington: Microsoft Press, 1988.

CHAOS COMPUTER CLUB (Jürgen Wieckmann, org.). *Danger pirates informatiques*. Paris: Plon, 1989 (edição original: *Das Chaos Computer Club*. Reinbek bei Hamburg: Rowohlt Verlag, 1988)

DIX ANS DE TABLEUR, dossiê da revista *Science et Vie Micro*, nº 68, janeiro de 1990

LANDRETH, Bill. *Out of the Inner Circle* (2ª ed.). Redmond, Washington: Tempus Book/Microsoft Press, 1989.

LÉVY, Pierre. "L'Invention de l'ordinateur". In: SERRES, Michel (org.). *Éléments d'histoire des sciences*. Paris: Bordas, 1984.

5. O GROUPWARE

A jovem manipula um ícone representando uma chama. Com a ajuda de um cursor comandado por um mouse, aproxima o ideograma do fogo de um outro ideograma, representando um cubo de gelo. Após alguns instantes, o ícone do cubo de gelo pisca em vídeo reverso e depois, bruscamente, metamorfoseia-se em outro ideograma: três traços ondulados representando a água. Esta jovem é uma especialista em psicologia do ensino e trabalha em Lyon. Ela participa de um projeto europeu multidisciplinar envolvendo as tecnologias educativas. O objetivo é desenvolver os princípios de uma ideografia informática dinâmica para ensino e formação. Um iniciante em uma disciplina científica ou em uma esfera de conhecimento prático deverá ser capaz de adquirir um bom número de informações apenas através da manipulação dos ideogramas que representam os principais objetos de um determinado domínio, e através da observação de suas interações.

Após terminar a preparação de sua demonstração, a psicóloga decide expor seu argumento, graças ao sistema de hipertexto que permite aos pesquisadores da equipe dialogarem sobre seus projetos. Ela clica no "ponto de zoom" da janela de trabalho. A zona onde os ideogramas interagiam diminui então até ocupar apenas uma área mínima da tela. A superfície cintilante encontra-se quase que inteiramente recoberta por uma espécie de rede ramificada. Rótulos de diversas cores encontram-se interconectados por fios também multicoloridos. Os rótulos vermelhos correspondem aos diversos *problemas* que a equipe de pesquisa enfrenta. A cada um deles estão conectados vários rótulos azuis, que remetem às diferentes posições que os problemas suscitam. Finalmente, diversos argumentos representados por etiquetas verdes vêm apoiar ou combater (dependendo da cor da linha) as posições.

A jovem clica na zona dos "problemas de interface". Esta parte da rede é ampliada, mostrando novos detalhes, e passa a ocupar o centro da tela. Tendo localizado o problema: "Qual aparência visual?", ela prolonga um fio a partir deste rótulo, cria um novo rótulo vermelho, correspondendo a um subproblema, no qual escreve: "... preciso usar cores?". Associa um novo rótulo, azul, a este último, indicando portanto uma posição: "Sim". Depois cria um rótulo verde de argumento conectado à posição "Sim", que chama provisoriamente de: "Compreensão intuitiva". Então, clica duas vezes sobre "Compreensão intuitiva"; uma janela é aberta automaticamente, deixando-a livre para desenvolver seu argumento. Ela explica por escrito que, para indicar a mudança de estado ou a proximidade da metamorfose de um objeto, mudanças progressivas na cor dos ideogramas seriam mais eficazes que o ato dele piscar. De acordo com a filosofia geral do projeto, os pesquisadores devem usar na interface, tanto quanto possível, metáforas próximas à vida cotidiana. Ela cria uma conexão com a pequena demonstração que acabou de programar e que mostra, sucessivamente, o cubo de gelo piscando sob o efeito da chama, antes de transformar-se em água, e o ícone do gelo passando progressivamente do azul ao vermelho, antes de metamorfosear-se em ideograma da água. Ela deseja ainda criar uma conexão com o trecho de seu contrato de pesquisa onde está claramente especificado que eles deverão utilizar sistematicamente os símbolos ambientes da cultura europeia, e não inventar novos, a fim de facilitar a compreensão intuitiva e evitar aprendizagens inúteis. (O azul e o vermelho são símbolos de frio e quente em todos os banheiros.) Para localizar este trecho em um longo documento de quase sessenta páginas, realiza uma pesquisa com as palavras-chave: "símbolos, compreensão, intuitivo". Tendo obtido o trecho que procurava, conecta-o a seu argumento. Através desta mesma pesquisa, obtém um trecho das minutas de uma reunião ocorrida em Bruxelas entre a equipe e os funcionários europeus que administram os projetos de educação. Após ter lido seu conteúdo (pois estava ausente desta reunião), ela também conecta este documento a seu argumento.

Todos os documentos, artigos de revistas, minutas de reuniões, entrevistas com usuários ou criadores de sistemas de CAI,[5] etapas do projeto já completadas (demonstrações, blocos de programa informático...) encontram-se disponíveis para consulta imediata pelos membros da equipe através de uma simples pesquisa por palavras-chave ou de um índice geral de documentos. Estes documentos podem estar ligados, seja por inteiro ou apenas em parte, a qualquer item (problema, posição, argumento) da "rede de discussão racional".

Algumas horas depois, nas margens do Tejo, um informata lisboeta percebe um pequeno aumento de densidade na "rede de discussão racional" da equipe de pesquisa, na área dos problemas de inter-

---

[5] CAI: *Computer-Aided Instruction*: instrução auxiliada por computador. (N. do T.)

face. Ele usa um zoom sobre esta região e descobre imediatamente o novo problema e a posição conectada a ele, graças à sua habilidade em decodificar as redes de rótulos e suas cores. Após ter lido os argumentos da psicóloga de Lyon, bem como todos os documentos e o programa de demonstração ligados a eles, cria uma posição: "Não", quanto à cor dos ideogramas. Seu argumento diz respeito à grande quantidade de terminais monocromáticos ainda em uso. Conecta a este argumento alguns trechos de documentos especificando que a interface de ideografia dinâmica deve ser compatível, tanto quanto possível, com o estado atual do equipamento de informática para fins educativos instalado na Europa.

Mais tarde o chefe do projeto, a partir de seu terminal em Genebra, irá propor uma nova posição: monocromático para as duas primeiras fases do projeto, cores para a última fase, com dois argumentos: primeiro, eles fazem parte de um projeto que, no fim das contas, é de pesquisa; segundo, parece interessante explorar a ideia de uma escrita onde a cor desempenhe um papel; além disso, é razoável pensar que a situação do equipamento na Europa terá evoluído em dez anos.

Quando a discussão estiver suficientemente madura, quando cada um dos membros da equipe tiver tido a chance de dar sua opinião e tempo para estudar a configuração das posições e argumentos, o problema será resolvido por consenso durante uma de suas reuniões "em carne e osso".

A ajuda ao trabalho em equipe representa uma aplicação particularmente promissora dos hipertextos: ajuda ao raciocínio, à argumentação, à discussão, à criação, à organização, ao planejamento etc. O usuário destes programas para equipes é explicitamente um coletivo.

O *groupware* que acaba de ser citado está em uso atualmente em Austin, Texas, em uma versão um pouco menos completa. O *Gibis* (Graphical Issue-Based Information System) foi desenvolvido em 1988 por Michael Begeman e Jeff Conklin, no âmbito de um programa oficial de desenvolvimento da tecnologia de programação [47, 55].

A elaboração de tecnologias intelectuais não pode ser dissociada da pesquisa empírica em ecologia cognitiva. Conhecemos muito pouco a forma pela qual são realmente trocadas informações no interior dos grupos, porque ideias de pessoas diferentes podem combinar-se de maneira eficaz e criativa ou, pelo contrário, bloquearem-se mutuamente. Como pensar um sujeito cognitivo *coletivo*? De quais instrumentos conceituais nós dispomos para apreender a inteligência dos grupos?

As redes de conversações de Winograd e Flores

Em uma obra publicada em 1986, Terry Winograd e Fernando Flores propuseram uma leitura das organizações enquanto *redes de conversações* [113]. Pedidos e compromissos, ofertas e promessas, assentimentos e recusas, consultas e resoluções se entrecruzam e se modificam de forma recorrente nestas redes. Todos os membros da organização participam da criação e da manutenção deste processo de comunicação. Portanto, não são meras informações que transitam na rede de conversação, mas sim *atos de linguagem*, que comprometem aqueles que os efetuam frente a si mesmos e aos outros. Em particular, as promessas devem ser mantidas. Nesta perspectiva ecológica, o trabalho do dirigente ou do executivo não consiste em "resolver problemas" ou em "tomar decisões" sozinho. Ele anima e mantém a rede de conversas onde são trocados os compromissos. Ele coordena as ações. Irá, sobretudo, tentar discernir, durante sua atividade comunicativa, as *novas possibilidades* que poderiam abrir-se à comunidade e ameaçariam reorientar algumas de suas finalidades, gerando assim novos circuitos de conversa. Seguindo este modelo teórico, o *groupware* concebido por Winograd e Flores visa sobretudo auxiliar a dimensão pragmática da comunicação nos grupos, em detrimento de seu aspecto semântico. A primeira preocupação é a de coordenar a ação. Cada um dos atos de linguagem que transita pela rede é rotulado: isso é uma pergunta, um assentimento, a anulação de uma promessa, uma contra-proposta? O programa verifica o estado da conversa em andamento e alerta os participantes quanto a datas, atrasos e eventuais rupturas de promessas. Em caso de litígio, o histórico da conversa está sempre disponível.

A argumentação auxiliada por computador

Novamente, através de que alquimia as coletividades pensam? Certos estudos em psicologia cognitiva, ainda que estejam centrados principalmente em indivíduos, podem fornecer-nos indicações preciosas. Foi observado que os assuntos abordados nas conversas cotidianas possuem muito menos estrutura, sendo sistematicamente menos hierarquizados e organizados do que os textos escritos. Estas características estão relacionadas às deficiências na capacidade da memó-

O groupware

ria humana de curto prazo. Durante uma conversa normal, nós não dispomos de recursos externos para armazenar e reorganizar à vontade as representações verbais e gráficas. É sobretudo por isso que trocamos generalidades, palavras, mudamos de assunto, ficamos à deriva. Durante uma simples troca verbal, é muito difícil compreender e mais ainda produzir uma argumentação organizada, complexa e coerente em defesa de nossas ideias. Contestamos discursos com mais facilidade do que dialogamos. Usamos processos retóricos mais do que raciocínio passo a passo. Reafirmamos nossos argumentos em vez de avaliar em conjunto as provas e justificativas de cada inferência.

Há bastante tempo existem métodos para remediar este estado de coisas, das diversas técnicas de animação de reuniões até o recurso aos documentos escritos. Quando se trata de pensar, conceber, tomar decisões em conjunto, mesmo a troca de textos escritos de forma clássica apresenta alguns inconvenientes. Em particular, a estrutura lógica das argumentações não é sempre colocada em evidência, o que muitas vezes provoca mal-entendidos e falsos debates.

Os *groupwares* de auxílio à concepção e à discussão coletiva, como o que apresentamos no início deste capítulo, ajudam cada interlocutor a situar-se dentro da estrutura lógica da discussão em andamento, pois fornecem-lhe uma representação gráfica da rede de argumentos. Permitem também a ligação efetiva de cada argumento com os diversos documentos aos quais ele se refere, que talvez até o tenham originado, e que formam o contexto da discussão. Este contexto, ao contrário do que ocorre durante uma discussão oral, encontra-se agora totalmente explicitado e organizado.

Os hipertextos de auxílio à inteligência cooperativa garantem o desdobramento da rede de questões, posições e argumentos, ao invés de valorizar os discursos das pessoas tomados como um todo. A representação hipertextual faz romper a estrutura agonística das argumentações e contra-argumentações. A ligação das ideias a pessoas torna-se nebulosa. Em uma discussão comum, cada intervenção aparece como um microacontecimento, ao qual outros irão responder sucessivamente, como em um drama teatral. O mesmo ocorre quando dois ou mais autores discutem através de textos intercalados. Com os *groupwares*, o debate se dirige para a construção progressiva de uma rede de argumentação e documentação que está sempre presente aos olhos da comunidade, podendo ser manipulada a qualquer momento. Não é mais "cada um na sua vez" ou "um depois do outro", mas sim uma espécie de lenta escrita coletiva, dessincronizada, desdramatizada, expandida, como se crescesse por conta própria seguindo uma infinidade de linhas paralelas, e portanto sempre disponível, ordenada e objetivada sobre a tela. O *groupware* talvez tenha inaugurado uma nova geometria da comunicação.

Em 1990, uma equipe da universidade do Colorado dirigida por Paul Smolensky completou a construção de um programa de hipertexto especialmente concebido para a redação e consulta de discursos racionais [49]. Uma vez que as discussões tivessem sido analisadas em dezenas de questões e de posições, é possível descer ainda mais na microestrutura da conversa. O programa *Euclid* permite que cada argumento seja representado como uma rede de *proposições* apoiadas por entidades (provas, analogias, hipóteses de trabalho) que são em si mesmas argumentos, até que se tenha atingido as hipóteses ou fatos derradeiros. *Euclid* oferece a seu usuário um certo número de esquemas de argumentos pré-construídos (como o argumento por analogia, ou *a fortiori*, ou aquele que consiste em invalidar as premissas do adversário). Propõe também ferramentas de visualização da estrutura lógica do discurso. Desta forma torna-se possível examinar alternadamente, sem se perder, a linha geral de um argumento e os detalhes relativos a uma subproposição em particular. A qualquer momento da redação ou do exame de um argumento, o programa permite que o usuário saiba se uma dada proposição está apoiada por outra ou simplesmente suposta, se determinado grupo de proposições é coerente. O programa pode, se necessário, enumerar quais as teses que perderão suas bases se determinada proposição for negada, ou indicar as proposições das quais depende a parte essencial da conclusão.

O HIPERTEXTO, MATERIALIZAÇÃO DO SABER COMUM

O *groupware* elaborado pela equipe de Douglas Engelbart no Stanford Research Institute era mais que um simples programa de auxílio à argumentação e ao diálogo cooperativo. Ele continha também utilitários para desenho, programação, processamento de textos e diversos catálogos de documentos e de referências pertinentes para o grupo de colaboradores. Um "journal"[6] continha os trabalhos publi-

---

[6] Em inglês no original. (N. do T.)

cados pelos membros da comunidade (nós estamos no meio universitário), que podiam ser lidos e anotados por todos. Assim, quando um leitor julgava necessário, suas observações a respeito dos trabalhos de seus colegas não ficavam mais confinadas ao exemplar pessoal de uma xerox de artigo. Graças ao "journal" de estrutura hipertextual, os comentários tornavam-se públicos, da mesma forma como na Idade Média as glosas que ornavam as margens do texto manuscrito pertenciam ao livro por direito.

Um "manual eletrônico" destinava-se a manter o conjunto dos conhecimentos especiais da comunidade atualizado e apresentá-lo de maneira coerente. Em qualquer instante, este manual fornecia a quem o consultasse uma espécie de fotografia do saber que o grupo possuía. O manual, talvez mais do que os outros aspectos do *groupware*, tinha uma função de integração. Em princípio, o distanciamento intelectual entre os membros da equipe era anulado, já que todos seriam imediatamente informados assim que alguém tivesse descoberto uma nova ideia, um novo processo ou uma referência essencial a seus trabalhos. Além disso, os recém-chegados dispunham de um instrumento de formação de valor inestimável. Enfim, esta objetivação do saber comum era concebida como um objeto e um *tema de discussão*, já que, segundo as palavras de Douglas Engelbart: "Uma comunidade ativa estará constantemente envolvida em um diálogo a respeito do conteúdo de seu manual".

Algumas universidades americanas estão experimentando sistemas de hipertexto que permitem aos professores e aos estudantes dividir o conjunto de um corpus de documentos pertinentes. Por exemplo, os estudantes podem consultar e anotar os trabalhos de seus amigos ou acessar todos os materiais que seu professor utilizou para preparar o curso. De forma a encontrar-se na complexa estrutura conceitual de seu mestre, um estudante de literatura pode pedir a lista de todas as *conexões* que o professor tiver traçado após uma certa data e cuja descrição inclua, por exemplo, as palavras-chave: "Victor Hugo" e "epopeia". Guardadas as devidas proporções, a indexação e catalogação das *conexões* nos hipertextos representam, no domínio das tecnologias intelectuais, um avanço comparável àquele que ocorreu no domínio da matemática quando começou-se a considerar as *operações* como objetos. Uma vez que uma atividade intelectual (neste caso, a relação) esteja representada de forma declarativa, objetivada, ela pode ser objeto de processos de classificação, transformação, tradu-

68 A metáfora do hipertexto

ção, agregação e desagregação analítica. Aquilo a que chamamos de abstração muitas vezes não é nada mais do que esta colocação em signos de procedimentos — signos que, por sua vez, serão objetos de outras manipulações.

BIBLIOGRAFIA

AMBRON, Sueann; HOOPER, Kristina (orgs.). *Interactive Multimedia*. Redmond, Washington: Microsoft Press, 1988.

GROUPWARE, dossiê da revista *Byte*, dezembro de 1988.

GUINDON, Raimonde (org.). *Cognitive Science and its Applications for Human--Computer Interaction*. Hillsdale, New Jersey: Lawrence Erlbaum, 1988.

HYPERTEXT, dossiê da revista *Byte*, outubro de 1988.

LAMBERT, Steve; ROPIEQUET, Suzanne (orgs.). *CD-ROM: The New Papyrus*. Redmond, Washington: Microsoft Press, 1986 (contém a reprodução do texto de Vannevar Bush, "As We May Think", originalmente publicado em *The Atlantic Monthly*, em 1945).

WINOGRAD, Terry; FLORES, Fernando. *L'Intelligence artificielle en question*. Paris: PUF, 1988 (edição original: *Understanding Computers and Cognition*. Norwood, New Jersey: Ablex, 1986).

6. A METÁFORA DO HIPERTEXTO

Como o pensamento atinge as coisas

A escrita em geral, os diversos sistemas de representação e notação inventados pelo homem ao longo dos séculos têm por função semiotizar, reduzir a uns poucos símbolos ou a alguns poucos traços os grandes novelos confusos de linguagem, sensação e memória que formam o nosso real. As experiências que temos sobre as coisas misturam-se com imagens em demasia, ligam-se por um número excessivo de fios ao inextricável emaranhado das vivências ou à indizível qualidade do instante: não nos é possível ordená-las, compará-las, dominá-las. Uma vez que as entidades singulares e móveis do concreto tenham sido descoloridas e aplainadas, quando a lava espessa do futuro tiver sido projetada sobre os poucos estados possíveis de um sistema simples e maneável, então nossa consciência míope e débil, em vez de perder-se nas coisas, poderá finalmente dominar, mas apenas através destas sombras minúsculas que são os signos.

A evolução biológica fez com que desenvolvêssemos a faculdade de imaginar nossas ações futuras e seu resultado sobre o meio externo. Graças a esta capacidade de simular nossas interações com o mundo através de modelos mentais, podemos antecipar o resultado de nossas intervenções e usar a experiência acumulada. Além disso, a espécie humana é dotada de uma habilidade operacional superior à das outras espécies animais. Talvez a combinação destas duas características, o dom da manipulação e a imaginação, possa explicar o fato de que quase sempre pensemos com o auxílio de metáforas, de pequenos modelos concretos, muitas vezes de origem técnica. Uma filosofia do conhecimento nominalista e preocupada com o concreto deveria desconfiar de que todo conceito hipostasia uma imagem ou exemplo particular. Por exemplo, as noções de *forma* e *matéria*, que parecem tão gerais e abstratas, são empréstimos feitos por Aristóteles a artes que datam do Neolítico: cerâmica e escultura.

O conceito de conceito, a própria *ideia* platônica, foi desviado de uma técnica mais recente. A palavra arquétipo vem de *archè*, primeiro, e *typos*, marca. Em termos de profissões, o *typos* era o buril, a cunha, usados para cunhar as moedas. Compreende-se por que Platão atribuía uma superioridade ontológica aos modelos ideais em relação às imagens sensíveis deles derivadas, já que, de acordo com a metáfora, um único buril iria gerar milhares de moedas [100].

A partir do século XVII, nossa noção de causalidade passa a mover-se no universo dos choques, das forças e engrenagens do mecanismo etc. A enumeração dos empréstimos que o pensamento dito abstrato (na verdade metafórico) fez aos modelos técnicos mais cotidianos não teria fim. Não somente os conceitos são nômades, passando de um território do saber a outro, mas, geralmente, são também de origem humilde, filhos de camponeses, artesãos, técnicos, trabalhadores manuais.

A psicologia não constitui exceção a esta disposição natural do espírito humano. A psicologia da forma, por exemplo, usou amplamente a metáfora do campo eletromagnético. A psicanálise extraiu muito dos comerciantes (o "investimento" afetivo), dos encanadores (o "recalque",[7] todo o encanamento complicado da libido) e dos foguistas (o modelo termodinâmico do funcionamento psíquico). A psicologia cognitiva contemporânea usa maciçamente os modelos computacionais e de processamento de dados fornecidos pela informática.

A abstração ou a teoria, enquanto atividades cognitivas, têm portanto uma origem eminentemente prática, e isto por dois motivos. Primeiro, devido ao papel das tecnologias intelectuais no processo de redução de devires inalcançáveis ao estado de pequenos signos permanentes e manipuláveis, que poderão, portanto, ser objeto de operações inéditas. Segundo, graças à infinidade de modelos concretos inspirados na técnica que povoam nossas narrativas, nossas teorias, e que mal ou bem nos permitem apreender ou interpretar um mundo demasiadamente vasto.

As tecnologias intelectuais misturaram-se à inteligência dos homens por duas vias. A escrita, por exemplo, serviu por um lado para sistematizar, para gradear ou enquadrar a palavra efêmera. Por outro lado, ela inclinou os letrados a ler o mundo como se fosse uma página, incitou-os a decodificar signos nos fenômenos, das tábuas de profecias dos magos da Caldeia à decifração do código genético, como se a vida, muito tempo antes dos Fenícios, tivesse inventado o alfabeto.

---

[7] O termo psicanalítico é traduzido em português como "recalque". No texto, o autor faz referência a seu outro sentido em francês, que é o de "refluxo". (N. do T.)

Esboço de uma teoria hermenêutica
da comunicação

Por sua vez, o *groupware* ou o hipertexto, além de ser uma ferramenta eficaz para a comunicação e a inteligência coletivas, poderia também servir como metáfora esclarecedora. Como metáfora para pensar o quê? A comunicação, justamente, pois ela já passou tempo demais sendo representada pelo famoso esquema telefônico da teoria de Shannon. Voltamos, assim, ao assunto inicial desta primeira parte.

É sabido que a teoria matemática da comunicação, elaborada nos anos quarenta, mede a quantidade de informação através da improbabilidade das mensagens de um ponto de vista estatístico, sem levar em conta seu sentido. As ciências humanas, entretanto, necessitam de uma teoria da comunicação que, ao contrário, tome a significação como centro de suas preocupações.

O que é a significação? Ou, antes, para abordar o problema de um ponto de vista mais operacional, em que consiste o ato de atribuir sentido? A operação elementar da atividade interpretativa é a associação; dar sentido a um texto é o mesmo que ligá-lo, conectá-lo a outros textos, e portanto é o mesmo que construir um hipertexto. É sabido que pessoas diferentes irão atribuir sentidos por vezes opostos a uma mensagem idêntica. Isto porque, se por um lado o texto é o mesmo para cada um, por outro o hipertexto pode diferir completamente. O que conta é a rede de relações pela qual a mensagem será capturada, a rede semiótica que o interpretante usará para captá-la.

Você talvez conecte cada palavra de uma certa página a dez referências, a cem comentários. Eu, quando muito, a conecto a umas poucas proposições. Para mim, esse texto permanecerá obscuro, enquanto para você estará formigando de sentidos.

Para que as coletividades compartilhem um mesmo sentido, portanto, não basta que cada um de seus membros receba a mesma mensagem. O papel dos *groupwares* é exatamente o de reunir, não apenas os textos, mas também as redes de associações, anotações e comentários às quais eles são vinculados pelas pessoas. Ao mesmo tempo, a construção do senso comum encontra-se exposta e como que materializada: a elaboração coletiva de um hipertexto.

Trabalhar, viver, conversar fraternalmente com outros seres, cruzar um pouco por sua história, isto significa, entre outras coisas, construir uma bagagem de referências e associações comuns, uma rede hipertextual unificada, um contexto compartilhado, capaz de diminuir os riscos de incompreensão.

O fundamento transcendental da comunicação — compreendida como partilha do sentido — é este contexto ou este hipertexto partilhado. Mais uma vez, é preciso inverter completamente a perspectiva habitual segundo a qual o sentido de uma mensagem é esclarecido por seu contexto. Diríamos antes que o efeito de uma mensagem é o de modificar, complexificar, retificar um hipertexto, criar novas associações em uma rede contextual que se encontra sempre anteriormente dada. O esquema elementar da comunicação não seria mais "A transmite alguma coisa a B", mas sim "A modifica uma configuração que é comum a A, B, C, D etc.". O objeto principal de uma teoria hermenêutica da comunicação não será, portanto, nem a mensagem, nem o emissor, nem o receptor, mas sim o hipertexto que é como a reserva ecológica, o sistema sempre móvel das relações de sentidos que os precedentes mantêm. E os principais operadores desta teoria não serão nem a codificação nem a decodificação nem a luta contra o ruído através da redundância, mas sim estas operações moleculares de associação e desassociação que realizam a metamorfose perpétua do sentido.

A metáfora do hipertexto dá conta da estrutura indefinidamente recursiva do sentido, pois já que ele conecta palavras e frases cujos significados remetem-se uns aos outros, dialogam e ecoam mutuamente para além da linearidade do discurso, um texto já é sempre um hipertexto, uma rede de associações. O vocábulo "texto", etimologicamente, contém a antiga técnica feminina de tecer. E talvez o fato deste tricô de verbos e nomes, através do qual tentamos reter o sentido, ser designado por um termo quase têxtil não seja uma coincidência. A humanidade, espécie falante, é também a raça que se veste. A roupa pacientemente tecida nos contém, nos delimita, forma uma interface colorida entre o calor de nossas peles e a rigidez do mundo. Os coletivos também cosem, através da linguagem e de todos os sistemas simbólicos de que dispõem, uma tela de sentidos destinada a reuni-los e talvez a protegê-los dos estilhaços dispersos, insensatos, do futuro; uma capa de palavras capaz de abrigá-los da contingência radical que perfura a camada protetora dos sentidos e mistura-se, à sua revelia.

A metáfora do hipertexto

Bibliografia

SIMONDON, Gilbert. *L'Individuation psychique et collective*. Paris: Aubier, 1989.

RASTIER, François. *Sémantique interprétative*. Paris: PUF, 1987.

II.
OS TRÊS TEMPOS DO ESPÍRITO:
A ORALIDADE PRIMÁRIA, A ESCRITA E A INFORMÁTICA

As possibilidades interativas e os diversos usos dos *hipertextos* foram expostos na primeira parte deste livro. Mas os hipertextos são apenas um dos aspectos da grande rede digital que dentro em breve irá reunir todos os setores da indústria de comunicação, da edição clássica ao audiovisual. A próxima parte, portanto, será dedicada sobretudo a uma descrição geral das técnicas contemporâneas de comunicação e processamento da informação por computador (capítulo 9: "A rede digital"). A ideia no entanto não foi a de ficar preso a uma descrição fascinada dos programas e das redes. Na primeira parte, a imagem do hipertexto serviu-nos como metáfora do sentido e como fio condutor para uma análise do processo sociotécnico. Da mesma forma, nesta segunda parte, partiremos de dados técnicos para fazer um questionamento sobre a temporalidade social e os modos de conhecimento inéditos que emergem do uso das novas tecnologias intelectuais baseadas na informática (capítulo 10: "O tempo real"). Mas se alguns tempos sociais e estilos de saber peculiares estão ligados aos computadores, a impressão, a escrita e os métodos mnemotécnicos das sociedades orais não foram deixados de lado. Todas estas "antigas" tecnologias intelectuais tiveram, e têm ainda, um papel fundamental no estabelecimento dos referenciais intelectuais e espaçotemporais das sociedades humanas. Nenhum tipo de conhecimento, mesmo que pareça-nos tão natural, por exemplo, quanto a *teoria*, é independente do uso de tecnologias intelectuais.

Para compreender o que está em jogo e colocá-la em perspectiva, era preciso portanto ressituar a análise das evoluções contemporâneas sob o império da informática na continuidade de uma *história das tecnologias intelectuais e das formas culturais que a elas estão ligadas*. Este é o principal objetivo dos capítulos 7 ("Palavra e memória") e 8 ("A escrita e a história"), que abrem esta segunda parte.

7. PALAVRA E MEMÓRIA

Se a humanidade construiu outros tempos, mais rápidos, mais violentos que os das plantas e animais, é porque dispõe deste extraordinário instrumento de memória e de propagação das representações que é a linguagem. É também porque cristalizou uma infinidade de informações nas coisas e em suas relações, de forma que pedras, madeira, terra, construtos de fibras ou ossos, metais, retêm informações em nome dos humanos. Ao conservar e reproduzir os artefatos materiais com os quais vivemos, conservamos ao mesmo tempo os agenciamentos sociais e as representações ligados a suas formas e seus usos. A partir do momento em que uma relação é inscrita na matéria resistente de uma ferramenta, de uma arma, de um edifício ou de uma estrada, torna-se permanente. Linguagem e técnica contribuem para produzir e modular o tempo.

Seja nas mentes, através de processos mnemotécnicos, no bronze ou na argila pela arte do ferreiro ou do oleiro, seja sobre o papiro do escriba ou o pergaminho do copista, as inscrições de todos os tipos — e em primeiro lugar a própria escrita — desempenham o papel de travas de irreversibilidade. Obrigam o tempo a passar em apenas um sentido; produzem história, ou melhor, *várias* histórias com ritmos diversos. Uma organização social pode ser considerada como um dispositivo gigantesco servindo para reter formas, para selecionar e acumular as novidades, contanto que nesta organização sejam incluídas todas as técnicas e todas as conexões com o ecossistema físico-biológico que a fazem viver. As sociedades, estas enormes máquinas heteróclitas e desreguladas (estradas, cidades, ateliês, escritas, escolas, línguas, organizações políticas, multidões no trabalho ou nas ruas...) secretam, como sua assinatura singular, certos arranjos especiais de continuidades e velocidades, um entrelace de história.

ORALIDADE PRIMÁRIA E ORALIDADE SECUNDÁRIA

A presença ou a ausência de certas técnicas fundamentais de comunicação permite classificar as culturas em algumas categorias gerais. Esta classificação apenas nos auxilia a localizar os polos. Não deve fazer com que nos esqueçamos que cada grupo social, em dado instante, encontra-se em situação singular e transitória frente às tecnologias intelectuais, apenas podendo ser situado, portanto, sobre um continuum complexo. Por exemplo, a disjunção "com ou sem escrita" mascara o uso de signos pictóricos, já bastante codificados, em algumas sociedades paleolíticas (e que portanto são classificadas entre as culturas orais), omite a diferença entre escritas silábicas e alfabéticas, oculta a diversidade dos usos sociais dos textos etc. Mas, por mais simplistas que pareçam, estas disjunções são úteis porque chamam a atenção para as restrições materiais, os elementos técnicos que condicionam, por exemplo, as formas de pensamento ou as temporalidades de uma sociedade.

A oralidade *primária* remete ao papel da palavra antes que uma sociedade tenha adotado a escrita, a oralidade *secundária* está relacionada a um estatuto da palavra que é complementar ao da escrita, tal como o conhecemos hoje. Na oralidade primária, a palavra tem como função básica a gestão da memória social, e não apenas a livre expressão das pessoas ou a comunicação prática cotidiana. Hoje em dia a palavra viva, as palavras que "se perdem no vento", destaca-se sobre o fundo de um imenso corpus de textos: "os escritos que permanecem". O mundo da oralidade primária, por outro lado, situa-se antes de qualquer distinção escrito/falado.

Numa sociedade oral primária, quase todo o edifício cultural está fundado sobre as lembranças dos indivíduos. A inteligência, nestas sociedades, encontra-se muitas vezes identificada com a memória, sobretudo com a auditiva. A escrita suméria, ainda muito próxima de suas origens orais, denota a sabedoria representando uma cabeça com *grandes orelhas*. Na mitologia grega, Mnemosina (a Memória) tinha um lugar bastante privilegiado na genealogia dos deuses, já que era filha de Urano e Gaia (o Céu e a Terra), e mãe das nove musas. Nas épocas que antecediam a escrita, era mais comum pessoas inspiradas ouvirem vozes (Joana D'Arc era analfabeta) do que terem visões, já que o oral era um canal habitual da informação. Bardos, aedos e griots[8] aprendiam seu ofício *escutando* os mais velhos. Muitos milênios de escrita acabarão por desvalorizar o saber transmitido oralmente, pelo menos aos olhos dos letrados. Spinoza irá colocá-lo no último lugar dos gêneros de conhecimento.

---

[8] "Griot" é um negro africano, pertencente a uma casta especial, ao mesmo tempo poeta, músico e feiticeiro. (N. do T.)

Palavra e memória

Como e por que diferentes tecnologias intelectuais geram estilos de pensamento distintos? Passar das *descrições* históricas ou antropológicas habituais a uma tentativa de *explicação* requer uma análise precisa das diversas articulações do sistema cognitivo humano com as técnicas de comunicação e armazenamento. Eis por que os dados da *psicologia cognitiva* contemporânea serão abundantemente mobilizados na sequência deste livro.

Nas sociedades sem escrita, a produção de espaço-tempo está quase totalmente baseada na memória humana associada ao manejo da linguagem. Portanto, é essencial para nosso objetivo determinar as características dessa memória. O que pode ser *inscrito* na mente, e como?

A MEMÓRIA HUMANA:
CONTRIBUIÇÕES DA PSICOLOGIA COGNITIVA

Da mesma forma que o raciocínio espontâneo não tem muito a ver com uma "razão" hipotética fixada em sua essência, nossa memória não se parece em nada com um equipamento de armazenamento e recuperação fiel das informações. E, antes de mais nada, de acordo com a psicologia cognitiva contemporânea, não há apenas uma, mas diversas memórias, funcionalmente distintas. A faculdade de construir automatismos sensório-motores (por exemplo, aprender a andar de bicicleta, dirigir um carro ou jogar tênis) parece colocar em jogo recursos nervosos e psíquicos diferentes da aptidão de reter proposições ou imagens. Mesmo no interior desta última faculdade, que chamamos de memória declarativa, podemos ainda fazer a distinção entre memória de curto prazo e memória de longo prazo.

A memória de curto prazo, ou memória de trabalho, mobiliza a atenção. Ela é usada, por exemplo, quando lemos um número de telefone e o anotamos mentalmente até que o tenhamos discado no aparelho. A repetição parece ser a melhor estratégia para reter a informação a curto prazo. Ficamos pronunciando o número em voz baixa indefinidamente até que tenha sido discado. O estudante que esteja preocupado apenas com sua nota no exame oral irá reler sua lição pela décima vez antes de entrar em sala neste dia.

A memória de longo prazo, por outro lado, é usada a cada vez que lembramos de nosso número de telefone no momento oportuno.

Supõe-se que a memória declarativa de longo prazo é armazenada em uma única e imensa rede associativa, cujos elementos difeririam somente quanto a seu conteúdo informacional e quanto à força e número das associações que os conectam.

Quais são as melhores estratégias para armazenar informações na memória de longo prazo e encontrá-las quando precisarmos, talvez anos mais tarde? Muitas experiências em psicologia cognitiva parecem mostrar que a repetição, neste caso, não ajuda muito, ou ao menos que esta não é a estratégia mais eficiente.

ARMAZENAMENTO E PESQUISA NA MEMÓRIA DE LONGO PRAZO

Quando uma nova informação ou um novo fato surgem diante de nós, devemos, para gravá-lo, construir uma representação dele. No momento em que a criamos, esta representação encontra-se em estado de intensa ativação no núcleo do sistema cognitivo, ou seja, está em nossa zona de atenção, ou muito próxima a esta zona. Não temos, portanto, nenhuma dificuldade em encontrá-la instantaneamente. O problema da memória de longo prazo é o seguinte: como encontrar um fato, uma proposição ou uma imagem que se achem muito longe de nossa zona de atenção, uma informação que há muito tempo não esteja em estado ativo?

A ativação mobiliza os elementos mnésicos para os processos controlados, aqueles que envolvem a atenção consciente. É impossível ativar todos os nós da rede mnemônica ao mesmo tempo, já que os recursos da memória de trabalho e dos processos controlados são limitados. Cada vez que nós procuramos uma lembrança ou uma informação, a ativação deverá propagar-se dos fatos atuais até os fatos que desejamos encontrar. Para isto, duas condições devem ser preenchidas. Primeiro, uma representação do fato que buscamos deve ter sido conservada. Segundo, deve existir um caminho de associações possíveis que leve a esta representação. A estratégia de codificação, isto é, a maneira pela qual a pessoa irá construir uma representação do fato que deseja lembrar, parece ter um papel fundamental em sua capacidade posterior de lembrar-se deste fato.

Diversos trabalhos de psicologia cognitiva permitiram detalhar as melhores estratégias de codificação [3, 6, 104]. Certas experiências, por exemplo, mostraram que quando era pedido a algumas pessoas que decorassem listas de palavras, repetindo-as, a lembrança da informação alvo persistia por vinte e quatro horas, mas depois tendia a apagar-se. Por outro lado, quando lhes era sugerido que se lembrassem da lista construindo pequenas histórias ou imagens envolvendo as palavras a serem lembradas, as performances eram médias a curto prazo, mas persistiam por um longo tempo. A esta segunda estratégia damos o nome de *elaboração*.

As elaborações são acréscimos à informação alvo. Conectam entre si itens a serem lembrados, ou então conectam estes itens a ideias já adquiridas ou anteriormente formadas. No pensamento cotidiano, os processos elaborativos ocorrem o tempo todo. O que acontece, por exemplo, quando lemos um ensaio sobre as tecnologias da inteligência? Juntamos as proposições que encontramos pela primeira vez às proposições encontradas anteriormente no texto. Também as associamos a proposições — eventualmente contraditórias — de outros autores, assim como a perguntas, ideias ou reflexões pessoais. Este trabalho elaborativo ou associativo é, indissociavelmente, uma forma de compreender e de memorizar.

As muitas experiências feitas em psicologia cognitiva sobre este tema da elaboração mostraram que, quanto mais complexas e numerosas fossem as associações, melhores eram as performances mnemônicas.

A ativação de esquemas (espécie de fichas ou dossiês mentais estabilizados por uma longa experiência) durante a aquisição de informações influi positivamente sobre a memória. Os esquemas ou roteiros estereotipados, que descrevem as situações correntes de nossa vida cotidiana, representam na verdade elaborações já prontas, imediatamente disponíveis. É sabido que retemos melhor as informações quando elas estão ligadas a situações ou domínios de conhecimento que nos sejam familiares.

Como explicar estes efeitos da elaboração? Ela permite sem dúvida acoplar a informação alvo ao restante da rede através de um grande número de conexões. Quanto mais conexões o item a ser lembrado possuir com os outros nós da rede, maior será o número de caminhos associativos possíveis para a propagação da ativação no momento em que a lembrança for procurada. Elaborar uma proposição ou uma imagem é, portanto, o mesmo que construir vias de acesso a essa representação na rede associativa da memória de longo prazo.

Esta explicação permite compreender o papel dos esquemas na memória. A associação de um item de informação com um esquema preestabelecido é uma forma de "compreensão" da representação em questão. É também uma maneira de fazer com que ela se beneficie da densa rede de comunicação que irriga o esquema.

As elaborações envolvendo as *causas* ou *efeitos* dos fatos evocados em uma frase são mais eficazes de um ponto de vista mnemônico do que elaborações que constroem conexões mais fracas. Foi também demonstrado que a quantidade e pertinência das conexões não eram as únicas coisas que contavam nos mecanismos mnemônicos. A *intensidade* das associações, a maior ou menor profundidade do nível dos processamentos e dos processos controlados que acompanharam a aquisição de uma representação também desempenham um papel fundamental. Lembramo-nos melhor, por exemplo, daquilo que pesquisamos, ou da informação que resultou de um esforço ativo de interpretação. A *implicação emocional* das pessoas face aos itens a lembrar irá igualmente modificar, de forma drástica, suas performances mnemônicas. Quanto mais estivermos pessoalmente envolvidos com uma informação, mais fácil será lembrá-la.

Inconvenientes das duas estratégias de codificação

A memória humana está longe de ter a performance de um equipamento ideal de armazenamento e recuperação das informações já que, como acabamos de ver, ela é extremamente sensível aos processos elaborativos e à intensidade dos processamentos controlados que acompanham a codificação das representações. Em particular, parece que temos muita dificuldade para discriminar entre as mensagens originais e as elaborações que associamos a elas. Nos casos jurídicos, por exemplo, há muito tempo já foi observado que as testemunhas misturam os fatos com suas próprias interpretações, sem conseguir distingui-los. Quando os fatos são interpretados em função de esquemas preestabelecidos, as distorções são ainda mais fortes. As informações originais são transformadas ou forçadas para se enquadrar o mais possível no esquema, e isto qualquer que seja a boa-fé ou honestidade das testemunhas. É o próprio funcionamento da memória humana que está em jogo aqui.

As estratégias mnemônicas nas sociedades orais

Essas lições da psicologia cognitiva sobre a memória nos permitem compreender melhor como sociedades que não dispõem de meios de armazenamento como a escrita, o cinema ou a fita magnética codificaram seus conhecimentos.

Quais são as representações que têm mais chances de sobreviver nas ecologias cognitivas essencialmente compostas por memórias humanas? Sem dúvida aquelas que atenderem melhor aos seguintes critérios:

1. As representações serão ricamente interconectadas entre elas, o que exclui listas e todos os modos de apresentação em que a informação se encontra disposta de forma muito modular, muito recortada;

2. As conexões entre representações envolverão sobretudo relações de causa e efeito;

3. As proposições farão referência a domínios do conhecimento concretos e familiares para os membros das sociedades em questão, de forma que eles possam ligá-los a esquemas preestabelecidos;

4. Finalmente, estas representações deverão manter laços estreitos com "problemas da vida", envolvendo diretamente o sujeito e fortemente carregadas de emoção.

Acabamos de enumerar algumas das características do mito. O mito codifica sob forma de narrativa algumas das representações que parecem essenciais aos membros de uma sociedade. Dado o funcionamento da memória humana, e na ausência de técnicas de fixação da informação como a escrita, há poucas possibilidades que outros gêneros de organização das representações possam transmitir conhecimentos de forma duradoura.

Não há portanto como opor um "pensamento mágico" ou "selvagem" a um "pensamento objetivo" ou "racional". Face às culturas "primitivas", na verdade *orais*, estamos simplesmente diante de uma classe particular de ecologias cognitivas, aquelas que não possuem os numerosos meios de inscrição externa dos quais dispõem os homens do fim do século XX. Possuindo apenas os recursos de sua memória de longo prazo para reter e transmitir as representações que lhes parecem dignas de perdurar, os membros das sociedades orais exploraram ao máximo o único instrumento de inscrição de que dispunham.

Dramatização, personalização e artifícios narrativos diversos não visam apenas dar prazer ao espectador. Eles são também condições

82   Os três tempos do espírito

sine qua non da perenidade de um conjunto de proposições em uma cultura oral. Pode-se melhorar ainda mais a lembrança recorrendo às memórias musicais e sensório-motoras como auxiliares da memória semântica. As rimas e os ritmos dos poemas e dos cantos, as danças e os rituais têm, como as narrativas, uma função mnemotécnica. Para evitar qualquer viés teleológico, poderíamos apresentar a mesma ideia da seguinte maneira: as representações que têm mais chances de sobreviver em um ambiente composto quase que unicamente por memórias humanas são aquelas que estão codificadas em narrativas dramáticas, agradáveis de serem ouvidas, trazendo uma forte carga emotiva e acompanhadas de música e rituais diversos.

Os membros das sociedades sem escrita (e portanto sem escola) não são, portanto, "irracionais" porque creem em mitos. Simplesmente utilizam as melhores estratégias de codificação que estão à sua disposição, exatamente como nós fazemos.

Sabemos que existe uma tendência natural a reduzir acontecimentos singulares a esquemas estereotipados. Isto pode explicar a sensação de "eterno retorno" que muitas vezes emana das sociedades sem escrita ou das que não fazem um uso intenso dela. Após um certo tempo, a personalidade e os atos dos ancestrais se fundem aos tipos heroicos ou míticos tradicionais. Não há nada de novo sob o sol. O que quer dizer: é difícil lembrar-se do específico e do singular sem reduzi-los a cenários ou formas preestabelecidas, "eternas". Platão teria, nostalgicamente, hipostasiado em suas ideias os esquemas orais da memória de longo prazo, no momento em que uma nova ecologia cognitiva fundada sobre a escrita começava a desestabilizá-los.

O TEMPO DA ORALIDADE:
CÍRCULO E DEVIR

A forma canônica do tempo nas sociedades sem escrita é o círculo. Evidentemente, isto não significa que não haja qualquer consciência de sucessão ou irreversibilidade nas culturas orais. Além do mais, especulações importantes sobre o caráter cíclico do tempo ocorreram em civilizações que possuíam a escrita, como na Índia ou na Grécia Antiga. Queremos apenas enfatizar aqui que um certo tipo de circularidade cronológica é secretado pelos atos de comunicação que ocorrem majoritariamente nas sociedades orais primárias.

Palavra e memória

Nestas culturas, qualquer proposição que não seja periodicamente retomada e repetida em voz alta está condenada a desaparecer. Não existe nenhum modo de armazenar as representações verbais para futura reutilização. A transmissão, a passagem do tempo supõem portanto um incessante movimento de recomeço, de reiteração. Ritos e mitos são retidos, quase intocados, pela roda das gerações. Se o curso das coisas supostamente retorna periodicamente sobre si mesmo, é porque os ciclos sociais e cósmicos ecoam o modo oral de comunicação do saber.

O tempo da oralidade primária é também o devir, um devir sem marcas nem vestígios. As coisas mudam, as técnicas transformam-se insensivelmente, as narrativas se alteram ao sabor das circunstâncias, pois a transmissão também é sempre recriação, mas ninguém sabe medir essas derivas, por falta de ponto fixo.

A oralidade primária também está ligada ao devir pela forma "conto" ou "narrativa" que uma parte de seu saber toma. Os mitos são tecidos com os *fatos* e *gestos* dos ancestrais ou dos heróis; neles, cada entidade é atuante ou encontra-se personalizada, capturada em uma espécie de devir imemorial, ao mesmo tempo único e repetitivo.

A memória do oralista primário está totalmente *encarnada* em cantos, danças, nos gestos de inúmeras habilidades técnicas. Nada é transmitido sem que seja observado, escutado, repetido, imitado, *atuado* pelas próprias pessoas ou pela comunidade como um todo. Além da mudança sem ponto de referência, a ação e a participação pessoais onipresentes contribuem portanto para definir o *devir*, este estilo cronológico das sociedades sem escrita.

A PERSISTÊNCIA DA ORALIDADE PRIMÁRIA

A persistência da oralidade primária nas sociedades modernas não se deve tanto ao fato de que ainda falemos (o que está relacionado com a oralidade secundária), mas à forma pela qual as representações e as maneiras de ser continuam a transmitir-se independentemente dos circuitos da escrita e dos meios de comunicação eletrônicos.

A maior parte dos conhecimentos em uso em 1990, aqueles de que nos servimos em nossa vida cotidiana, nos foram transmitidos oralmente, e a maior parte do tempo sob a forma de narrativa (histórias de pessoas, de famílias ou de empresas). Dominamos a maior parte de nossas habilidades observando, imitando, fazendo, e não estudando teorias na escola ou princípios nos livros.

Rumores, tradições e conhecimentos empíricos em grande parte ainda passam por outros canais que não o impresso ou os meios de comunicação audiovisuais.

Além disso, a oralidade sobreviveu paradoxalmente enquanto mídia da escrita. Antes da Renascença, os textos religiosos, filosóficos ou jurídicos eram quase que obrigatoriamente acompanhados de comentários e de interpretações orais, sob a pena de não serem compreendidos. A transmissão do texto era indissociável de uma cadeia ininterrupta de relações diretas, pessoais.

Alguns aspectos da oralidade sobreviveram nos próprios textos. Platão, Galileu e Hume compuseram diálogos. São Tomás organizou sua suma teológica sob a forma de perguntas, respostas e objeções, estilizando assim as discussões orais dos universitários de seu tempo.

Finalmente, a literatura, pela qual a oralidade primária desapareceu, hoje tem talvez como vocação paradoxal a de reencontrar a força ativa e a magia da palavra, essa eficiência que ela possuía quando as palavras ainda não eram pequenas etiquetas vazias sobre as coisas ou ideias, mas sim poderes ligados à tal presença viva, tal sopro... A literatura, tarefa de reinstituição da linguagem para além de seus usos prosaicos, trabalho da voz sob o texto, origem da palavra, de um grandioso falar desaparecido e no entanto sempre presente quando os verbos surgem, brilham repentinamente como acontecimentos do mundo, emitidos por alguma potência imemorial e anônima.

BIBLIOGRAFIA

ANDERSON, John. *Cognitive Psychology and its Implications* (2ª ed.). Nova York: W. H. Freeman and Company, 1985.

BADDELEY, Alan. *Your Memory: A User's Guide.* Toronto: McGraw-Hill, 1982.

BLOOR, David. *Sociologie de la logique ou les limites de l'épistémologie.* Paris: Éditions Pandore, 1982 (edição original: *Knowledge and Social Imagery.* Londres: Routledge and Kegan Paul, 1976).

JOHNSON-LAIRD, Philip N. *Mental Models.* Cambridge, Massachusetts: Harvard University Press, 1983.

LEROI-GOURHAN, André. *Le Geste et la parole* (vols. 1 e 2). Paris: Albin Michel, 1964.

MCLUHAN, Marshall. *La Galaxie Gutenberg: face à l'ère électronique*. Montreal: Éditions HMH, 1967.

ONG, Walter. *Orality and Litteracy: The Technologizing of the Word*. Londres/ Nova York: Methuen, 1982.

PARRY, Adam (org.). *The Making Of the Homeric Verse: The Collected Papers of Milman Parry*. Oxford: The Clarendon Press, 1971.

SPERBER, Dan. "Anthropology and Psychology: Towards an Epidemiology of Representations". *Man* (N. S.), 20, 73-89.

STILLINGS, Neil *et al. Cognitive Science: An Introduction*. Cambridge, Massachusetts: MIT Press, 1987.

YATES, Frances. *L'Art de la mémoire*. Paris: Gallimard, 1975 (edição original: *The Art of Memory*. Londres: Routledge and Kegan Paul, 1966).

8. A ESCRITA E A HISTÓRIA

Com a escrita, abordamos aqueles que ainda são os nossos modos de conhecimento e estilos de temporalidade majoritários. O eterno retorno da oralidade foi substituído pelas longas perspectivas da história. A teoria, a lógica e as sutilezas da interpretação dos textos foram acrescentadas às narrativas míticas no arsenal do saber humano. Veremos finalmente que o alfabeto e a impressão, aperfeiçoamentos da escrita, desempenharam um papel essencial no estabelecimento da ciência como modo de conhecimento dominante.

As formas sociais do tempo e do saber que hoje nos parecem ser as mais naturais e incontestáveis baseiam-se, na verdade, sobre o uso de técnicas historicamente datadas, e portanto transitórias. Compreender o lugar fundamental das tecnologias da comunicação e da inteligência na história cultural nos leva a olhar de uma nova maneira a razão, a verdade, e a história, ameaçadas de perder sua preeminência na civilização da televisão e do computador.

TEMPO DA ESCRITA, TEMPO DA AGRICULTURA

Quando uma comunidade de camponeses semeia o campo, está confiando sua vida à terra e ao tempo. A colheita só irá ocorrer após diversas lunações. A invenção da agricultura, elemento fundamental daquilo a que chamamos de revolução neolítica, é também a exploração de uma nova relação com o tempo. Não que os homens do paleolítico tenham desconhecido o ato de postergar ou a previsão de eventos a longo prazo. Mas, com a agricultura, é a própria sobrevivência da comunidade que passa a depender da lenta maturação dos grãos no solo, da existência de estoques enquanto se espera a colheita.

A escrita foi inventada diversas vezes e separadamente nas grandes civilizações agrícolas da Antiguidade. Reproduz, no domínio da comunicação, a relação com o tempo e o espaço que a agricultura havia introduzido na ordem da subsistência alimentar. O escriba cava sinais na argila de sua tabuinha assim como o trabalhador cava sulcos no barro de seu campo. É a mesma terra, são instrumentos de madeira parecidos, a enxada primitiva e o cálamo distinguindo-se quase que apenas pelo tamanho. O Nilo banha com a mesma água a ceva-

A escrita e a história

da e o papiro. Nossa *página* vem do latim *pagus*, que significa o campo do agricultor.

Caçando ou colhendo, obtêm-se imediatamente as presas ou colheita desejadas. O fracasso e o sucesso são decididos na hora. A agricultura, pelo contrário, pressupõe uma organização pensada do tempo delimitado, todo um sistema do atraso, uma especulação sobre as estações. Da mesma forma, a escrita, ao intercalar um intervalo de tempo entre a emissão e a recepção da mensagem, instaura a comunicação diferida, com todos os riscos de mal-entendidos, de perdas e erros que isto implica. A escrita aposta no tempo.

A ESCRITA E O ESTADO

Os senhores dos primeiros Estados inscreviam sua nova potência sobre o solo, erigindo os muros das cidades e dos templos. Esta fixação no espaço é uma garantia de durabilidade, anuncia o fim de um certo devir sem marcas, o declínio do tempo nômade. Reduplicando a inscrição urbana, a escrita pereniza sobre o granito dos santuários ou o mármore das estelas as palavras dos padres e dos reis, suas leis, as narrativas de seus grandes feitos, as façanhas de seus deuses. A pedra fala sempre, inalterável, repetindo incansavelmente a lei ou narrativa, retomando *textualmente* as palavras inscritas, como se o rei ou o padre estivessem lá em pessoa e para sempre.

Através da escrita, o poder estatal comanda tanto os signos quanto os homens, fixando-os em uma função, designando-os para um território, ordenando-os sobre uma superfície unificada. Através dos anais, arquivos administrativos, leis, regulamentos e contas, o Estado tenta de todas as maneiras congelar, programar, represar ou estocar seu futuro e seu passado. E é perseguindo o mesmo objetivo que manda construir monumentos, depósitos e muralhas nas cidades, e que mantém, a um alto custo, os silos, os canais de irrigação e as estradas.

A escrita serve para a gestão dos grandes domínios agrícolas e para a organização da corveia e dos impostos. Mas não se contenta em *servir* ao Estado, à agricultura planificada ou à cidade: ela *traduz* para a ordem dos signos o espaço-tempo instaurado pela revolução neolítica e as primeiras civilizações históricas.

A TRADIÇÃO HERMENÊUTICA

A escrita permite uma situação prática de comunicação radicalmente nova. Pela primeira vez os discursos podem ser separados das circunstâncias particulares em que foram produzidos. Os hipertextos do autor e do leitor podem portanto ser tão diferentes quanto possíveis. A comunicação puramente escrita elimina a mediação humana no contexto que adaptava ou traduzia as mensagens vindas de um outro tempo ou lugar. Por exemplo, nas sociedades orais primárias, o contador adaptava sua narrativa às circunstâncias de sua enunciação, bem como aos interesses e conhecimentos de sua audiência. Da mesma forma, o mensageiro formulava o pensamento daquele que o enviara de acordo com o humor e a disposição particulares de seu destinatário. A transmissão oral era sempre, simultaneamente, uma tradução, uma adaptação e uma traição. Por estar restrita a uma fidelidade, a uma rigidez absoluta, a mensagem escrita corre o risco de tornar-se obscura para seu leitor.

Talvez o único equivalente à leitura de um texto, nas sociedades orais primárias, seja a recepção de uma palavra profética ou a interpretação de vaticínios de oráculos. Como o exegeta dos aforismos da Pítia, o leitor encontra-se subitamente frente a assuntos de um outro longínquo, cuja intenção permanecerá sempre incerta, sem que um intermediário que estivesse presente tanto às circunstâncias de emissão quanto às de recepção viesse estabelecer uma conexão viva entre os atores da comunicação.

Quando mensagens fora de contexto e ambíguas começam a circular, a *atribuição do sentido* passa a ocupar um lugar central no processo de comunicação. O exercício de interpretação tem tanto mais importância quanto mais as escritas em questão são difíceis de decifrar, como é o caso, por exemplo, dos sistemas de hieróglifos ou cuneiformes. Desde o terceiro milênio antes de Cristo, toda uma tradição da "leitura" havia se constituído no Egito e na Mesopotâmia. A atividade hermenêutica, por sinal, não se exercia apenas sobre papéis e tabuinhas, mas também sobre uma infinidade de sintomas, signos e presságios, no céu estrelado, em peles, nas entranhas dos animais... Desde então, o mundo se oferece como um grande texto a ser decifrado.

De geração em geração, a distância entre o mundo do autor e o do leitor não para de crescer, é novamente preciso reduzir a distância, diminuir a tensão semântica através de um trabalho de interpretação

A escrita e a história

ininterrupto. A oralidade *ajustava* os cantos e as palavras para conformá-los às circunstâncias, a civilização da escrita acrescenta novas interpretações aos textos, empurrando diante de si uma massa de escritos cada vez mais imponente.

A simples persistência de textos durante várias gerações de leitores já constitui um agenciamento produtivo extraordinário. Uma rede potencialmente infinita de comentários, de debates, de notas e de exegeses ramifica a partir dos livros originais. Transmitido de uma geração a outra, o manuscrito parece secretar espontaneamente seu hipertexto. A leitura leva a conflitos, funda escolas rivais, fornece sua autoridade a pretensos retornos à origem, como tantas vezes aconteceu na Europa após o triunfo da impressão. Apesar de visar diminuir a distância entre o momento da redação e o da leitura, a interpretação produz estas diferenças, este tempo, esta história que ela desejava anular. Já que, ao deitar a exegese sobre o papel, quando em certo sentido escreve-se uma leitura, constrói-se uma irreversibilidade. Os sucessores de Averróis não poderão mais ler Aristóteles como seus predecessores. A leitura é fonte de uma temporalidade paradoxal, pois no exato momento em que aproxima o hermeneuta da origem do texto, alarga o fosso de tempo que tencionava preencher.

O SABER TEÓRICO, A ORGANIZAÇÃO MODULAR
E SISTEMÁTICA DOS CONHECIMENTOS

À parte a tradição hermenêutica, a escrita também suscitou o aparecimento de saberes cujos autores geralmente pretenderam que fossem independentes das situações singulares em que foram elaborados e utilizados: as teorias. A separação do emissor e do receptor, a impossibilidade de interagir no contexto para construir um hipertexto comum são os principais obstáculos da comunicação escrita. A ambição teórica transforma estas dificuldades em restrições fecundas. Já que o texto encontra-se isolado das condições particulares de sua criação e recepção, tentar-se-á construir discursos que bastem a si mesmos.

A *intenção* teórica, na ciência ou na filosofia, implica a autonomia em relação à tradição, que é a transmissão pessoal sobre o fundo de uma experiência compartilhada. Mas podemos, como Paul Feyerabend [36], duvidar da possibilidade de satisfazer este programa.

Existem realmente mensagens sem memória de sua origem, independentes das circunstâncias de sua emissão? Constituiu-se, por outro lado, *tradições teóricas* paradoxais (escolas, colégios invisíveis, filiações intelectuais). No seio dessas microculturas, a interpretação dos escritos tem exatamente a função de revesti-los com um tecido de circunstâncias, de experiências e discursos que possa dar-lhes um sentido, com o risco de que o hipertexto assim reconstruído tenha muito poucas relações com o dos autores comentados enquanto estavam vivos.

Estas observações sobre as teorias científicas ou filosóficas podem ser estendidas à religião. Jack Goody observa que as religiões universalistas, aquelas que em princípio são independentes dos modos de vida e do lugar geográfico, são todas baseadas em textos [43]. Poderíamos dizer o mesmo sobre as sabedorias ou éticas que se apoiam sobre princípios universais e uma argumentação racional, como o estoicismo ou certas formas de budismo: são morais escritas. Você pode converter-se ao islamismo ou adotar os princípios do estoicismo em Berlim, Nova York ou Hong Kong. Por outro lado, se desejar praticar a religião ou a forma de viver dos Bororós ou dos Azende (cuja cultura é puramente oral), você não tem qualquer alternativa a não ser viver com eles.

Vimos que a escrita, ao separar as mensagens das situações onde são usados e produzidos os discursos, suscita a ambição teórica e as pretensões à universalidade. Há ainda outras razões que ligam a escrita à ascensão do gênero teórico e ao declínio do modo de transmissão e de organização dos conhecimentos através da narrativa. Em particular, a notação escrita torna muito mais cômoda a conservação e a transmissão de representações modulares separadas, independentes de ritos ou narrativas.

Contrariamente ao sinal mnésico, o vestígio escrito é literal. Não sofre as deformações provocadas pelas elaborações. Não há risco que os esquemas da grande rede semântica da memória de longo prazo venham a dissolver suas singularidades. Por suas características, a escrita e o armazenamento em geral se aproximam bastante da memória de curto prazo. É um pouco como se a tabuinha de argila, o papiro, o pergaminho ou a fita magnética repetissem incansavelmente, mecanicamente, aquilo que confiamos a eles; sem tentar compreendê-lo, sem conectá-lo a outros elementos de informação, sem interpretá-lo. A escrita é uma forma de estender indefinidamente a memória de tra-

A escrita e a história

balho biológica. As tecnologias intelectuais ocupam o lugar de auxiliares cognitivos dos processos controlados, aqueles que envolvem a atenção consciente e dispõem de tão poucos recursos no sistema cognitivo humano. Desta forma, as tecnologias intelectuais servem como paliativo para certas fraquezas dos processos automáticos como as heurísticas de raciocínio e os mecanismos esquematizantes da memória de longo prazo.

Com a escrita, as representações perduram em outros formatos que não o canto ou a narrativa, tendência ainda maior quando passamos do manuscrito ao impresso e à medida em que o uso dos signos escriturários torna-se mais intenso e difundido na sociedade.

Ao invés de estarem mais intimamente conectadas entre si para responder às restrições da memória de longo prazo humana, as representações passam a poder ser transmitidas e durar de forma autônoma. A partir de então os números e as palavras podem ser dispostos em listas e tabelas. Das primeiras observações astronômicas dos padres da Suméria ou de Akkad às séries de números armazenados pelos computadores dos observatórios astrofísicos, das primeiras contas sobre tabuinhas às cotações da Bolsa via Minitel, as tecnologias intelectuais de fundamento escriturário permitem a circulação de microrrepresentações "livres", não envoltas em uma narrativa. Com seus bancos de dados de todos os tipos armazenados em memória ótica ou magnética, a informática apenas aumenta a quantidade socialmente disponível de informações modulares e fora de contexto.

A partir do momento em que a tarefa da memória não mais se refere somente às lembranças humanas, os longos encadeamentos de causas e efeitos perdem uma parte de seus privilégios de conectar representações entre si. A encenação da ação, as apresentações "dramáticas" cedem lugar, em parte, a disposições "sistemáticas". Encontramos, por exemplo, nos tratados de medicina ou de adivinhação mesopotâmicos, séries ordenadas de preceitos do tipo: "se... [for encontrado tal sinal], então...[é preciso fazer tal diagnóstico]". Neste caso, podemos falar de disposição sistemática, já que estas listas de regras saturam todos os casos possíveis no domínio estudado. A forma hipotético-dedutiva, ou ainda as cadeias de inferências destinadas a encontrar todas as consequências de um pequeno número de princípios são outras formas sistemáticas de disposição das representações. Podemos pensar, por exemplo, nos *Elementos* de Euclides. Não existe teoria enquanto gênero de conhecimento socialmente estabelecido sem um uso regular da escrita. De forma mais geral, a escrita permite transmitir de forma duradoura a *prosa* e os assuntos prosaicos, aqueles que estão longe dos grandes problemas da vida humana e que não perturbam as emoções. É sabido que os primeiros usos da escrita na Mesopotâmia eram relacionados com a contabilidade e os inventários dos templos.

Retorno ao problema da racionalidade

Uma pesquisa realizada no Uzbequistão e no Quirguistão pelo etnólogo Luria no início do século XX, época na qual a alfabetização estava apenas começando, trouxe à tona certos efeitos da escrita enquanto tecnologia intelectual. Frente à lista "serra, lenha, plaina, machado", os camponeses de cultura puramente oral não pensavam em classificar a lenha separadamente, enquanto as crianças, assim que aprendiam a ler, observavam imediatamente que a lenha não é uma ferramenta.

Isto quer dizer que as pessoas educadas em culturas orais não possuem lógica, enquanto, ao se tornarem letradas, aprenderiam a raciocinar? Na verdade, diversos trabalhos de antropologia demonstraram que os indivíduos de culturas escritas têm tendência a pensar por *categorias* enquanto as pessoas de culturas orais captam primeiro as *situações* (a serra, a lenha, a plaina e o machado pertencem todos à mesma *situação* de trabalho da madeira). Os oralistas — preferimos este termo do que analfabetos, que remete às sociedades onde a cultura se encontra parcialmente estruturada pela escrita — não são portanto menos inteligentes nem menos razoáveis que nós, apenas praticam uma outra forma de pensar, perfeitamente ajustada a suas condições de vida e de aprendizagem (não escolar).

Quando, durante inúmeros testes e manipulações, psicólogos experimentais medem as capacidades de raciocínio e de memória de batalhões de estudantes, raramente é permitido que eles discutam suas respostas com os vizinhos ou usem papel e lápis para ajudar. O homem "nu", tal como ele é estudado e descrito pelos laboratórios de psicologia cognitiva, sem suas tecnologias intelectuais nem o auxílio de seus semelhantes, recorre espontaneamente a um pensamento de tipo oral, centrado sobre situações e modelos concretos [58]. O "pensamento lógico" corresponde a um estrato cultural recente ligado ao alfabeto e ao tipo de aprendizagem (escolar) que corresponde a ele.

A escrita e a história

Segundo autores como Goody, Havelock e Svenbro, um certo tipo de pensamento racional ou crítico só pode desenvolver-se ao se relacionar com a escrita. O alfabeto fonético grego teria desempenhado um papel fundamental quanto a isto, ao fazer com que os textos "falassem" realmente, enquanto os primeiros sistemas de escrita envolviam apenas signos mnemotécnicos mais ou menos fáceis de decifrar.

Havelock propôs uma interpretação para o nascimento da filosofia baseada na passagem de uma cultura oral para uma cultura escrita. Quando o problema da transmissão das narrativas fundadoras é resolvido, somente então pode ser colocado, em toda sua amplidão, o da fundação racional do discurso. Uma educação pela experiência, a memória, a poesia, a récita dos mitos, iria ser substituída por um ensino onde o treinamento para o exame dialético das ideias teria o papel principal. Sócrates certamente é um oralista, embora não use mais a palavra para exercícios de memória poética, mas sim como um instrumento prosaico adequado para quebrar o charme da tradição épica ou lírica, graças ao manejo de uma sintaxe e de um vocabulário conceitual estranhos à oralidade primária.

Platão rejeita o saber poético de tipo oral que Homero, Hesíodo e os trágicos transmitiam. Ele quer substituí-lo por seu próprio ensino em prosa e seu estado de espírito "escritural". A desconfiança em relação à escrita exibida no *Fedro* seria uma negação do projeto fundamental deste escritor. Aliás, as características positivas atribuídas à palavra oral no diálogo em questão referem-se mais à oralidade secundária do que à oralidade primária, esta última, vale a pena lembrar, tendo como objetivo principal a gestão da memória social, mais do que a expressão espontânea das pessoas.

História, memória e verdade

À medida que passamos da ideografia ao alfabeto e da caligrafia à impressão, o tempo torna-se cada vez mais linear, histórico. A ordem sequencial dos signos aparece sobre a página ou monumento. A acumulação, o aumento potencialmente infinito do corpus transmissível distendem o círculo da oralidade até quebrá-lo. Calendários, datas, anais, arquivos, ao instaurarem referências fixas, permitem o nascimento da *história* se não como disciplina, ao menos como gênero literário. Após o triunfo da impressão, graças a um imenso trabalho de comparação e de harmonização das tabelas cronológicas, das observações astronômicas e das indicações das antigas crônicas, será possível reconstruir, retrospectivamente, "o" tempo da história, carregando em uma mesma corrente uniforme, ordenando em uma lista monótona os anos e as idades, as dinastias e os sonhos, os reinos e as eras inumeráveis que secretavam seu próprio tempo e se ignoravam soberanamente desde sempre. A história é um efeito da escrita.

Repetindo, uma vez que a obsessão mnemotécnica da oralidade primária não tem mais objeto, a forma narrativa perde muito de sua necessidade. Havelock observa que a *Justiça* de Hesíodo é ainda uma pessoa que age, sofre e é afetada. Em Platão é um conceito. As pessoas ou os heróis da oralidade primária, sujeitos de aventuras míticas, são traduzidos pela cultura alfabética grega nascente em ideias ou princípios abstratos e imutáveis. Ao devir das sociedades sem escrita, que era como um rio sem bordas, um movimento sem velocidade definível, sucede-se a nova problemática do ser. Novamente, a história pode ser constituída, fruto da dialética do ser e do devir. Mas trata-se, agora, de um devir secundário, relativo ao ser, capaz de desenhar uma progressão ou um declínio. Um devir que traça uma linha aberta.

A partir de então, a memória separa-se do sujeito ou da comunidade tomada como um todo. O saber está lá, disponível, estocado, consultável, comparável. Este tipo de memória objetiva, morta, impessoal, favorece uma preocupação que, decerto, não é totalmente nova, mas que a partir de agora irá tomar os especialistas do saber com uma acuidade peculiar: a de uma verdade independente dos sujeitos que a comunicam. A objetivação da memória separa o conhecimento da identidade pessoal ou coletiva. O saber deixa de ser apenas aquilo que me é útil no dia a dia, o que me nutre e me constitui enquanto ser humano membro desta comunidade. Torna-se um objeto suscetível de análise e exame. A exigência da verdade, no sentido moderno e crítico da palavra, seria um efeito da necrose parcial da memória social quando ela se vê capturada pela rede de signos tecida pela escrita.

Não pretendemos aqui *explicar* a filosofia ou a racionalidade através da escrita, mas simplesmente sugerir que a escrita, enquanto tecnologia intelectual, *condiciona* a existência destas formas de pensamento. Se a escrita é uma condição necessária para o projeto racionalista, nem por isso se torna uma condição suficiente. A história do pensamento não pode, de forma alguma, ser *deduzida* do aparecimento desta ou daquela tecnologia intelectual, já que os usos que dela irão fazer os atores concretos situados na história não são determinados com esta aparição. Seria inclusive fácil mostrar que a escrita teve usos diversos de acordo com as culturas e os períodos históricos.

Resta dizer que a prosa escrita não é um simples modo *de expressão* da filosofia, das ciências, da história ou do direito. Ela os *constitui*, já que estes domínios do conhecimento, tal como os conhecemos hoje, não preexistem a ela. Sem escrita, não há datas nem arquivos, não há listas de observações, tabelas de números, não há *códigos* legislativos, nem *sistemas* filosóficos e muito menos crítica destes sistemas. Estaríamos no eterno retorno e na deriva insensível da cultura oral. Ora, a prosa, destronada pelas formas de representação que a informática traz, poderia adquirir em breve o mesmo sabor arcaico de beleza gratuita e de inutilidade que a poesia tem hoje. O declínio da prosa anunciaria também o declínio da relação com o saber que ela condiciona, e o conhecimento racional oscilaria rumo a uma figura antropológica ainda desconhecida.

O TEMPO DA IMPRESSÃO: TÁBULAS RASAS E SISTEMAS

A impressão transformou profundamente o modo de transmissão dos textos. Dada a quantidade de livros em circulação, não seria mais possível que cada leitor fosse introduzido às suas interpretações por um mestre que tivesse, por sua vez, recebido um ensino oral. O destinatário do texto é agora um indivíduo isolado que lê em silêncio. Mais que nunca, a exposição escrita se apresenta como autossuficiente. A nova técnica, tal qual se desenvolveu na Europa a partir do meio do século XV, contribuiu para romper os elos da tradição.

Segundo Elizabeth Eisenstein [32], a impressão inaugura a época das "tábulas rasas" e dos sistemas, tanto no plano político quanto no científico e filosófico. Diversos autores pretendem estar recomeçando tudo da estaca zero, construindo do nada ajudados apenas pela razão sem (ou contra) a legitimidade conferida pelo tempo. Um dos melhores e dos mais célebres exemplos quanto a isto é certamente a aventura cartesiana de reconstrução completa do saber após o repúdio de toda herança através da "dúvida metódica". A onipresença, na filosofia cartesiana, da herança pretensamente ignorada ou rejeitada mostra que a inovação, como sempre, é muito mais uma reinterpretação ou um desvio do passado do que uma criação sobre tábula rasa. Ora, a impressão oferece, justamente, novas possibilidades de recombinação e de associações em uma rede de textos incomparavelmente mais extensa e disponível do que no tempo dos manuscritos. Resta lembrar que a relação com a tradição, o olhar que lançamos sobre ela mudou, talvez irreversivelmente, durante a idade clássica europeia.

A filosofia cartesiana ainda depende da impressão de uma outra maneira. O matemático e filósofo francês Pierre de la Ramée (Ramus) pleiteou, no século XVI, a favor de um novo gênero de apresentação do saber: o método de exposição analítica, totalmente oposto ao estilo escolástico. Colocou ele mesmo em prática suas ideias quando redigiu suas obras sobre matemática. Nos novos *manuais* preconizados por Pierre de la Ramée, a matéria a ser ensinada encontrava-se espacializada, projetada sobre uma tabela, uma árvore ou uma rede, cortada em frações e depois distribuída pelo livro em função de um plano geral. Estamos hoje tão habituados a este tipo de organização do saber, a esta possibilidade de orientar-se em tabelas e índices que nos esquecemos de sua singularidade. Não percebemos mais a relação entre este tipo de representação dos conhecimentos e a impressão. Os antigos manuscritos imitavam a comunicação oral (perguntas e respostas, discussões contra e a favor), organizavam-se ao redor do comentário de um grande texto ou propunham trechos selecionados e compilações. Foi somente a partir do século XVI que generalizaram-se as apresentações sistemáticas de uma "matéria" espacializada, dividida de acordo com um plano coerente. Estas apresentações apoiam-se sobre interfaces específicas da impressão das quais já falamos na primeira parte: paginação regular, sumário, cabeçalhos aparentes, índice, uso frequente de tabelas, esquemas e diagramas.

O método cartesiano, com suas divisões e enumerações, supõe a possibilidade de recortar não somente os objetos e os problemas, mas também o saber sobre estes objetos. Podemos ver o que ele deve ao método de exposição analítica de Ramus e à imprensa.

Mais uma vez, e para evitar qualquer mal-entendido, não se defende aqui a tese de uma *determinação* estrita do pensamento filosófico pelas técnicas de comunicação. As tecnologias intelectuais são apenas condições de possibilidade, dispositivos suscetíveis de serem interpretados, desviados ou negligenciados. Descartes ou Leibniz (este último, diretor da biblioteca de Hanover, teórico da catalogação e criador de uma escrita lógica: a característica universal) jamais teriam sido

A escrita e a história

aquilo que foram sem a impressão. Mas nem Descartes nem Leibniz podem ser *deduzidos* da prensa mecânica inventada por Gutenberg.

O TEMPO DA IMPRESSÃO: O PROGRESSO

Os textos antigos começaram a ser impressos a partir do fim do século XV. Para tal, foram despojados dos comentários, digressões, da desordem de detalhes adventícios e notas de escoliastas conduzidas e aumentadas pelas sucessivas cópias até a época moderna. O plano geral e a coerência dos grandes monumentos jurídicos, filosóficos e científicos da Antiguidade reapareceram.

A impressão permitiu que as diferentes variantes de um texto fossem facilmente comparadas. Colocou à disposição do erudito traduções e dicionários. As cronologias começaram a unificar-se. A *crítica* histórica e filológica começou, portanto, a ser exercida, inclusive sobre os textos sagrados.

A vontade de reencontrar o passado em sua pureza, sem anacronismo, o "sentido histórico", não pode ser separada dos meios fornecidos pela impressão. Decerto que o passado pode ser percebido de forma mais clara (e exposto ainda à admiração ou imitação), mas agora é como passado terminado, morto, e não como palavra original que uma cadeia viva teria transmitido até nós.

Com a impressão, o tema do *progresso* adquiriu uma nova importância. O passado, nós já vimos, reflui rumo a sua antiguidade, aliviando assim o peso do presente, diminuindo a carga da memória. Mas sobretudo, como sublinha Elizabeth Eisenstein, o futuro parece prometer mais luz do que o passado. Efetivamente, a impressão transformou de maneira radical o dispositivo de comunicação no grupo dos letrados. Algumas vezes há toda uma rede internacional de correspondentes e de críticos colaborando em edições sucessivas de certo texto religioso ou de uma obra de geografia. No lugar de cópias raras cada vez mais corrompidas, os erros sobrepostos uns aos outros, passou-se a dispor de edições periodicamente melhoradas. O corpus do passado encontra-se definitivamente preservado. Ao mesmo tempo, foi possível dar mais atenção às descobertas recentes, e a impressão permitia fixar corretamente e difundir em grande escala as novas observações astronômicas, geográficas ou botânicas. Um processo cumulativo, que iria levar à explosão do saber, é engatilhado.

A ciência moderna e a impressão

Boa parte das descobertas astronômicas da Renascença foram feitas sem telescópio. Graças à impressão, Kepler e Tycho Brahe puderam servir-se de compêndios de observações antigas ou modernas que eram exatos e estavam disponíveis, assim como de tabelas numéricas precisas. Sem o ambiente cognitivo fornecido pela impressão, sem a possibilidade de comparar com certeza séries de números, sem mapas celestes uniformes e detalhados, a astronomia e a cosmologia sem dúvida jamais teriam passado pela revolução que, segundo a expressão de Alexandre Koyre, fez a cultura europeia passar "do mundo fechado ao universo infinito".

Na época do manuscrito, era no mínimo arriscado transmitir graficamente a estrutura de uma flor, a curva de uma costa ou qualquer elemento da anatomia humana. Mesmo supondo que o autor tivesse sido um desenhista excepcional, era pouco provável que o próximo copista também o fosse. O mais comum era que, após duas ou três gerações de cópias, a imagem obtida não se parecesse nem um pouco com a do original. A impressão transforma esta situação. A arte do desenhista pode ser colocada a serviço de um conhecimento rigoroso das formas. Os editores de obras de geografia, de história natural ou de medicina convocavam os maiores talentos. Por toda a Europa disseminavam-se pranchas anatômicas ou botânicas de boa qualidade, com nomenclaturas unificadas, mapas geográficos cada vez mais confiáveis e tratados de geometria sem erros, acompanhados por figuras claras.

Não se trata de identificar a prensa mecânica com a "ciência" ou o "progresso": no século XVI, foram impressos tratados de ocultismo e libelos incitando as pessoas a guerras religiosas, para não falar daquilo que se publica hoje! Mas, ainda assim, podemos sustentar que a invenção de Gutenberg permitiu que um novo estilo cognitivo se instaurasse. A inspeção silenciosa de mapas, de esquemas, de gráficos, de tabelas, de dicionários encontra-se a partir de então no centro da atividade científica. Passamos da discussão verbal, tão característica dos hábitos intelectuais da Idade Média, à demonstração visual, mais que nunca em uso nos dias atuais em artigos científicos e na prática cotidiana dos laboratórios, graças a estes novos instrumentos de visualização, os computadores.

A escrita e a história

Bibliografia

ANDERSON, John R. *Cognitive Psychology and its Implications* (2ª ed.). Nova York: W. H. Freeman and Company, 1985.

ANDRÉ-LEICKNAM, Béatrice; ZIEGLER, Christiane (orgs.). *Naissance de l'écriture: cunéiformes et hiéroglyphes* (catálogo da exposição no Grand Palais). Paris: Éditions de la Réunion des Musées Nationaux, 1982.

BADDELEY, Alan. *Your Memory: A User's Guide*. Toronto: McGraw-Hill, 1982.

BLOOR, David. *Sociologie de la logique ou les limites de l'épistémologie*. Paris: Éditions Pandore, 1982 (edição original: *Knowledge and Social Imagery*. Londres: Routledge and Kegan Paul, 1976).

BOORSTIN, Daniel. *Les Découvreurs*. Paris: Seghers, 1986 (edição original: *The Discoverers*. Nova York: Random House, 1983).

BOTTERO, Jean. *Mésopotamie: l'écriture, la raison et les dieux*. Paris: Gallimard, 1987.

EISENSTEIN, Elizabeth. *The Printing Revolution in Early Modern Europe*. Londres/Nova York: Cambridge University Press, 1983.

FEYERABEND, Paul. *Adieu la raison*. Paris: Seuil, 1989 (edição original: *Farewell to Reason*. Londres: Verso, 1987).

GOODY, Jack. *La Raison graphique: la domestication de la pensée sauvage*. Paris: Minuit, 1979.

GOODY, Jack. *La Logique de l'écriture: aux origines des sociétés humaines*. Paris: Armand Colin, 1986.

HAVELOCK, Eric A. *Aux origines de la civilisation écrite en Occident*. Paris: Maspero, 1981.

HAVELOCK, Eric A. *The Muse Learns to Write: Reflections on Orality and Litteracy from Antiquity to the Present*. New Haven, Connecticut/Londres: Yale University Press, 1986.

ILLICH, Ivan; SANDERS, Barry. *ABC: l'alphabétisation de l'esprit populaire*. Paris: La Découverte, 1990 (contém uma importante bibliografia sobre a relação entre a oralidade, a escritura e a cultura).

JOHNSON-LAIRD, Philip N. *Mental Models*. Cambridge, Massachusetts: Harvard University Press, 1983.

LAFONT, Robert (org.). *Antropologie de l'écriture*. Paris: CCI/Centre Georges Pompidou, 1984.

LEROI-GOURHAN, André. *Le Geste et la parole* (vols. 1 e 2). Paris: Albin Michel, 1964.

MCLUHAN, Marshall. *La Galaxie Gutenberg: face à l'ère électronique*. Montreal: Éditions HMH, 1967.

ONG, Walter. *Orality and Litteracy: The Technologizing of the Word*. Londres/Nova York: Methuen, 1982.

ONG, Walter. *Method and the Decay of the Dialogue*. Cambridge, Massachusetts: Harvard University Press, 1958.

SPERBER, Dan. "Anthropology and Psychology: Towards an Epidemiology of Representations". *Man* (N. S.), 20, 73-89.

STILLINGS, Neil *et al. Cognitive Science: An Introduction*. Cambridge, Massachusetts: MIT Press, 1987.

SVENBRO, Jesper. *Phrasikleia: anthropologie de la lecture en ancienne*. Paris: La Découverte, 1988.

9. A REDE DIGITAL

O primeiro computador, o Eniac dos anos 40, pesava várias toneladas. Ocupava um andar inteiro em um grande prédio, e para programá-lo era preciso conectar diretamente os circuitos, por intermédio de cabos, em um painel inspirado nos padrões telefônicos. Nos anos cinquenta, programava-se os computadores transmitindo à máquina instruções em código binário através de cartões e fitas perfuradas. Os cabos ainda existiam, mas recolheram-se no interior da máquina, cobertos por uma nova pele de programas e dispositivos de leitura. Com o surgimento das linguagens *assembler* e sobretudo de linguagens evoluídas como o Fortran, o código binário, por sua vez, refluiu para o núcleo de sombra do computador para deixar a tarefa das trocas com o mundo exterior a cargo de uma nova camada de programa. Aquilo que ontem fora interface torna-se órgão interno.

As telas, cujo uso só generalizou-se no fim dos anos setenta, foram durante muito tempo consideradas como "periféricos": os primeiros microcomputadores eram vendidos sem os tubos catódicos aos quais estamos habituados hoje. Desde então, tornou-se impensável usar um computador sem tela, a tal ponto que o monitor e o teclado passaram a simbolizar a própria máquina.

Um computador concreto é constituído por uma infinidade de dispositivos materiais e de camadas de programas que se recobrem e interfaceiam umas com as outras. Grande número de inovações importantes no domínio da informática provém de outras técnicas: eletrônica, telecomunicações, laser... ou de outras ciências: matemática, lógica, psicologia cognitiva, neurobiologia. Cada casca sucessiva vem do exterior, é heterogênea em relação à rede de interfaces que recobre, mas acaba por tornar-se parte integrante da máquina.

Como tantas outras, a invenção do computador pessoal veio de fora; não apenas se fez independentemente dos grandes fabricantes da área, mas contra eles. Ora, foi esta inovação imprevisível que transformou a informática em um meio de massa para a criação, comunicação e simulação.

Está destinada ao fracasso toda e qualquer análise da informatização que esteja fundada sobre uma pretensa essência dos computadores, ou sobre qualquer núcleo central, invariante e impossível de encontrar, de significação social ou cognitiva.

Binária, a informática? Sem dúvida, em um certo nível de funcionamento de seus circuitos, mas faz tempo que a maioria dos usuários não mais tem qualquer relação com esta interface. Em que um programa de hipertexto ou de desenho é "binário"?

A atividade de programação não é invariante melhor que a pretensa binariedade. Claro, quando se compravam Altairs ou Apples 1 no meio dos anos setenta, só podia ser pelo prazer de programar. Mas, em 1990, a maioria dos usuários de computadores pessoais nunca escreveu uma linha de código.

Não há identidade estável na informática porque os computadores, longe de serem os exemplares materiais de uma imutável ideia platônica, são redes de interfaces abertas a novas conexões, imprevisíveis, que podem transformar radicalmente seu significado e uso. O aspecto da informática mais determinante para a evolução cultural e as atividades cognitivas é sempre o mais recente, relaciona-se com o último envoltório técnico, a última conexão possível, a camada de programa mais exterior. Eis por que nossa análise da informatização não estará fundada sobre uma definição da informática. Partiremos antes das redes e de sua evolução.

A principal tendência neste domínio é a digitalização, que atinge todas as técnicas de comunicação e de processamento de informações. Ao progredir, a digitalização conecta no centro de um mesmo tecido eletrônico o cinema, a radiotelevisão, o jornalismo, a edição, a música, as telecomunicações e a informática. As diferentes categorias profissionais envolvidas enfrentavam os problemas de apresentação e contextualização de acordo com tradições próprias, com a especificidade de seus suportes materiais. Os tratamentos físicos dos dados textuais, icônicos ou sonoros tinham cada qual suas próprias particularidades. Ora, a codificação digital relega a um segundo plano o tema do material. Ou melhor, os problemas de composição, de organização, de apresentação, de dispositivos de acesso tendem a libertar-se de suas aderências singulares aos antigos substratos. Eis por que a noção de interface pode ser estendida ao domínio da comunicação como um todo e deve ser pensada hoje em toda sua generalidade.

A codificação digital já é um princípio de interface. Compomos com bits as imagens, textos, sons, agenciamentos nos quais imbricamos nosso pensamento ou nossos sentidos. O suporte da informação torna-se infinitamente leve, móvel, maleável, inquebrável. O digital é uma matéria, se quisermos, mas uma matéria pronta a suportar todas

A rede digital   103

as metamorfoses, todos os revestimentos, todas as deformações. É como se o fluido numérico fosse composto por uma infinidade de pequenas membranas vibrantes, cada bit sendo uma interface, capaz de mudar o estado de um circuito, de passar do sim ao não de acordo com as circunstâncias. O próprio átomo de interface já deve ter duas faces.

Mais que nunca, a imagem e o som podem tornar-se os pontos de apoio de novas tecnologias intelectuais. Uma vez digitalizado, a imagem animada, por exemplo, pode ser decomposta, recomposta, indexada, ordenada, comentada, associada no interior de hiperdocumentos multimídias. É possível (será possível em breve) *trabalhar* com a imagem e o som, tão facilmente quanto trabalhamos hoje com a escrita, sem necessidade de materiais de custo proibitivo, sem uma aprendizagem excessivamente complexa. Discos óticos ou programas disponíveis na rede poderão funcionar como verdadeiros kits de simulação, catálogos de mundos que poderão ser explorados empiricamente, através de imagens e sons sintetizados. Os imensos bancos de imagens reunidos pelas companhias de produção cinematográfica e televisivas serão indexados e acessíveis a partir de qualquer terminal da mesma forma que os bancos de dados de hoje. Estas massas de imagens óticas ou simuladas poderão ser filtradas, reempregadas, coladas, desviadas para todos os usos heterodoxos ou sistemáticos imagináveis. Em breve estarão reunidas todas as condições técnicas para que o audiovisual atinja o grau de plasticidade que fez da escrita a principal tecnologia intelectual.

No centro da rede digital em formação, podemos localizar quatro *polos funcionais* (cf. esquema) que substituirão em breve as antigas distinções fundadas sobre os suportes (tais como a imprensa, a edição, a gravação musical, o rádio, o cinema, a televisão, o telefone etc.). Estas quatro grandes funções são:

— a produção ou composição de dados, de programas ou de representações audiovisuais (todas as técnicas digitais de ajuda à criação);

— a seleção, recepção e tratamento dos dados, dos sons ou das imagens (os terminais de recepção "inteligentes");

— a transmissão (a rede digital de serviços integrados e as mídias densas como os discos óticos);

— finalmente, as funções de armazenamento (bancos de dados, bancos de imagens etc.).

Todos estes polos funcionam como complexos de interfaces.

A CIRCULAÇÃO DAS INTERFACES NO COMEÇO DO TERCEIRO MILÊNIO

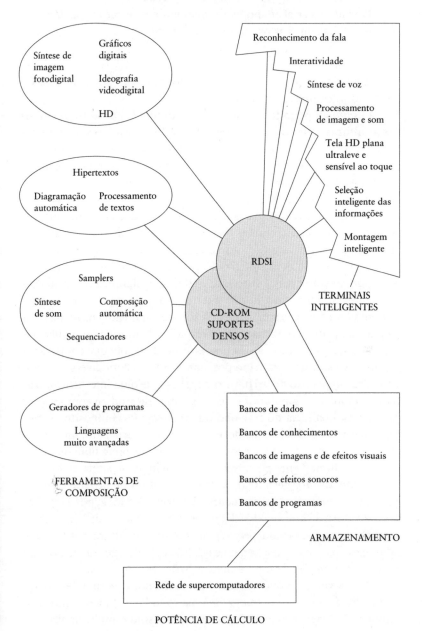

A rede digital

Do lado da criação: sons, imagens, textos, programas

Do lado da criação, podemos distinguir as técnicas relacionadas ao som, à imagem, aos programas e aos textos.

O som

A prática musical foi profundamente transformada pelo trio: sequenciador, sampler, sintetizador.

O *sampler* permite gravar qualquer timbre e reproduzi-lo em todas as alturas e em todos os ritmos desejados. Assim, o som característico de um instrumento ou de um cantor pode ser usado para tocar um trecho que o instrumentista ou cantor nunca interpretou "realmente", o que coloca problemas delicados de direitos autorais. Estamos na fronteira da gravação, do processamento e da síntese de som.

O *sequenciador* é uma espécie de processador de texto musical. Permite ao músico manipular e gravar uma série de códigos digitais que poderão controlar a execução de várias sequências sonoras sincronizadas, em um ou mais sintetizadores. Isto só tornou-se possível em escala de massa graças à interface MIDI, que significa Musical Instrument Digital Interface, norma internacional que permite a qualquer computador controlar uma sequência sonora em qualquer sintetizador. É o mesmo princípio da pianola. O trabalho do músico no sequenciador pode ser comparado ao da pessoa furando o rolo que comandará o piano. Ao substituir o piano por sintetizadores com diversas vozes, e o exercício penoso de perfurar o papel pelo uso da interface amigável de um microcomputador e de programas de ajuda à composição, temos uma boa ideia do trabalho que realizam os compositores modernos através dos sequenciadores. Uma vez sequenciado, um trecho musical não precisa mais ser tocado por um intérprete humano, ele é executado diretamente por instrumentos digitais ou sintetizadores.

O *sintetizador* permite o controle total do som, bem diverso daquele que permitiam os instrumentos materiais. Pode-se, por exemplo, passar de forma contínua do som de uma harpa para o de um tambor. É possível programar independentemente timbre, altura, intensidade e duração dos sons, já que estamos lidando com códigos digitais, e não mais com vibrações de um ou mais instrumentos materiais.

A conexão do sequenciador, do sintetizador e do sampler no novo *estúdio digital* permite reunir em uma só todas as funções musicais: composição, execução e processamento em estúdio multicanal.

É certo que nos falta recuo para avaliar de forma plena todas as consequências desta mutação tecnológica sobre as profissões e sobre a economia da música, sobre as práticas musicais e sobre a aparição de novos gêneros. A maior parte dos observadores, entretanto, está de acordo quanto a ver, no surgimento dos instrumentos digitais que acabamos de descrever, uma ruptura comparável à da invenção da notação ou ao surgimento do disco.

A imagem

O domínio da imagem também tem passado por uma evolução espetacular, e em alguns pontos paralela à do som. Ao sampler, por exemplo, corresponderia à *digitalização da imagem*. Uma vez digitalizada, a foto ou desenho podem ser reprocessada e desviada à vontade, os parâmetros de cor, tamanho, forma, textura etc. podendo ser modulados e reempregados separadamente. A foto e o vídeo digital de alta resolução tornarão obsoleta, a médio prazo, a fase de digitalização propriamente dita, já que a imagem já estará disponível em formato digital. Antes mesmo desta digitalização integral, o endereçamento digital das imagens permite, hoje, novos processos de montagem e sincronização, para a realização de filmes, que se parecem muito com o processamento de textos.

O controle independente das variáveis que definem a mensagem icônica é praticado através da *síntese de imagem*, exatamente como a síntese sonora e pelos mesmos motivos: a separação do suporte físico.

Os programas de inteligência artificial que lidam com a estruturação e animação das imagens por *objetos* poderiam igualmente ser aproximados do princípio do sequenciador. Uma vez definido um roteiro e atores, ou talvez deixando que interagissem apenas objetos-programas, a sequência animada poderia ser gerada automaticamente.

A *infografia*, que reúne todas as técnicas de tratamento e de criação de imagens, representa certamente algo a mais que uma automatização da pintura ou do desenho. Como a luneta astronômica, o microscópio ou os raios X, a interface digital alarga o campo do visível. Ela permite ver modelos abstratos de fenômenos físicos ou outros, visualizar dados numéricos que, sem isso, permaneceriam soterrados em toneladas de listagens. A imagem digital também é o complemento indispensável da simulação, e sabemos o papel que esta última tem hoje na pesquisa científica.

Em alguns decênios, todos os terminais terão interfaces gráficas avançadas. Neste momento mesmo, está nascendo sob nossos olhos uma nova ideografia; algo como uma escrita dinâmica à base de ícones, de esquemas e de redes semânticas. Estamos na fronteira, cada vez mais tênue, entre o domínio da imagem e o da informática, esperando a livre associação das interfaces.

O programa

Se a informática é o ponto central do mundo contemporâneo das interfaces, ela não deixa de se interfacear seguindo um anel de retroação positiva. Linguagens cada vez mais acessíveis à compreensão humana imediata, geradores de programas, geradores de sistemas especialistas, todos eles tornam a tarefa do informata cada vez mais lógica, sintética e conceitual, em detrimento de um conhecimento das entranhas de determinada máquina ou das esquisitices de certo programa. As tarefas de codificação propriamente dita, o contato com o grão e a textura da "matéria informática" naquilo que ela tem de contingente, afastam-se pouco a pouco, exatamente como nas outras atividades relacionadas à composição. A programação declarativa, o acesso associativo (através do conteúdo e não do endereço físico) aos dados armazenados na memória, linguagens fundadas na lógica ou usando modos até hoje inéditos de representação dos conhecimentos, todas estas novidades introduzidas pela inteligência artificial contêm, em potencial, uma modificação da informática sem dúvida ainda mais radical que a passagem da linguagem de máquina para o Fortran.

Repetindo, é como se os informatas revestissem incansavelmente os computadores de novas interfaces com seu meio ambiente físico e humano: sistemas inteligentes de gerenciamento de bancos de dados, módulos de compreensão de linguagem natural, dispositivos de reconhecimento de formas ou sistemas especialistas de autodiagnóstico... e interfaces de interfaces: telas, e sobre as telas, ícones, botões, menus, dispositivos aptos a se conectar cada vez melhor aos módulos cognitivos e sensoriais dos usuários a captar.

Inventar o hipertexto e a multimídia interativa

É preciso pensar as mutações do som e da imagem em conjunto com as do hipertexto e da inteligência artificial. Conexões e reinterpretações serão produzidas ao longo de zonas de contato móveis pelos agenciamentos e bricolagens de novos dispositivos que uma multiplicidade de atores realizarão.

A nova escrita hipertextual ou multimídia certamente estará mais próxima da montagem de um espetáculo do que da redação clássica, na qual o autor apenas se preocupava com a coerência de um texto linear e estático. Ela irá exigir *equipes* de autores, um verdadeiro trabalho coletivo. Pensemos, por exemplo, em todas as competências necessárias para a realização de uma enciclopédia interativa em CD-ROM, desde a *expertise* nos diferentes domínios que a enciclopédia abrange até os conhecimentos especializados na informática, passando por esta arte nova da "diagramação de tela" interativa.

Inventar novas estruturas discursivas, descobrir as retóricas ainda desconhecidas do esquema dinâmico, do texto de geometria variável e da imagem animada, conceber ideografias nas quais as cores, o som e o movimento irão se associar para significar, estas são as tarefas que esperam os autores e editores do próximo século.

Os grandes impressores do século XVI eram ao mesmo tempo letrados, humanistas, técnicos, e exploradores de um novo modo de organização do saber e das trocas intelectuais. Devemos imaginar que, em relação às novas tecnologias da inteligência, estamos diante de uma época comparável à Renascença.

O ESTOQUE E SUA CIRCULAÇÃO

Os processos de composição ou de criação trabalham a partir de *estoques*: bancos de dados, bancos de "conhecimentos" estruturados para a propagação de inferências, bancos de imagens e efeitos visuais, bancos de efeitos sonoros, bancos de programas... E o estoque é acrescido constantemente por tudo aquilo que os dispositivos de composição produzem: bancos de filmes, bancos de textos e de hipertextos. A massa de dados digitais disponíveis se infla o tempo todo. E quanto mais ela cresce, mais é preciso estruturá-la, cartografá-la, criar uma matriz com estradas expressas e avenidas lógicas; mais as interfaces para a caça eficaz e o garimpo furioso devem ser aperfeiçoadas. O hipertexto ou o sistema à base de conhecimentos pertencem à reserva, mas são também modos de acesso ao estoque, são tipos de interfaces.

Os futuros *bancos de conhecimentos* em grande escala serão capazes de *elaborar* as informações que lhes serão confiadas, ou seja, serão capazes de fazer automaticamente algumas conexões pertinentes entre as representações, mais ou menos como se compreendessem seu sentido. Poderão responder às perguntas baseando-se em um modelo personalizado do cliente, levando em conta ainda a *modalidade* da pergunta: o usuário quer fatos brutos, quer ser guiado em uma exploração sem ideias preconcebidas, deseja que lhe sejam sugeridas conexões pertinentes...?

Será muito provavelmente graças a técnicas de inteligência artificial que será possível traçar nos hiperbancos de dados estas estradas e caminhos de travessia com os quais sonhava Vannevar Bush. Podemos imaginar um sistema especialista de pergunta, ativado por uma pessoa em busca de informações, que negociaria sucessivamente com as interfaces inteligentes de diversos bancos de conhecimentos e acabaria trazendo a seu proprietário o resultado destas pesquisas, apresentado de maneira legível e coerente, talvez mesmo com imagens.

Fisicamente, estes exércitos de interfaces em permanente reorganização irão circular ao longo de duas vias principais: as mídias de armazenamento densas e a rede digital de serviços integrados (RDSI).

As mídias de armazenamento densas são os *compact discs* digitais (CD-ROM) ou as fitas magnéticas digitais ultracompactas. A capacidade de um CD-ROM (500 megabytes) equivale a 600 disquetes de 800 Kb ou a 250.000 páginas de texto ou 500 livros de 500 páginas. Esta capacidade custa 1/50 do preço do papel, e ocupa um volume infinitamente menor. O acesso direto aos dados através do computador permite todas as consultas e redistribuições imagináveis, em particular a integração com dispositivos interativos. As futuras fitas magnéticas digitais hiperdensas terão a capacidade de quatro CD-ROMs, na metade do tamanho de uma fita cassete. Em nossa lista das dimensões pertinentes ao problema da interface, será preciso acrescentar a quantidade e a densidade, com as quais se articulam numerosos outros efeitos de interface.

Desde 1989, a sociedade Dow Jones oferece discos, revisados a cada mês, contendo todas as informações financeiras sobre as empresas. Estão também à venda *compact discs* contendo milhares de programas para computadores pessoais. Enciclopédias, dicionários, Atlas geográficos, corpus jurídicos e históricos são editados em CD-ROM. Por exemplo, todo o corpus da literatura grega, das origens ao século VII depois de Cristo, foi gravado em CD-ROM. O pesquisador pode perguntar e obter em segundos as ocorrências de um vocábulo na obra de determinado autor, estabelecer a lista de trechos onde a palavra aparece, lê-los, imprimi-los, separá-los em um disquete, copiá-los para

110 Os três tempos do espírito

um texto em francês etc. O disco ótico não se contenta em estocar a informação passivamente, a interface lógica pode fazer dele um verdadeiro ambiente de trabalho dinâmico, um kit de simulação ou um terreno de jogos. As pesquisas sobre a estruturação e as interfaces dos CD-ROMs prosseguem ativamente. Quando a consulta às mídias densas forem tão agradáveis quanto a das revistas a cores sobre papel brilhoso (o que ainda não é o caso), o velho suporte de celulose estará seriamente ameaçado.

A RDSI (rede digital de serviços integrados, chamada de RNIS ou rede Numéris na França) atualmente em serviço tem, por enquanto, um fluxo baixo. A rede do futuro, caracterizada por uma capacidade bem superior, usará a fibra ótica. Sua parte técnica já foi desenvolvida, mas ela funciona apenas em algumas áreas experimentais no mundo. Na América do Norte, desde 1990, cogitava-se a possibilidade de conectar todos os lares com cinco canais bidirecionais de banda larga. O assinante da RDSI poderia, então, receber certas cadeias de televisão de alta resolução, outras tantas cadeias de rádio de alta-fidelidade, usar um videofone que transmitiria perfeitamente a voz e o rosto do usuário, transferir um grande volume de dados informáticos, transmitir por fax imagens coloridas com alto grau de precisão. O assinante poderia ainda usar os serviços de uma central de recados inteligente, uma combinação dos princípios da secretária eletrônica (mas com discriminação dos correspondentes) e do correio eletrônico (mas com a voz no lugar do texto). Uma conexão portátil permitiria ao assinante receber as mensagens a ele destinadas em qualquer lugar do planeta em que o RDSI possuísse ramificações.

A circulação nas redes que precederam a RDSI era restringida pela natureza dos suportes físicos e suas limitações quantitativas. Hoje, estamos frente a um canal tão largo que não se tem ainda ideia do tipo de obras, de formas culturais, de agenciamentos de representações que poderiam circular nele, nem sobre os gêneros de interação que deveriam acompanhar estas formas. Quais papéis serão devolvidos às pessoas ou grupos usando a rede? Nós nos contentamos, como na enumeração acima, em projetar uma televisão perfeita, um telefone mais rico, uma telemática "som e luz" etc.

Talvez fosse do lado das interfaces que o esforço de imaginação devesse concentrar-se inicialmente.

A rede digital

Os terminais inteligentes

Haverá duas vertentes de utilização do terminal inteligente. A vertente da *interatividade*, em primeiro lugar, conectado a memórias densas fisicamente presentes ou ao estoque disponível na rede. Podemos aqui imaginar facilmente o desenvolvimento de microinterfaces relacionadas aos principais sentidos e módulos cognitivos humanos: reconhecimento parcial da fala, síntese vocal, telas tácteis, mesas digitalizadoras para desenho ou escrita à mão, comandos através do movimento dos olhos, comandos da voz ou gestos da mão. Todas estas interfaces estão ou disponíveis ou em fase de estudos. Estes múltiplos modos de interação viriam animar e alimentar dispositivos funcionais caracterizados pela *ação mútua e simultânea* de usuários e sistemas. Seria o polo do diálogo, do jogo, da exploração e do garimpo, sem esquecer certos tipos de *composição* informática, hipertextual ou audiovisual.

A *seleção*, por oposição à interação, constituiria a segunda vertente de utilização do terminal inteligente. O problema, aqui, é o de aproveitar a quantidade em vez de afogar-se nela. Os usos contemporâneos do videocassete, da TV a cabo e das redes de computadores podem nos ajudar, por extrapolação, a imaginar dispositivos de seleção avançados. Não estamos mais falando simplesmente em programar a gravação de sequências audiovisuais para poder assisti-las oportunamente, ou em obter dados precisos a partir de questões devidamente formuladas. Como já vimos quando falamos do papel dos sistemas especialistas nos hipertextos, seria possível ensinar um "módulo pessoal" do terminal a procurar, na rede, todos os tipos de documentos textuais e audiovisuais suscetíveis de nos interessarem; depois, hierarquizar, organizar, compactar e formatar os documentos em questão de acordo com as modalidades de interface que mais nos conviessem. Esta recuperação tiraria proveito, tanto quanto possível, da plasticidade inerente à digitalização, e das possibilidades que esta abre aos programas de inteligência artificial. Obteríamos algo como jornais audiovisuais inteiramente personalizados, diferentes para cada um de acordo com seus interesses e suas escolhas. Certas tendências atuais de segmentação do público, de dessincronização das escutas, e de personalização das interfaces informáticas teriam, assim, sido levadas às últimas consequências.

Na próxima geração de *groupware*, já está previsto que "programas agentes" instruídos por seus proprietários filtrarão e classificarão a correspondência de acordo com a prioridade, agendarão encontros e buscarão informações na rede que sejam suscetíveis de interessar a seu mestre. Um grande número de tarefas administrativas poderá ser automatizado, como, por exemplo, o envio regulamentar de mensagens ou de cópias de relatórios a certos correspondentes. Estes futuros agentes talvez até possam, se interrogados por outros agentes ou diretamente por humanos, responder a questões sobre a *expertise* específica daqueles que eles representam. Para isso, basta dotar os sistemas especialistas de capacidades de comunicação nas redes e de leitura/escrita nos hipertextos. Talvez assim vejamos entidades lógicas se ajudarem umas às outras, ou dar conselhos sem "saber" se estão se dirigindo a homens ou programas, iniciando um processo social autônomo no seio de uma ecologia cognitiva composta.

Da mesma forma que a interatividade, o uso seletivo dos terminais inteligentes viria apoiar todas as funções de composição de textos, hipertextos, imagens animadas, sons, programas, configurações de interfaces etc. Estas operações de composição, como outras utilizações, poderiam lançar mão da *potência de cálculo* na rede digital, tão naturalmente como hoje nós retiramos eletricidade da rede elétrica.

O quadro não estaria completo se não abordássemos a perspectiva que se esboça no início dos anos noventa nas pesquisas sobre telas planas e ultraleves. O terminal de informática ou a televisão dos anos oitenta lembram, em muitos aspectos, os livros do século XII: são pesados, enormes, acorrentados por seu cabo de força. A mobilidade e a leveza do livro de bolso, a portabilidade do rádio transistorizado ou do walkman poderiam abrir todo um novo campo de utilizações e apropriações para eles. Grandes telas planas serão penduradas em paredes. Poderei consultar meu hipertexto em minha cama, ou fazer anotações em um documento com minha caneta ótica no metrô graças a um pequeno terminal ultraleve, sem fio, que uma conexão do RDSI ligada em local próximo irá alimentar através de micro-ondas.

A imagem aqui esboçada faz referência apenas a performances técnicas já realizadas ou em vias de estudo avançado. Ela supõe, sobretudo, que um mínimo de padronização ou de compatibilidade entre os sistemas e os materiais tenha sido negociado entre os Estados e as grandes multinacionais da eletrônica. Ainda que estejamos hoje muito distantes do ideal com relação a isso, os compromissos internacionais já assinados sobre as normas do RDSI e o acordo geral conseguido em torno da interface MIDI (o padrão musical que definimos

A rede digital

anteriormente) mostram que uma compatibilidade universal não é totalmente inalcançável, ainda que isto custe numerosas camadas de programas de tradução e de interfaces.

O processo de unificação do campo da "comunicação" já é bem antigo, na ordem econômica e financeira. Começou recentemente no plano das habilidades e das profissões durante o desenvolvimento da telemática. Com a constituição da rede digital e o desdobramento de seus usos tal como imaginamos aqui, televisão, cinema, imprensa escrita, informática e telecomunicações veriam suas fronteiras se dissolverem quase que totalmente, em proveito da circulação, da mestiçagem e da metamorfose das interfaces em um mesmo território cosmopolita.

BIBLIOGRAFIA

BONNET, Alain; HATON, Jean-Paul; TRUONG-NGOC, Jean-Michel. *Systèmes-experts, vers la maîtrise technique*. Paris: Interéditions, 1986.

BRANDT, Stewart. *Inventing the Future at MIT*. Nova York: Viking Penguin, 1987.

BRETON, Philippe. *Histoire de l'informatique*. Paris: La Découverte, 1987.

DURAND, Jean-Pierre; LÉVY, Pierre; WEISSBERG, Jean-Louis. *Guide de l'informatisation: informatique et société*. Paris: Belin, 1987.

GANASCIA, Jean-Gabriel. *L'Âme machine: les enjeux de l'intelligence artificielle*. Paris: Seuil, 1990.

GOLDSTINE, Hermann. *The Computer from Pascal to Von Neumann*. Princeton, New Jersey: Princeton University Press, 1972.

LA RECHERCHE EN INTELLIGENCE ARTIFICIELLE (Pierre Vandeginste, org.). Paris: Seuil, 1987.

LÉVY, Pierre. "L'Invention de l'ordinateur". In: SERRES, Michel (org.). *Éléments d'histoire des sciences*. Paris: Bordas, 1989.

LÉVY, Pierre. *La Machine univers: création, cognition et culture informatique*. Paris: La Découverte, 1987.

LIGONNIÉRE, Robert. *Préhistoire et histoire des ordinateurs*. Paris: Robert Laffont, 1987.

MARCHAND, Marie. *La Grande aventure du Minitel*. Paris: Librairie Larousse, 1988.

SCHANK, Roger. *The Cognitive Computer*. Reading, Massachusetts: Addison-Wesley, 1984.

10. O TEMPO REAL

Qual seria o tipo de tempo secretado pela informatização? A maneira antiga de inscrever os signos era conveniente para o cidadão ou camponês. O computador e as telecomunicações correspondem ao nomadismo das megalópoles e das redes internacionais. Ao contrário da escrita, a informática não reduplica a inscrição sobre o território; ela serve à mobilização permanente dos homens e das coisas que talvez tenha começado com a revolução industrial. A escrita era o eco, sobre um plano cognitivo, da invenção sociotécnica do tempo delimitado e do estoque. A informática, ao contrário, faz parte do trabalho de reabsorção de um espaço-tempo social viscoso, de forte inércia, em proveito de uma reorganização permanente e em tempo real dos agenciamentos sociotécnicos: flexibilidade, fluxo tensionado, estoque zero, prazo zero.

À primeira vista poderíamos crer que a informática dá continuidade, graças, por exemplo, aos bancos de dados, ao trabalho de acumulação e de conservação realizado pela escrita. Isto seria desconhecer as principais finalidades da maior parte dos bancos de dados. Estes não têm vocação para conter todos os conhecimentos verdadeiros sobre um assunto, mas sim o conjunto do saber utilizável por um cliente com crédito. Não se trata tanto de difundir as luzes junto a um público indeterminado, mas sim de colocar uma informação operacional à disposição dos especialistas. Estes desejam obter a informação mais confiável, o mais rápido possível, para tomar a melhor decisão. Ocorre que esta informação operacional é essencialmente perecível, transitória. Quase dois terços dos dados atualmente armazenados no mundo representam informações econômicas, comerciais ou financeiras com características estratégicas.

Além disso, a informação dita "on-line" (isto é, diretamente acessível) encontra-se geralmente dividida em pequenos módulos padronizados. O acesso a eles é feito de forma totalmente seletiva e não contínua, como em uma leitura, já que em princípio toma-se conhecimento apenas daquilo que é procurado. O conteúdo do banco de dados é usado, mas não é *lido* no sentido próprio da palavra. Seria vão procurarmos nele sínteses ou ideias. Sabemos, por exemplo, que o texto dos jornais acessíveis através do Minitel se parece mais com notas de agências do que com análises profundas de uma situação.

O conteúdo atual dos bancos de dados provavelmente nunca será relido ou reinterpretado como o foram os textos dos séculos passados. Neste sentido, a maior parte dos bancos de dados são antes espelhos do que memórias; espelhos o mais fiéis possível do estado atual de uma especialidade ou de um mercado.

Consideremos o caso dos sistemas especialistas, que podem ser considerados como bancos de dados muito avançados, capazes de tirar conclusões pertinentes das informações de que dispõem. Os sistemas especialistas não são basicamente feitos para *conservar* o saber do especialista, mas sim para *evoluir* incessantemente a partir do núcleo de conhecimento que este trouxe. Não se fabrica um novo programa a cada vez que uma nova regra é atualizada. Pelo contrário, as linguagens declarativas permitem que o sistema seja enriquecido ou modificado sem que seja necessário começar tudo de novo. Dizendo de outra forma, a não ser em casos especiais, os estados anteriores do conhecimento não são armazenados. Este apenas existe no sistema em seu estado mais recente. As possibilidades materiais de armazenamento nunca foram tão grandes, mas não é a preocupação com o estoque ou a conservação que impulsiona a informatização. A noção de tempo real, inventada pelos informatas, resume bem a característica principal, o espírito da informática: a condensação no presente, na operação em andamento. O conhecimento de tipo operacional fornecido pela informática está em tempo real. Ele estaria oposto, quanto a isto, aos estilos hermenêuticos e teóricos. Por analogia com o tempo circular da oralidade primária e o tempo linear das sociedades históricas, poderíamos falar de uma espécie de implosão cronológica, de um tempo *pontual* instaurado pelas redes de informática.

O FIM DA HISTÓRIA?

O tempo pontual não anunciaria o fim da aventura humana, mas sim sua entrada em um ritmo novo que não seria mais o da história. Seria um retorno ao devir sem vestígios, inassinalável, das sociedades sem escrita? Mas enquanto o primeiro devir fluía de uma fonte imemorial, o segundo parece engendrar a si mesmo instantaneamente, brotando das simulações, dos programas e do fluxo inesgotável dos dados digitais. O devir da oralidade parecia ser imóvel, o da informática deixa crer que vai muito depressa, ainda que não queira saber de onde vem e para onde vai. Ele *é* a velocidade.

Ao transformar os personagens e os heróis aventureiros da oralidade em conceitos, a escrita tinha permitido o desdobramento de um pensamento do ser. Ao animar em seus programas os velhos conceitos saídos da escrita, ao fazer da lógica um motor, a informática assimilaria ao mesmo tempo o ser e a história na aceleração pura?

Esta tendência se juntaria, evidentemente, à da sociedade do espetáculo, tal como a descreveu Guy Debord. A superfície deslizante das telas não retém nada; nela, toda explicação possível se torna nebulosa e se apaga, contenta-se em fazer desfilar palavras e imagens espetaculares, que já estarão esquecidas no dia seguinte. E quanto mais digitais, mais chamativas são as imagens; quanto mais os computadores as sintetizam, mais rapidamente são produzidas e descartadas as músicas. A perspectiva histórica, e com ela toda reflexão crítica, teria desertado da cultura informático-mediática. As utopias negativas que passam por análises da cultura contemporânea em autores como Paul Virilio [109] ou Jean Chesneaux [18] estariam confirmadas.

Mas esta visão pessimista da evolução cultural negligencia diversos fatores fundamentais. Em primeiro lugar, livros históricos, reflexivos ou críticos continuam a ser publicados e lidos. Outros ritmos de formação e difusão dos conhecimentos que não os das mídias e da informática (em breve reunidas em uma única grande rede digital) continuam funcionando, da instituição escolar e universitária aos grupos de discussão que se reúnem sempre ao redor de associações ou de revistas. Inúmeras habilidades e representações ainda são transmitidas e transformadas de forma oral nas famílias, grupos de trabalho e nas diversas redes sociais. Devemos pensar na imbricação, na coexistência e interpretação recíproca dos diversos circuitos de produção e de difusão do saber, e não em amplificar e extrapolar certas tendências, sem dúvida reais, mas apenas parciais, ligadas apenas à rede informático-mediática. Enfim, e este não é o menor dos argumentos que podemos colocar contra os defensores da pretensa destruição da cultura e aos alarmistas da modernidade-catástrofe, os estilos de comunicação e de elaboração no próprio núcleo da rede digital ainda não se encontram consolidados. Como já vimos, hipertextos, composições multimídia, *groupwares* e novas escritas dinâmicas podem muito bem reintroduzir certas formas de distância histórica e de trabalho hermenêutico no próprio núcleo da interconexão em tempo real que é

O tempo real

intrínseco à informática. Os suportes de informação de alta densidade, como os CD-ROM, convidam à navegação em textos e imagens de forma bem diversa da encontrada nos bancos de dados clássicos. O conteúdo destes *compact discs* multimídia não é necessariamente efêmero. Textos literários clássicos, por exemplo, podem ser lidos, anotados, comentados, comparados, podem ser objeto de pesquisas minuciosas com um luxo de meios fora do alcance das técnicas associadas ao papel. Em breve, os documentos audiovisuais digitalizados poderão ser objeto de um trabalho crítico semelhante. Sem dúvida, os hipertextos e *groupware* ainda se encontravam pouco disseminados em 1990, mas é preciso pensar nos primeiros séculos da escrita na Mesopotâmia, quando ela apenas era empregada para o recenseamento dos rebanhos, para os inventários logo ultrapassados dos palácios e dos templos. Quem poderia ter previsto, nesta época, que signos gravados no barro, recém-ordenados, transmitiriam um dia a ciência, a literatura, a filosofia ou a opinião pública?

A INDETERMINAÇÃO E A AMBIGUIDADE DA INFORMÁTICA

A informática parece reencenar, em algumas décadas, o destino da escrita: usada primeiro para cálculos, estatísticas, a gestão mais prosaica dos homens e das coisas, tornou-se rapidamente uma mídia de comunicação de massa, ainda mais geral, talvez, que a escrita manuscrita ou a impressão, pois também permite processar e difundir o som e a imagem enquanto tais. A informática não se contenta com a notação musical, por exemplo, ela também executa a música.

Se pensarmos com instrumentos intelectuais ligados à impressão, compartilhando os valores e o imaginário de uma civilização da escrita, nos encontramos na posição de avaliar as formas de conhecimento inéditas que mal acabaram de emergir de uma ecologia cognitiva em vias de formação. É grande a tentação de condenar ou ignorar aquilo que nos é estranho. É mesmo possível que não nos apercebamos da existência de novos estilos de saber, simplesmente porque eles não correspondem aos critérios e definições que nos constituíram e que herdamos da tradição. Da mesma forma, é tentador identificar certos procedimentos contemporâneos de comunicação e tratamento, bastante grosseiros, com o conjunto das tecnologias intelectuais ligadas aos

118   Os três tempos do espírito

computadores, confundindo assim o devir da cultura informatizada com seus balbucios iniciais.

A isto, poderíamos contrapor que permanecem fortes tendências, e que a constituição de um novo tipo de temporalidade social em torno do "tempo real" parece ser uma delas. Repito, então, que a rede informático-mediática é apenas um dos múltiplos circuitos de comunicação e interação que estimulam a coletividade, e que numerosas instituições, estruturas e características culturais possuem, ao contrário, ritmos de vida e de reação extremamente longos (Estado, línguas, nações, religiões, escolas etc.). Por outro lado, ainda que nos limitemos à rede digital e aos circuitos planetários mais diretamente envolvidos na corrida pela potência, o significado do tempo real permanece ambíguo. Certamente é possível ler nele uma aceleração do ciclo da mercadoria, a ascensão das características estratégicas e operacionais das relações sociais, uma forma de apagamento das memórias e da singularidade dos lugares. Mas isto é apenas o mais visível. Ainda por cima, estas tendências são bastante antigas. Talvez tenham sempre sido deploradas nos períodos de mudança.

Podemos sempre lamentar o "declínio da cultura geral", a pretensa "barbárie" tecnocientífica ou "a derrota do pensamento", cultura e pensamento estando infelizmente congelados em uma pseudoessência que não é outra senão a imagem idealista dos bons velhos tempos. É mais difícil, mas também mais útil apreender o real que está nascendo, torná-lo autoconsciente, acompanhar e guiar seu movimento de forma que venham à tona suas potencialidades mais positivas.

A informática e a memória

Retomemos, dentro desta perspectiva, o tema da memória, que foi um dos fios condutores de nosso estudo sobre a oralidade primária e a escrita. No caso da informática, a memória se encontra tão objetivada em dispositivos automáticos, tão separada do corpo dos indivíduos ou dos hábitos coletivos que nos perguntamos se a própria noção de memória ainda é pertinente.

Os conhecimentos, por exemplo, apenas podem ser adquiridos após uma larga experiência e se identificam com os corpos, com os gestos, com os reflexos de pessoas singulares. Entretanto, este tipo bem peculiar de memória encarnada perde suas características tradicionais sob a ação de um duplo processo. Em primeiro lugar, a aceleração das modificações técnicas, devidas sobretudo à informatização, acarreta uma variação, uma modulação constante, ou mesmo mudanças radicais dos conhecimentos operacionais no centro de uma mesma profissão. A flexibilidade não está relacionada apenas com os processos de produção e os circuitos de distribuição. A exigência de reorganização em tempo real visa também os agenciamentos cognitivos pessoais. Por outro lado, graças aos sistemas especialistas e a diferentes programas de simulação ou de ajuda à modelagem, os conhecimentos podem ser separados das pessoas e coletividades que os haviam secretado, depois recompostos, modularizados, multiplicados, difundidos, modificados, mobilizados à vontade.

De acordo com sua perspectiva operacional, o saber informático não visa manter em um mesmo estado uma sociedade que viva sem mudanças e se deseje assim, como ocorre na oralidade primária. Também não visa a verdade, a exemplo da teoria ou da hermenêutica, gêneros canônicos nascidos da escrita. Ele procura a velocidade e a pertinência da execução, e mais ainda a rapidez e a pertinência das modificações operacionais. Sob o regime da oralidade primária, quando não se dispunha de quase nenhuma técnica de armazenamento exterior, o coletivo humano era um só com sua memória. A sociedade histórica fundada sobre a escrita caracterizava-se por uma semiobjetivação da lembrança, e o conhecimento podia ser em parte separado da identidade das pessoas, o que tornou possível a preocupação com a verdade subjacente, por exemplo, à ciência moderna. O saber informatizado afasta-se tanto da memória (este saber "de cor"), ou ainda a memória, ao informatizar-se, é objetivada a tal ponto que a verdade pode deixar de ser uma questão fundamental, em proveito da operacionalidade e velocidade.

DECLÍNIO DA VERDADE, DA OBJETIVIDADE E DA CRÍTICA

Esta característica do saber informatizado não é necessariamente condenável. Corresponde, em certos aspectos, ao que Jean-François Lyotard chamou de pós-modernidade. O que significa o fim da preocupação com a verdade? Certamente não quer dizer que a partir de agora é permitido mentir, ou que a exatidão dos fatos não importa mais. A questão é apenas a de identificar uma mudança de ênfase, um deslocamento do centro de gravidade em algumas atividades cognitivas desempenhadas pelo coletivo social.

Lembrando, a exigência de verdade *crítica* pressupõe a separação parcial do saber e da memória identificadora das pessoas tornada possível pela escrita. Quanto à exigência de verdade objetiva, ela é em grande parte condicionada pela situação de comunicação fora do contexto próprio à transmissão escrita do saber. Ora, as condições que tornavam a verdade crítica e objetiva a norma para o conhecimento estão transformando-se rapidamente.

A massa de informações armazenadas cresce em um ritmo cada vez mais rápido. Os conhecimentos e habilidades da esfera tecnocientífica e das que dela dependem evoluem cada vez mais rápido. Disto decorre que, em certas áreas, a separação entre a memória pessoal e o saber não é mais parcial; as duas entidades tendem a estar quase que totalmente dissociadas.

Na civilização da escrita, o texto, o livro, a teoria permaneciam, no horizonte do conhecimento, polos de identificação possível. Por trás da atividade crítica, havia ainda uma estabilidade e unicidade possíveis, as da teoria verdadeira, da explicação correta. Hoje, está cada vez mais difícil para um indivíduo cogitar sua identificação, mesmo que parcial, com uma teoria. As explicações sistemáticas e os textos clássicos em que elas se encarnam parecem-nos hoje excessivamente fixos dentro de uma ecologia cognitiva na qual o conhecimento se encontra em metamorfose permanente. As teorias, com suas normas de verdade e com a atividade crítica que as acompanha, cedem terreno aos *modelos*, com suas normas de eficiência e o julgamento de pertinência que preside sua avaliação. O modelo não se encontra mais inscrito no papel, este suporte inerte, mas roda em um computador. É desta forma que os modelos são continuamente corrigidos e aperfeiçoados ao longo das simulações. Um modelo raramente é definitivo.

Um modelo digital normalmente não é nem "verdadeiro" nem "falso", nem mesmo "testável", em um sentido estrito. Ele apenas será mais ou menos útil, mais ou menos eficaz ou pertinente em relação a este ou aquele objetivo específico. Fatores muito distantes da ideia de verdade podem intervir na avaliação de um modelo: a facilidade de simulação, a velocidade de realização e modificação, as conexões possíveis com programas de visualização, de auxílio à decisão ou ao ensino...

O declínio da verdade crítica não significa, portanto, que a partir de agora qualquer coisa será aceita sem uma análise, mas que ire-

O tempo real

mos lidar com modelos de pertinência variável, obtidos e simulados de forma mais ou menos rápida, e isto de forma cada vez mais independente de um horizonte *da* verdade, uma à qual pudéssemos aderir firmemente. Se há cada vez menos contradições, é porque a pretensão à verdade diminui. Não critica-se mais, corrigem-se os erros.

A comunicação escrita incita os enunciadores a construir mensagens que sejam o mais independentes possível das circunstâncias particulares de sua emissão e recepção. Nós vimos que esta restrição teve um papel importante na aceitação do critério objetivo. Ora, o rádio e a televisão, o telefone, a rede de transportes cada vez mais densa que recobre o planeta, a extensão da teleinformática, a interconexão em tempo real que caracteriza uma parte crescente dos circuitos sociais de comunicação transformam as condições gerais da enunciação, em particular sob sua forma escrita. O envio de um texto é cada vez mais seguido de um telefonema. O artigo muitas vezes comenta um acontecimento que já foi visto pela televisão, repete uma comunicação oral em um colóquio etc. Com exceção de certos livros, as mensagens escritas são cada vez menos recebidas ou interpretadas fora do contexto de sua emissão. Justamente por isso, e de acordo com a velocidade de transformação do saber, são cada vez menos concebidas para durar. Os critérios de pertinência, aqui e agora, tomam pouco a pouco o lugar sobre os de universalidade e objetividade, mesmo no domínio científico. Esta evolução é ainda mais nítida em relação aos conhecimentos ou habilidades armazenadas sob a forma de modelos digitais já que, neste caso, não há nenhuma tradição conservadora de escrita para frear o movimento. Contrariamente à teoria, que tem como função primária explicar ou esclarecer um fenômeno, a simulação de modelos digitais seria antes operacional, provisional, ou mesmo normativa. Ela responde melhor à pergunta "como?" do que à pergunta "por quê?".

O CONHECIMENTO POR SIMULAÇÃO

Um modelo digital não é *lido* ou *interpretado* como um texto clássico, ele geralmente é *explorado* de forma interativa. Contrariamente à maioria das descrições funcionais sobre papel ou aos modelos reduzidos analógicos, o modelo informático é essencialmente plástico, dinâmico, dotado de uma certa autonomia de ação e reação. Como Jean-Louis Weissberg observou tão bem, o termo simulação conota hoje esta dimensão interativa, tanto quanto a imitação ou a farsa. O *conhecimento por simulação* é sem dúvida um dos novos gêneros de saber que a ecologia cognitiva informatizada transporta.

O surgimento dos programas ditos "planilhas" no rastro da microinformática colocou instrumentos de simulação contábil e orçamentária nos escritórios dos executivos e dos diretores de pequenas e médias empresas. Programas de projeto auxiliado por computador (CAD) permitem testar a resistência de uma peça mecânica aos choques ou então o efeito na paisagem de um prédio que ainda não foi construído. Programas de auxílio à decisão estimulam os dirigentes de empresas ou os generais a simular os efeitos de suas eventuais escolhas sobre um modelo da realidade econômica ou militar antes de optar por uma solução. Os cientistas de todas as disciplinas recorrem cada vez mais a simulações digitais para estudar fenômenos inacessíveis à experiência (nascimento do universo, evolução biológica ou demográfica) ou simplesmente para avaliar de forma menos custosa o interesse de novos modelos, mesmo quando a experimentação é possível. Enfim, programas de inteligência artificial podem ser considerados como simuladores de capacidades cognitivas humanas: visão, audição, raciocínio etc.

Entre os programas disponíveis no mercado para microcomputadores, podem ser encontrados, desde 1990, kits de simulação bastante avançados. Estes sistemas permitem modelar situações complexas de produção industrial ou de transporte, fluxos financeiros, sistemas biológicos, redes de computadores etc. Bibliotecas de programas oferecem, já programados, um certo número de objetos e de rotinas básicas para cada área. Basta que o usuário adapte-as a sua situação particular e monte-as para obter uma simulação de sua futura cadeia de produção, de seu *cash flow*, ou do sistema de comunicações que ele pretende instalar. Desta forma, os longos e custosos processos de tentativa e erro necessários para o desenvolvimento de instalações técnicas, de novas moléculas ou de arranjos financeiros podem ser parcialmente transferidos para o modelo, com todos os ganhos de tempo e benefícios de custo que podemos imaginar. Mas o que nos interessa aqui é, em primeiro lugar, o benefício cognitivo. A manipulação dos parâmetros e a simulação de todas as circunstâncias possíveis dão ao usuário do programa uma espécie de intuição sobre as relações de causa e efeito presentes no modelo. Ele adquire um *conhecimento por*

O tempo real

simulação do sistema modelado, que não se assemelha nem a um conhecimento teórico, nem a uma experiência prática, nem ao acúmulo de uma tradição oral.

A crescente importância das linguagens "orientadas para objeto" em informática mostra que os computadores são, cada vez mais, considerados como instrumentos de simulação. Esquematizando, poderíamos dizer que a programação clássica consistia em organizar uma cadeia de operações sucessivas sobre um fluxo de dados, enquanto a programação "orientada para objeto" consiste em agenciar as interações de entidades distintas capazes de realizar certas ações e de trocar mensagens umas com as outras. O "aquário" construído pela equipe de Alan Kay para a Apple é uma boa ilustração deste novo caminho da informática. Neste projeto, as características e os modos de vida de vários "objetos-peixe" foram definidos pelos programadores. Estes programas-peixe foram em seguida mergulhados no mesmo "aquário", que podia ser observado através da tela do computador, e interagiram espontaneamente de acordo com seu "programa genético", adotando comportamentos de perseguição, fuga, devoração, desova etc. Note-se que o desenvolvimento dos *acontecimentos* no "aquário" não havia sido programado em nenhum momento. Crianças podiam acrescentar ou retirar peixes, ou ainda modificar seu comportamento. Em seguida, observavam as repercussões de suas ações na ecologia do "aquário" [13].

Para além das experiências pedagógicas, como a do "aquário", a indústria da síntese de imagens de animação já usa princípios da programação com objetos para simular o comportamento de grandes massas de atores na tela. Por exemplo, programa-se o comportamento etológico do pato ou do estorninho, depois criam-se várias dezenas de cópias do pássaro padrão para conseguir o comportamento de uma revoada de patos ou de estorninhos. Cada objeto se encarrega de calcular, por conta própria, sua distância em relação aos outros, o tempo durante o qual pode permanecer longe do grosso do bando etc. Há várias pesquisas seguindo esta via ativamente. Alguns pesquisadores acreditam que, dentro de poucos anos, bastará fornecer um roteiro e algumas indicações de atuação a objetos-atores "inteligentes" para que eles calculem automaticamente seu filme.

Há uma enormidade de possibilidades de simulação interativa sendo abertas pela programação "orientada para objeto". A relação com o modelo não consiste mais em modificar certas variáveis numéricas de uma estrutura funcionalmente abstrata, ela agora equivale a agir diretamente sobre aquilo que consideramos, intuitivamente, como sendo os atores efetivos em um ambiente ou situação dados. Assim, melhoramos não somente a simulação dos *sistemas*, mas também a simulação da *interação natural com os sistemas*.

UMA IMAGINAÇÃO AUXILIADA POR COMPUTADOR

Como nós já vimos, a escrita permite estender as capacidades da memória a curto prazo. É isto que explica sua eficácia como tecnologia intelectual. A informática da simulação e da visualização também é uma tecnologia intelectual, mas, ainda que ela também estenda a "memória de trabalho"[9] biológica, funciona mais como um módulo externo e suplementar para a faculdade de *imaginar*.

Nossa capacidade de simular mentalmente os movimentos e reações possíveis do mundo exterior nos permite antecipar as consequências de nossos atos. A imaginação é a condição da escolha ou da decisão deliberada. (O que aconteceria se fizéssemos isso ou aquilo?) Tiramos proveito de nossas experiências passadas, usando-as para modificar nosso modelo mental do mundo que nos cerca. A capacidade de simular o ambiente e suas reações certamente desempenha um papel fundamental para todos os organismos capazes de aprender.

Tendo em vista os resultados de numerosas experiências da psicologia cognitiva, vários cientistas, entre os quais Philip Johnson-Laird [58], criaram a hipótese de que o raciocínio humano cotidiano tem muito pouca relação com a aplicação de regras da lógica formal. Parece mais plausível que as pessoas construam *modelos mentais* das situações ou dos objetos sobre os quais estão raciocinando, e depois explorem as diferentes possibilidades dentro destas construções imaginárias. A simulação, que podemos considerar como uma imaginação auxiliada por computador, é portanto ao mesmo tempo uma ferramenta de ajuda ao raciocínio muito mais potente que a velha lógica formal que se baseava no alfabeto.

A teoria, sobretudo em sua versão mais formalizada, é uma forma de apresentação do saber, um modo de comunicação ou mesmo

---

[9] Em francês, esta também é a expressão usada para designar a memória RAM dos computadores. (N. do T.)

de persuasão. A simulação, pelo contrário, corresponde antes às etapas da atividade intelectual anteriores à exposição racional: a imaginação, a bricolagem mental, as tentativas e erros.

O problema do teórico era o de produzir uma rede de enunciados autossuficientes, objetivos, não passíveis de crítica, que pudessem ser interpretados de forma inequívoca e recolher o assentimento, quaisquer que fossem as condições particulares de sua recepção. O modelo digital do qual nos servimos para fazer simulações encontra-se muito mais próximo dos bastidores da atividade intelectual do que a cena teórica. Eis por que o problema do criador de modelos é antes o de satisfazer a critérios de pertinência aqui e agora. O que não impede as simulações de também desempenharem um papel de comunicação ou de persuasão importante, em particular quando a evolução do modelo é visualizada através de imagens em uma tela.

A MEDIDA DE TODAS AS COISAS

A simulação toma o lugar da teoria, a eficiência ganha da verdade, o conhecimento através de modelos digitais soa como uma revanche de Protágoras sobre o idealismo e o universalismo platônicos, uma vitória inesperada dos sofistas sobre o *organon* de Aristóteles.

O conhecimento por simulação, por sinal, só tem validade dentro de um quadro epistemológico relativista. Se não, o criador de modelos poderia se deixar levar pela crença de que seu modelo é "verdadeiro", que ele "representa" no sentido forte a "realidade", esquecendo que todo modelo é construído para determinado uso de determinado sujeito em um momento dado. A persistência antinatural do velho hábito cognitivo "teórico" a respeito de representações informáticas era outrora frequente, quando o desenvolvimento do modelo digital de um fenômeno era longo, difícil e custoso. Era possível, então, identificar-se com um modelo concebido como sendo estável, aderir a ele. Neste sentido, a proliferação contemporânea dos instrumentos de simulação, seu baixo custo e sua facilidade de uso representam, sem dúvida, o melhor antídoto contra a confusão entre modelo e realidade. Um modelo determinado, entre cem outros que poderiam ter sido criados sem muito esforço, aparece como aquilo que ele é: uma etapa, um instante dentro de um processo ininterrupto de bricolagem e de reorganização intelectual.

126   Os três tempos do espírito

O conhecimento por simulação, menos absoluto que o conhecimento teórico, mais operatório, mais ligado às circunstâncias particulares de seu uso, junta-se assim ao ritmo sociotécnico específico das redes informatizadas: o tempo real. A *simulação por computador* permite que uma pessoa *explore modelos* mais complexos e em maior número do que se estivesse reduzido aos recursos de sua imagística mental e de sua memória de curto prazo, mesmo se reforçadas por este auxiliar por demais estático que é o papel. A simulação, portanto, não remete a qualquer pretensa irrealidade do saber ou da relação com o mundo, mas antes a um aumento dos poderes da imaginação e da intuição. Da mesma forma, o tempo real talvez anuncie o fim da história, mas não o fim dos tempos, nem a anulação do devir. Em vez de uma catástrofe cultural, poderíamos ler nele um retorno ao *kaïros* dos sofistas. O conhecimento por simulação e a interconexão em tempo real valorizam o momento oportuno, a situação, as circunstâncias relativas, por oposição ao sentido molar da história ou à verdade fora do tempo e espaço, que talvez fossem apenas efeitos da escrita.

Foi incluído a seguir um quadro que recapitula as ideias principais desta segunda parte. Esta sinopse dos "três polos do espírito" coloca em evidência uma espécie de eco do polo oral no centro do polo informático-mediático: a imediatez dos efeitos da ação e o fato de que os protagonistas da comunicação partilham um mesmo contexto aproximam as mídias eletrônicas da oralidade. Reencontramos assim, por caminhos diferentes, certas intuições de McLuhan a respeito da "aldeia global". A respeito da "dinâmica cronológica" do polo informático-mediático, deve ser lembrado que a explosão sugerida pela "pluralidade de devires" e a "velocidade pura sem horizonte" é compensada, até certo ponto, pela unificação mundial realizada na rede informático-mediática, assim como pela emergência de "problemas planetários" de ordem demográfica, econômica e ecológica. O estado de humanidade global, *perseguido* pelo homem da escrita e da história de diversas formas (impérios, religiões universalistas, movimento das Luzes, revolução socialista), é hoje *vivenciado* pelo homem informático-mediático. Isto não significa nem que todos os grupos sociais que vivem no planeta participem deste tipo de humanidade, nem que a cultura da televisão e do computador possa ser considerada como um final feliz para a aventura da espécie.

Os *polos* da oralidade primária, da escrita e da informática não são *eras*: não correspondem de forma simples a épocas determinadas.

A cada instante e a cada lugar *os três polos estão sempre presentes*, mas com intensidade variável. Para pegar um exemplo dentre as formas do saber, a dimensão narrativa está sempre presente nas teorias e nos modelos; a atividade interpretativa está subjacente à maioria das performances cognitivas; enfim, a simulação mental de modelos do ambiente sem dúvida caracteriza a vida intelectual da maior parte dos vertebrados superiores, e portanto não esperou a chegada dos computadores para surgir. Poderíamos dizer o mesmo dos "critérios dominantes", dos tipos de temporalidade ou das configurações mnemônicas: as dimensões indexadas em um dado polo estão presentes em toda parte todo o tempo, mas em graus diversos de intensidade e de manifestação explícita. Por que então distinguir três polos? Porque a utilização de um determinado tipo de tecnologia intelectual coloca uma ênfase particular em certos valores, certas dimensões da atividade cognitiva ou da imagem social do tempo, que tornam-se então mais explicitamente tematizadas e ao redor das quais se cristalizam formas culturais particulares.

Nestas páginas, não deploramos qualquer tipo de declínio; também não exaltamos pretensos progressos. Por exemplo, no domínio daquilo a que chamamos de "critérios dominantes" ou valores, a "significação" não é nem melhor nem pior que a "eficácia". A vida humana não é possível sem qualquer uma delas. O quadro contenta-se em sugerir que a dimensão do sentido está mais estreitamente ligada às formas da narrativa e do rito, à encarnação da memória em uma pessoa viva, à perspectiva temporal do retorno ou da restauração etc. Mas isto nada diz sobre a qualidade, boa ou má, de uma significação particular em uma circunstância específica. Da mesma forma, a eficácia não é nem boa em si, nem indica necessariamente a ausência de uma alma. É possível que haja eficácias cheias de sentido, significações eficazes, e isto naturalmente no bom ou no mau sentido. O quadro apenas coloca em relevo que o critério de eficácia se encontra mais fortemente ligado à simulação, à objetivação quase total da memória, ao tempo real etc.

Como se pode ver, não se trata aqui de dar crédito a uma narrativa simplista e linear da sucessão dos estilos de temporalidade ou dos tipos de conhecimento. O mito e a teoria continuam a coexistir hoje com a simulação. Protágoras ou Montaigne não esperaram os computadores para serem relativistas. Ainda que não estivesse conectado a nenhuma rede telemática, Maquiavel recomendava ao Príncipe que

OS TRÊS POLOS DO ESPÍRITO (QUADRO RECAPITULATIVO)

	POLO DA ORALIDADE PRIMÁRIA	POLO DA ESCRITA	POLO INFORMÁTICO-MEDIÁTICO
Figuras do tempo	Círculos.	Linhas.	Segmentos, pontos.
Dinâmica cronológica	— Horizonte do eterno retorno. — Devir sem referencial nem vestígio.	— História, na perspectiva de uma realização. — Vestígios, acumulação.	— Velocidade pura sem horizonte. — Pluralidade de devires imediatos (a dinâmica fundamental do polo informático-mediático permanece parcialmente indeterminada).
Referencial temporal da ação e de seus efeitos	— Inscrição em uma continuidade imemorial. — Imediatez.	— Retardo, ato de diferir. — Inscrição no tempo, com todos os riscos que isto implica.	— Tempo real. — A imediatez estendeu seu campo de ação e de retroação à medida da rede informático-mediática.
Pragmática da comunicação	Os parceiros da comunicação encontram-se mergulhados nas mesmas circunstâncias e compartilham hipertextos próximos.	A distância entre os hipertextos do autor e do leitor pode ser muito grande. Disto resulta uma pressão em direção à universalidade e à objetividade por parte do emissor, assim como a necessidade de uma atividade interpretativa explícita por parte do receptor.	Conectados à rede informático-mediática, os atores da comunicação dividem cada vez mais um mesmo hipertexto. A pressão em direção à objetividade e à universalidade diminui, as mensagens são cada vez menos produzidas de forma a durarem.
Distância do indivíduo em relação à memória social	A memória encontra-se encarnada em pessoas vivas e em grupos atuantes.	A memória está semi-objetivada no escrito: — possibilidade de uma crítica ligada a uma separação parcial do indivíduo e do saber; — exigência de verdade ligada à identificação parcial do indivíduo e do saber.	A memória social (em permanente transformação) encontra-se quase que totalmente objetivada em dispositivos técnicos: declínio da verdade e da crítica.
Formas canônicas do saber	— Narrativa. — Rito.	— Teoria (explicação, fundação, exposição, sistemática). — Interpretação.	— Modelização operacional ou de previsão. — Simulação.
Critérios dominantes	— Permanência ou conservação. — Significação (com toda a dimensão emocional deste termo).	Verdade, de acordo com as modalidades da: — crítica; — objetividade; — universalidade.	— Eficácia. — Pertinência local. — Mudanças, novidade.

O tempo real

remasse conforme a maré e aproveitasse as ocasiões independentemente de qualquer horizonte histórico. Mais uma vez, quase todas as formas de pensar estão presentes em todos os lugares e em cada época. A genética das populações descreveu a grande diversidade de gens em reserva numa dada espécie. Em resposta às transformações do ecossistema, este ou aquele traço de caráter irá tornar-se majoritário, mas sem que, para tanto, sejam eliminados os genes que controlam outras características que poderiam mostrar-se úteis em alguma futura modificação do ambiente. Da mesma forma, as mudanças das ecologias cognitivas devidas, entre outros, à aparição de novas tecnologias intelectuais ativam a expansão de formas de conhecimento que durante muito tempo estiveram relegadas a certos domínios, bem como o enfraquecimento relativo de certo estilo de saber, mudanças de equilíbrio, deslocamentos de centros de gravidade. A ascensão do conhecimento por simulação deve ser entendida de acordo com uma modalidade aberta, plurívoca e distribuída.

BIBLIOGRAFIA

CHAOS COMPUTER CLUB (Jürgen Wieckmann, org.). *Danger pirates informatiques*. Paris: Plon, 1989 (edição original: *Das Chaos Computer Club*. Reinbek bei Hamburg: Rowohlt Verlag, 1988)

CHESNEAUX, Jean. *La Modernité monde*. Paris: La Découverte, 1988.

CORTEN, André; TAHON, Marie-Blanche (orgs.). *La Radicalité du quotidien: communauté et informatique*. Montreal: VLB, 1987.

BRANDT, Stewart. *Inventing the Future at MIT*. Nova York: Viking Penguin, 1987.

DEBORD, Guy. *La Société du spectacle*. Paris: Buchet-Chastel, 1967.

DEBORD, Guy. *Commentaires sur la société du spectacle*. Paris: Gérard Lebovici, 1988.

DURAND, Jean-Pierre; LÉVY, Pierre; WEISSBERG, Jean-Louis. *Guide de l'informatisation: informatique et société*. Paris: Belin, 1987.

GRAS, Alain; POIROT-DELPECH, Sophie (orgs.). *L'Imaginaire des techniques de pointe*. Paris: L'Harmattan, 1989.

LÉVY, Pierre. "L'Invention de l'ordinateur". In: SERRES, Michel (org.). *Éléments d'histoire des sciences*. Paris: Bordas, 1989.

LIGONNIÉRE, Robert. *Préhistoire et histoire des ordinateurs*. Paris: Robert Laffont, 1987.

MIÈGE, Bernard. *La Société conquise par la communication.* Grenoble: Presses Universitaires de Grenoble, 1989.

TURKLE, Sherry. *Les Enfants de l'ordinateur.* Paris: Denoël, 1986 (edição original: *The Second Self.* Paris: Simon and Schuster, 1984).

VIRILIO, Paul. *L'Espace critique.* Paris: Galilée, 1987.

WEISSBERG, Jean-Louis (org.). *Les Chemins du virtuel: simulation informatique et création industrielle,* número especial de *Cahiers du CCI,* Paris, abril de 1989.

11. O ESQUECIMENTO

No meio móvel e mal delimitado da rede digital, de um *groupware* a outro, passaremos progressivamente do nível de leitor ao de anotador, depois ao de autor. Hierarquias sociais poderão ser marcadas através dos *direitos de escrita* e dos *direitos de anotação e de conexão* com hipertextos ou bancos de conhecimentos mais estratégicos ou menos estratégicos. Apesar da provável manutenção de estratificações rígidas e privilégios, há grandes possibilidades de que se acentuem a germinação incontrolável e a extensão rizomática da massa de representações discursivas ou icônicas que já ocorrem hoje.

A digitalização permite a passagem da cópia à modulação. Não haveria mais dispositivos de "recepção", mas sim interfaces para a seleção, a recomposição e a interação. Os agenciamentos técnicos passariam a assemelhar-se com os módulos sensoriais humanos que, da mesma forma, também não "recebem", mas filtram, selecionam, interpretam e recompõem.

Quem ensina e quem aprende? Quem pede e quem recebe? Quem infere a partir de novos dados, conecta entre si as informações, descobre conexões? Quem percorre incansavelmente a trama labiríntica da rede? Quem simula o quê? Indivíduos? Programas agentes? Grupos conectados por *groupwares*? Operadores de todos os tipos. Instituições. Negociantes cavalgando entre dois mundos, passantes, coletividades transversais. Tradutores, interfaces e redes de interfaces. O universo digital anteriormente descrito certamente tem algo de ficção científica realista; entretanto, talvez mais que isto, seja uma imagem transposta da ecologia cognitiva. Porque há muito que o saber se acumula, cresce e fermenta, se altera e se estraga, funde e bifurca em uma grande rede mista, impura, fervente, que parece pensar por conta própria.

Como a utopia política da qual é uma variante, a utopia técnica se confronta à complexidade dos processos sociais, a irredutível multiplicidade do real, aos acasos da história. Sonha hoje com um mundo síncrono, sem retardos, sem fricções nem perdas. Projeta um tempo contraído sobre o instante pontual, um espaço abolido. Desejaria a flexibilidade de um hipertexto ou de um modelo digital para estes monstros tardios, compósitos, tecidos por mil memórias que são as coletividades. Mesmo se este ideal realizar-se, ao preço de gastos enormes, em alguns poucos segmentos industriais, militares ou financeiros, em todos os outros lugares continuarão a reinar a desordem e a profusão de Babel.

Supondo que a camada de interfaces digitais aqui descrita efetivamente se estabeleça, os velhos suportes da escrita e da imagem guardarão ainda alguma importância. Uma infinidade de circuitos informais, pessoais, pertencendo à oralidade arcaica, continuará a irrigar as profundezas da coletividade. Ainda que processada por novos métodos, uma grande parte da herança cultural permanecerá.

É impossível também não subestimar o *tempo* necessário para traduzir e codificar o antigo estoque, as dificuldades que serão encontradas para padronizar os sistemas, a soma de esforços e de imaginação que será preciso empregar para elaborar, sucessivamente, novos documentos hipertextuais, obras multimídia originais, modelos digitais de fenômenos complexos. Ainda que espantosos dispositivos técnicos já estejam prontos para o uso, não se improvisará uma nova tradição estética e intelectual em poucos anos.

Dinâmicas culturais, como as da Renascença, foram efetivamente organizadas ao redor de alguns instrumentos de comunicação. Assistiu-se ao aparecimento de novas formas sociais simultaneamente ao de sistemas técnicos. A revolução industrial do século XIX nos dá um exemplo, muitas vezes deplorável, desse fato. Mas os dispositivos materiais em si, separados da reserva local de subjetividade que os secreta e os reinterpreta permanentemente, não indicam absolutamente nenhuma direção para a aventura coletiva. Para isto são necessários os grandes conflitos e os projetos que os atores sociais animam. Nada de bom será feito sem o envolvimento apaixonado de indivíduos.

Por mais que elas sejam consubstanciais à inteligência dos homens, as tecnologias intelectuais não substituem o pensamento vivo. O enorme estoque de imagens e palavras ressoando ao longo das conexões, cintilando sobre as telas, repousando em massas compactas nos discos, esperando apenas um sinal para levantar-se, metamorfosear-se, combinar-se entre si e propagar-se pelo mundo em ondas inesgotáveis, esta profusão de signos, de programas, esta gigantesca biblioteca de modelos em vias de construção, toda esta imensa reserva não constitui ainda uma memória.

Porque a operação da memória não pode ser concebida sem as aparições e supressões que a desagregam, que a moldam de seu interior. Debruçado sobre seus projetos, o ser vivo destrói, transforma, reinterpreta as imagens e as palavras daquilo que se torna, através

O esquecimento 133

desta atividade, o passado. A subjetividade da memória, seu ponto essencial e vital, consiste precisamente em rejeitar a pista ou o armazenamento no passado a fim de inaugurar um novo tempo.

Ainda é necessária, portanto, uma memória humana singular para *esquecer* os dados dos bancos, as simulações, os discursos entrelaçados dos hipertextos e o balé multicolorido que o sol frio dos microprocessadores irradia sobre as telas. Para inventar a cultura do amanhã, será preciso que nos apropriemos das interfaces digitais. Depois disso, será preciso esquecê-las.

III.
RUMO A UMA ECOLOGIA COGNITIVA

Concluímos nossa investigação sobre a história das formas de conhecimento com um paralelo entre certas formas culturais e o uso dominante das tecnologias intelectuais. Entre outros, ficou claro para nós que a cultura informático-mediática é portadora de um certo tipo de temporalidade social: o "tempo real", e de um "conhecimento por simulação", não inventariado antes da chegada dos computadores.

Fortalecidos por esta aquisição, podemos agora prosseguir nossa pesquisa de forma mais reflexiva: qual a relação entre o pensamento individual, as instituições sociais e as técnicas de comunicação? Será mostrado que estes elementos heterogêneos articulam-se para formar *coletividades pensantes homens-coisa*, transgredindo as fronteiras tradicionais das espécies e reinos. Neste terceiro e última seção, esboçamos o programa da *ecologia cognitiva* que se propõe a estudar estas coletividades cosmopolitas.

Iremos reencontrar, em nosso caminho, dois grandes temas filosóficos, que constituem hoje o centro de debates apaixonados: a razão e o sujeito.

No que diz respeito à razão, iremos encontrar, após uma discussão fundamentada pelas ciências cognitivas, a multiplicidade e a variabilidade que a pesquisa histórica que fizemos na segunda parte já nos havia sugerido. Mas isto não irá remeter-nos à pura e simples contingência das formas de conhecer nem a qualquer relativismo absoluto. Ao estudar as articulações entre os módulos do sistema cognitivo humano e os diversos sistemas semióticos fornecidos pelas culturas, é na verdade possível descrever precisamente como certos tipos de racionalidade emergem.

Quanto ao problema do sujeito e de suas relações com o objeto, ele nos conduz às paragens tumultuadas das heranças de Kant e Heidegger. Veremos que toda ecologia cognitiva, devido a seu interesse pelas misturas e pelos encaixes fractais de subjetividade e objetividade, apresenta-se como uma antítese da abordagem kantiana do conhecimento, que tanto se preocupa em distinguir aquilo que se refere ao sujeito e o que pertence ao objeto.

Criticar a concepção de sujeito legada por uma determinada tradição filosófica não nos faz, entretanto, aderir aos temas prediletos da meditação heideggeriana. É verdade, concordamos com seu questionamento do sujeito consciente, racional e voluntário, "arrazoando" um mundo inerte e submisso a seus fins. Mas, para deixar o terreno da metafísica, em vez de escolher o caminho vertical, "ontológico" e vão ao qual nos convida o mestre de Freiburg, traçamos um percurso em zigue-zague, saltando de uma escala a outra, hipertextual, rizomático, tão heterogêneo, múltiplo e multicolorido quanto o próprio real.

Esta parte termina com uma metodologia adequada para prevenir os dualismos maciços que tantas vezes nos dispensam de pensar e, mais particularmente, de pensar o pensamento: espírito e matéria, sujeito e objeto, homem e técnica, indivíduo e sociedade etc. Propomos que estas oposições grosseiras entre essências pretensamente universais sejam substituídas por análises moleculares e a cada vez singulares em termos de redes de interfaces.

12. PARA ALÉM DO SUJEITO E DO OBJETO

A inteligência ou a cognição são o resultado de redes complexas onde interagem um grande número de atores humanos, biológicos e técnicos. Não sou "eu" que sou inteligente, mas "eu" com o grupo humano do qual sou membro, com minha língua, com toda uma herança de métodos e tecnologias intelectuais (dentre as quais, o uso da escrita). Para citar apenas três elementos entre milhares de outros, sem o acesso às bibliotecas públicas, a prática em vários programas bastante úteis e numerosas conversas com os amigos, aquele que assina este texto não teria sido capaz de redigi-lo. Fora da coletividade, desprovido de tecnológicas intelectuais, "eu" não pensaria. O pretenso sujeito inteligente nada mais é que um dos micro atores de uma ecologia cognitiva que o engloba e restringe.

O sujeito pensante também se encontra fragmentado em sua base, dissolvido pelo interior. Um grande número de obras recentes de psicologia cognitiva insiste na pluralidade, na multiplicidade de partes de todos os tamanhos e de todos os tipos que compõem o sistema cognitivo humano. Os módulos de Fodor, a sociedade da mente de Minsky, as assembleias de neurônios ou redes neuronais de todos os "conexionismos" [75] traçam uma figura da mente estilhaçada de forma peculiar. Acrescentemos a isto que um bom número de processos cognitivos são automáticos, fora do controle da vontade deliberada. Do ponto de vista de uma ciência da mente, a consciência e tudo aquilo diretamente relacionado a ela representam apenas um aspecto menor do pensamento inteligente. A consciência é simplesmente uma das interfaces importantes entre o organismo e seu meio ambiente, operando em uma escala (média) de observação possível, que não é, necessariamente, a mais pertinente para abordar os problemas da cognição.

Qual a imagem que sobressai desta dissolução do sujeito cognitivo em uma microssociedade biológica e funcional na base, e de sua imbricação em uma megassociedade povoada por homens, representações, técnicas de transmissão e de dispositivos de armazenamento, no topo? Quem pensa? Não há mais sujeito ou substância pensante, nem "material", nem "espiritual". O pensamento se dá em uma rede na qual neurônios, módulos cognitivos, humanos, instituições de ensino, línguas, sistemas de escrita, livros e computadores se interconectam, transformam e traduzem as representações.

Estas ideias vão de encontro a uma tendência da filosofia francesa que está representada, hoje, por Gilles Deleuze e Michel Serres. Estes autores radicalizaram o protomaterialismo empedocliano das misturas, o monismo naturalista de um Spinoza ou o pluralismo infinitista de um Leibniz.

Em *Mille plateaux* [26], Deleuze e Guattari descrevem os "rizomas" que se estendem sobre um mesmo "plano de consistência", transgredindo todas as classificações arborescentes e conectando estratos do ser totalmente heterogêneos. As multiplicidades e os processos moleculares opõem-se às forças unificadoras.

Em *Le Parasite* [93], Michel Serres utiliza as mesmas palavras para falar das relações humanas e das coisas do mundo. Ainda que os dois domínios encontrem-se habitualmente separados e sejam estudados por ciências diferentes, em ambos os casos trata-se de comunicações, interceptações, traduções, transformações efetuadas sobre mensagens, "parasitas". Ao ser analisada, toda entidade revela-se como uma rede em potencial. Em *Statues* [94], Serres explora novamente os intermediários e as relações recíprocas entre sujeitos e objetos. Mostra como, através da múmia, do cadáver e dos ossos, o objeto nasce do sujeito e como, inversamente, o sujeito coletivo está fundado sobre as coisas e mistura-se a elas. Ele atinge uma filosofia do conhecimento "objetal", que se opõe à vulgata kantiana segundo a qual o "sujeito transcendental" imporia suas formas a priori sobre qualquer experiência e deteria a chave da epistemologia.

Anunciando um renovamento da filosofia da natureza, Ilya Prigogine e Isabelle Stengers [86] tentaram mostrar que não havia uma ruptura absoluta entre um universo físico, inerte, submetido a leis, e o mundo inventivo e colorido dos seres vivos. As noções de singularidade, de evento, de interpretação e de história estão no próprio centro dos últimos desenvolvimentos das ciências físicas. A ciência clássica excluía do universo físico a história e a significação para recalcá-las nos seres vivos, ou mesmo em um único sujeito humano. Mas diversas correntes científicas contemporâneas redescobriram uma natureza na qual seres e coisas não se encontram mais separados por uma cortina de ferro ontológica.

Finalmente, Bruno Latour [64, 65, 66, 67] e a nova escola de antropologia das ciências mostraram o papel essencial das circunstâncias e das interações sociais em todos os processos intelectuais, até mesmo, ou sobretudo, quando se trata de pensamento formal ou científico.

Nenhuma essência, nenhuma substância é aceita por Latour, que mostra através da investigação histórica ou etnográfica como as instituições mais respeitáveis, os fatos científicos mais "concretos" ou os objetos técnicos mais funcionais foram, na realidade, resultado provisório de associações contingentes e heterogêneas. Por trás de qualquer entidade relativamente estável, ele traz à tona a rede agonística impura, heterogênea, que mantém a existência desta entidade. Como os rizomas de Deleuze e Guattari, as redes de Latour ou de Callon [15] não respeitam as distinções estabelecidas entre coisas e pessoas, sujeitos pensantes e objetos pensados, inerte e vivo. Tudo que for capaz de produzir uma diferença em uma rede será considerado como um ator, e todo ator definirá a si mesmo pela diferença que ele produz. Esta concepção do ator nos leva, em particular, a pensar de forma simétrica os homens e os dispositivos técnicos. As máquinas são feitas por homens, elas contribuem para formar e estruturar o funcionamento das sociedades e as aptidões das pessoas, elas muitas vezes efetuam um trabalho que poderia ser feito por pessoas como você ou eu. Os dispositivos técnicos são portanto realmente atores por completo em uma coletividade que já não podemos dizer puramente humana, mas cuja fronteira está em permanente redefinição.

A *ecologia cognitiva* é o estudo das dimensões técnicas e coletivas da cognição. Os trabalhos que nós acabamos de citar certamente nos indicam o caminho a ser seguido, mas esta ciência ainda está para nascer. Limitamo-nos, aqui, a anunciar seu programa e a apresentar alguns dos seus princípios.

ENTRE O SUJEITO E O OBJETO

Vamos tecer por algum tempo uma metáfora, que pegamos emprestada de Dan Sperber [101]. Imaginemos que as imagens, os enunciados, as ideias (que agruparemos sob o termo genérico de representações) sejam vírus. Estes vírus em particular habitariam o pensamento das pessoas e se propagariam de uma mente a outra por todos os meios de comunicação. Por exemplo, se eu penso que "a luta de classes é o motor da história", devo transformar esta ideia em sons ou em signos escritos para inocular em você o vírus marxista. A imagem de Marilyn Monroe gerou uma epidemia fulminante, graças ao cinema, à televisão, à fotografia, mas também, é preciso reconhecê-lo, por causa de uma singular ausência de defesas imunitárias nas mentes masculinas contra este vírus em particular.

Levando esta metáfora a sério, concordaremos com Dan Sperber quando este diz que os fenômenos culturais estão relacionados, em parte, com uma epidemiologia das representações. Uma cultura poderia, então, identificar-se com uma certa distribuição de representações em uma dada população.

O meio ecológico no qual as representações se propagam é composto por dois grandes conjuntos: as mentes humanas e as redes técnicas de armazenamento, de transformação e de transmissão das representações. A aparição de tecnologias intelectuais como a escrita ou a informática transforma o meio no qual se propagam as representações. Modifica, portanto, sua distribuição:

— *algumas representações, que antes não podiam ser conservadas, passam a sê-lo; têm, então, uma maior difusão*; por exemplo, grandes quantidades de listas ou tabelas numéricas (como as cotações diárias da Bolsa) só podem ser mantidas sem muitos erros e largamente propagadas em uma cultura que disponha ao menos da impressão;

— *novos processamentos de informação são possíveis, e portanto surgem novos tipos de representações*; por exemplo, as comparações sistemáticas de dados com a ajuda de *quadros* apenas são possíveis com a escrita; as simulações digitais de fenômenos naturais pressupõem os computadores.

Se as condições da seleção natural mudarem, é natural pensar que haverá uma modificação no equilíbrio das espécies, com o desaparecimento de algumas e o surgimento de outras. Aconteceria o mesmo se as condições da "seleção cultural" mudassem. No que diz respeito às mutações culturais induzidas pela escrita e pela impressão, já citamos os trabalhos desenvolvidos por etnólogos como Jack Goody [43] ou historiadores como Elizabeth Eisenstein [32].

Goody mostrou, por exemplo, que não poderia haver uma religião ética universalista sem a escrita, porque apenas esta última permite que dogmas e princípios morais sejam isolados de todo e qualquer contexto social. As "religiões do livro" estão evidentemente baseadas na escrita.

Eisenstein colocou em relevo os estreitos laços que unem o nascimento da ciência moderna nos séculos XVI e XVII ao uso maciço da impressão. Graças à invenção de Gutenberg, uma massa de informações precisas e numeradas tornaram-se disponíveis, os sistemas de medidas e de representação foram uniformizados, as gravuras puderam transmitir imagens detalhadas da Terra, do céu, das plantas, do corpo humano etc.

Com as religiões universalistas e a ciência moderna, não estamos mais frente a representações tomadas individualmente, mas sim a verdadeiras formas culturais cuja aparição e continuidade dependem de tecnologias intelectuais.

A epidemiologia das representações proposta por Dan Sperber é particularmente estimulante porque ela constrói um ponto causal entre a psicologia e a sociologia, de um lado, e entre a esfera das representações e o domínio técnico, de outro. Para explicar a propagação ou a continuidade de tal imagem ou proposição em uma coletividade, as particularidades da memória de longo prazo dos seres humanos irão intervir, da mesma forma como as propriedades de um sistema de notação ou a configuração de uma rede de computadores. As representações circulam e se transformam em um campo unificado, atravessando fronteiras entre objetos e sujeitos, entre a interioridade dos indivíduos e o céu aberto da comunicação.

Este quadro teórico pode, no entanto, revelar-se por demasiado estreito. Ao interessar-se exclusivamente pelas entidades substanciais, discretas e estáveis que são as representações, a ecologia cognitiva arrisca-se a negligenciar tudo aquilo que se relaciona com as *formas* de pensar, falar e agir. Para retomar um vocabulário de uso corrente nas ciências cognitivas, a epidemiologia das representações apenas dá conta dos conhecimentos declarativos. Porém, a ecologia cognitiva deveria integrar em suas análises também os conhecimentos procedurais que contribuem muito para a constituição das culturas.

Além disso, parece igualmente legítimo colocar a ênfase nos *processos* dos quais emergem as distribuições de representações tanto quanto sobre as representações em si. Uma cultura, então, seria definida menos por uma certa distribuição de ideias, de enunciados e de imagens em uma população humana do que pela *forma de gestão social* do conhecimento que gerou esta distribuição.

Enfim, a epidemiologia das representações nos diz muito pouco sobre o *pensamento coletivo* enquanto tal, o qual devemos fazer constar do programa de pesquisa da ecologia cognitiva. As teses da antropóloga Mary Douglas lançaram alguma luz sobre este último ponto, após os trabalhos de Gregory Bateson e de sua escola.

Para além do sujeito e do objeto

ENTRE O COGNITIVO E O SOCIAL

No prolongamento da cibernética, Gregory Bateson [7, 8] contribuiu para difundir a ideia de que todo sistema dinâmico, aberto e dotado de um mínimo de complexidade possui uma forma de "mente". A aplicação deste princípio aos grupos familiares goza de certo sucesso desde fins dos anos sessenta.

Ao invés de tratar da doença mental de um individuo, os terapeutas familiares [110] tentam modificar as regras de comunicação, de percepção e de raciocínio que prevalecem no seio do *grupo* em que vive o "paciente designado". Eles partem da hipótese de que as desordens de uma pessoa são sintoma da desordem de sua família. O terapeuta utiliza diversas técnicas (o humor, o paradoxo, a recontextualização etc.) para intervir na família, considerada como um sistema cognitivo. Supõe-se que a terapia familiar produza modificações de natureza epistemológica ou cognitiva: o grupo transforma a representação da realidade que ele tinha construído; adquire uma capacidade de abstração (poder comunicar ao sujeito, por exemplo, sobre seu modo de comunicação); as possibilidades de aprendizado e de interpretação do sistema familiar como tal são abertas, suas reações não estarão mais limitadas a umas poucas respostas estereotipadas.

Para entidades sociais como as instituições, as nações, ou mesmo os períodos históricos, a ideia de um funcionamento coletivo é antiga, mas jamais atingiu o caráter diretamente operatório da terapia sistêmica. Não falamos frequentemente em "espírito do tempo"? Alguns partidos revolucionários não se consideravam como "intelectuais coletivos"? No século XIX, filósofos como Hegel, Comte, Marx ou mesmo Nietzsche deram, sem dúvida, um caráter mais rigoroso a esta intuição de que maneiras de pensar divergentes entre si floresciam no seio de culturas distintas. Apenas Marx, ultrapassando a descrição ou a narrativa, tratou este fenômeno histórico de forma analítica e causal. Sua explicação, recorrendo ao interesse de classe e usando a metáfora do reflexo da infraestrutura na superestrutura, é no entanto bastante grosseira. Uma boa parte dos trabalhos antropológicos, sociológicos e históricos, a partir do fim do século XIX, pode ser considerada como um esforço para elucidar mais tarde a questão do pensamento coletivo e das representações sociais.

Recentemente, a antropóloga Mary Douglas abordou o problema por inteiro. Em seu livro *Ainsi pensent les institutions* [30], ela coloca em evidência os determinantes sociais da memória, ou a origem institucional dos sistemas de classificação. Inversamente, ela mostra que atividades cognitivas de comparação, de analogia e de argumentação operam sempre nas construções sociais.

Para ilustrar o problema da memória social, Mary Douglas analisa o caso dos Nuers, estudado por Evans Prichard. Os membros deste povo geralmente se lembram de seus ancestrais de nove a dez gerações. O problema é explicar como os Nuers, que não dispõem da escrita, fazem para lembrar-se de acontecimentos tão antigos. (É certo que poucos de meus leitores serão capazes de voltar tanto tempo atrás na lista de seus ascendentes.) Mas é preciso também compreender porque os Nuers nunca se lembram de mais de onze ancestrais. Na verdade, parece que, "apesar da contínua emergência de novas gerações, o número de ascendentes deve permanecer constante. Diversos ancestrais são portanto riscados da lista aos poucos. A memória coletiva parte do fundador da tribo a seus dois filhos, seus quatro netos, e depois cria uma falha que engole um grande número de ancestrais".[10] Na verdade, este esquecimento não se dá por acaso. Os cálculos sobre os dons e as dívidas em cabeças de gado que são trocados entre as famílias nos casamentos *obrigam* os Nuers a saberem exatamente quem são seus parentes até a quinta geração, mas não mais que isso. Eis por que a memória da coletividade não ultrapassa este ponto no que diz respeito aos ascendentes mais recentes. Esta memória é bastante sólida, uma vez que as genealogias recentes são geralmente simplificadas em sua estrutura por certas regras de equivalência e, por razões práticas de ordem econômica, elas são muitas vezes lembradas e citadas, e isto coletivamente.

Além disso, "as coalizões políticas são baseadas na linhagem das quatro gerações originadas pelo ancestral fundador, seus filhos, seus netos e seus bisnetos, cada um dos quais funda uma unidade política".[11] Este é o motivo pelo qual lembram-se também dos ancestrais mais longínquos. Todos os que estão situados entre os primeiros ascendentes e os mais recentes desaparecem da memória dos Nuers. Podemos ver que suas instituições políticas, econômicas e matrimoniais condicionam suas lembranças coletivas.

[10] Mary Douglas, *Ainsi pensent les institutions*, Paris, Usher, 1989, p. 65.

[11] *Idem, ibidem.*

Para além do sujeito e do objeto   143

A sociedade Nuer é bastante igualitária. Mary Douglas sugere que, se o seu sistema político tivesse sido uma territorialidade hereditária, alguns deles reteriam linhagens de ancestrais maiores.

Um outro exemplo sobre a forma pela qual as instituições comandam a memória pode ser tomado de nossa própria sociedade. A comunidade científica valoriza a descoberta e funciona de forma competitiva. Isto leva os cientistas a desenvolverem pesquisas originais e a ressaltar aquilo que seus resultados trazem de novo, e não a se voltarem para o passado da ciência. Eis algo que explicaria por que os esquecimentos e as vertentes mortas da história das ciências são tão frequentes. O pesquisador que redescobrir uma lei, ou um teorema, ou retomasse uma linha estendida por um cientista do passado não deixaria seu próprio nome para a posteridade, mas antes o de seu predecessor. Este é o motivo pelo qual poucos pesquisadores percorrem este caminho inverso, que interpreta às avessas o "espírito" da instituição científica. Isto não impede, por sinal, que precursores ou grandes nomes do passado possam ser chamados para socorrer esta ou aquela reconstrução da história de uma disciplina de forma que, justamente, ela pareça caminhar naturalmente para o ponto que se deseja colocar em destaque. O tipo de memória exercido pela comunidade científica depende estritamente de seus objetivos e de seu estilo de controle.

Toda instituição é uma tecnologia intelectual

Pelo próprio fato de existir, uma estrutura social qualquer contribui para manter uma ordem, uma certa redundância no meio em que ela existe. Ora, a atividade cognitiva também visa produzir uma ordem no ambiente do ser cognoscente, ou ao menos diminuir a quantidade de barulho e caos. Conhecer, assim como instituir, equivale a classificar, arrumar, ordenar, construir configurações estáveis e periodicidades. Com apenas uma diferença de escala, há portanto uma forma de equivalência entre a atividade instituinte de uma coletividade e as operações cognitivas de um organismo. Por isto, as duas funções podem alimentar-se uma da outra. Em particular, os indivíduos apoiam-se constantemente sobre a ordem e a memória distribuídas pelas instituições para decidir, raciocinar, prever.

A cultura fornece um enorme equipamento cognitivo aos indivíduos. A cada etapa de nossa trajetória social, a coletividade nos fornece línguas, sistemas de classificação, conceitos, analogias, metáforas, imagens, evitando que tenhamos que inventá-las por conta própria. As regras jurídicas ou administrativas, a divisão do trabalho, a estrutura hierárquica das grandes organizações e suas normas de ação são tipos de memória, de raciocínio e de tomada de decisão automáticas, incorporadas à máquina social e que economizam certa quantidade de atividade intelectual dos indivíduos. Uma vez que são convencionais e historicamente datadas, é claro que as tecnologias intelectuais (a escrita, a informática...) são instituições. Embora talvez se aceite que toda instituição seja considerada como uma tecnologia intelectual.

OS PROCESSOS SOCIAIS SÃO ATIVIDADES COGNITIVAS

Acabamos de ver que as instituições sociais fundam uma boa parte de nossas atividades cognitivas. Simetricamente, uma estrutura social não se mantém sem argumentações, analogias e metáforas que são, evidentemente, o resultado das atividades cognitivas de pessoas: o governo comparado à cabeça do "organismo" social [91], o casamento à junção das duas partes do corpo etc. Mas a atividade cognitiva individual não é o último termo da explicação, já que as metáforas retiradas do domínio extrassocial (o corpo, a natureza) retiram suas evidências das próprias estruturas sociais.

Constituir uma classe significa estabelecer limites. E nenhuma fronteira existe a priori. Sem dúvida há no mundo gradientes e descontinuidades, mas o recorte estrito de um conjunto supõe a seleção de um ou mais *critérios* para separar o exterior do interior. A escolha destes critérios é, necessariamente, convencional, histórica e circunstancial. Onde começam a Alemanha, a cor azul, a inteligência? A maior parte do tempo, como já dissemos, os conceitos e as classes de equivalência que permitem reconhecer analogias e identidades são traçados pela cultura. Mas grupos ou mesmo indivíduos podem, não sem alguma dificuldade, colocar em questão uma parte destas delimitações conceituais. Por exemplo, reorganizar as classificações aceitas no restante da sociedade é uma das principais vocações da comunidade científica. A ciência não é a única em questão. A maior parte dos atos dos protagonistas sociais tem como efeito ou como preocupação direta a manutenção ou a modificação dos limites e dos sentidos dos conceitos. O que é justo? Onde começa um salário decente, um preço excessivo?

Para além do sujeito e do objeto

Quem é cidadão? Onde termina o domínio do sagrado? Na medida em que o conhecimento é, em grande parte, uma questão de classificação, todo processo social, e mesmo microssocial, pode ser interpretado como um processo cognitivo.

Os sujeitos individuais não se contentam apenas em transmitir palavras de ordem ou em dar continuidade passivamente às analogias de suas culturas, ou aos raciocínios de suas instituições. De acordo com seus interesses e projetos, eles deformam ou reinterpretam os conceitos herdados. Eles inventam no contexto procedimentos de decisão ou novas partições do real. Certamente, o social pensa nas atividades cognitivas dos sujeitos. Mas, inversamente, os indivíduos contribuem para a construção e a reconstrução permanentes das máquinas pensantes que são as instituições. Tanto é assim que toda estrutura social só pode manter-se ou transformar-se através da interação inteligente de pessoas singulares.

A DIMENSÃO TÉCNICA DA ECOLOGIA COGNITIVA

As coletividades cognitivas se auto-organizam, se mantêm e se transformam através do envolvimento permanente dos indivíduos que as compõem. Mas estas coletividades não são constituídas apenas por seres humanos. Nós vimos que as técnicas de comunicação e de processamento das representações também desempenhavam, nelas, um papel igualmente essencial. É preciso ainda ampliar as coletividades cognitivas às outras técnicas, e mesmo a todos os elementos do universo físico que as ações humanas implicam.

Estradas e carros, correntes e navios, velas e ventos reúnem ou separam as culturas, influem na forma e na densidade das redes de comunicação. A agricultura inventada durante o Neolítico ou a indústria que foi desenvolvida na Europa durante os séculos XVIII e XIX foram os pivôs de mutações sociais fundamentais. As mudanças técnicas desequilibram e recompõem uma coletividade cognitiva cosmopolita, compreendendo ao mesmo tempo homens, animais, plantas, recursos minerais etc. As cidades, estes organismos de pedra, de carne, de água e de papel, estes trocadores complexos tecidos por mil artifícios, foram verdadeiros aceleradores intelectuais, memórias vivas e compósitas.

As técnicas agem, portanto, *diretamente* sobre a ecologia cognitiva, na medida em que transformam a configuração da rede metassocial, em que cimentam novos agenciamentos entre grupos humanos e multiplicidades naturais tais como ventos, flores, minerais, elétrons, animais, plantas ou macromoléculas. Mas elas agem, também, sobre as ecologias cognitivas de forma *indireta*, já que, como afirmamos insistentemente na primeira seção, elas são potentes fontes de metáforas e de analogias.

Propusemos, anteriormente, esta regra segundo a qual toda instituição poderia ser interpretada como uma tecnologia intelectual porque ela cristalizaria uma partição do real, processos de decisão, uma memória. Já que as ferramentas, máquinas e processos de produção são instituições, cada um deles é portanto uma tecnologia intelectual, mesmo quando não tem como objetivo o tratamento de informações, o armazenamento ou a transmissão de representações. Os dispositivos materiais são formas de memória. Inteligência, conceitos e até mesmo visão do mundo não se encontram apenas congelados nas línguas, encontram-se também cristalizados nos instrumentos de trabalho, nas máquinas, nos métodos. Uma modificação técnica é *ipso facto* uma modificação da coletividade cognitiva, implicando novas analogias e classificações, novos mundos práticos, sociais e cognitivos. É porque este fato fundamental foi muitas vezes negligenciado que grande número de mutações técnicas nas empresas e administrações resultaram em fracassos ou disfunções gravíssimas. Temos nos contentado em analisar superficialmente a mudança dos métodos de produção e a reorganização dos fluxos informacionais; mas não temos medido e levado em consideração a inteligência invisível que as antigas técnicas e as coletividades de trabalho que se construíram sobre elas possuem.

Dois princípios de abertura

Para não trancafiar a ecologia cognitiva nascente em esquemas de pensamento rígidos, é conveniente ter em mente dois princípios de abertura. Um defende que uma tecnologia intelectual deve ser analisada como uma multiplicidade indefinidamente aberta. Outro nos lembra que o sentido de uma técnica não se encontra nunca definitivamente estabelecido quando esta é concebida, nem em qualquer momento de sua existência, mas é antes a questão central das interpretações contraditórias e contingentes dos atores sociais.

Para além do sujeito e do objeto

O princípio da multiplicidade conectada: uma tecnologia intelectual irá sempre conter muitas outras. É o sistema formado por estas múltiplas tecnologias que precisamos levar em conta. Por exemplo, em uma máquina para processamento de textos, há a escrita, o alfabeto, a impressão, a informática, a tela catódica... Não satisfeitos em combinar várias tecnologias que se transformam e se redefinem mutuamente, os dispositivos técnicos de comunicação criam redes. Cada nova conexão contribui para modificar os usos e significações sociais de uma dada técnica. Para continuar com nosso exemplo, as impressoras laser, os bancos de dados, as telecomunicações etc. transformam as possibilidades e os efeitos concretos do processamento de textos. O que equivale a dizer que não podemos considerar nenhuma tecnologia intelectual como uma substância imutável cujo significado e o papel na ecologia cognitiva permaneceriam sempre idênticos. Uma tecnologia intelectual deve ser analisada como uma rede de interfaces aberta sobre a possibilidade de novas conexões e não como uma essência. Esta noção de rede de interfaces será mais amplamente desenvolvida a seguir.

O princípio de interpretação: cada ator, desviando e reinterpretando as possibilidades de uso de uma tecnologia intelectual, atribui a elas um novo sentido. Enquanto escrevia estas linhas, aumentei o tamanho dos caracteres que aparecem em minha tela. Desviei para fins do conforto de leitura uma possibilidade inicialmente destinada ao layout. Este é, evidentemente, um exemplo ínfimo, mas um grande número de desvios e reinterpretações minúsculas termina por compor o processo sociotécnico real (não heideggeriano). O destino da telemática na França nos dá uma ilustração bem conhecida deste princípio. O gosto pela troca de mensagens surpreendeu todos os observadores, pois não era, de forma alguma, o principal uso previsto por seus criadores. A rede estatal e utilitária concebida pela DGT foi desviada, reinterpretada por certos atores como uma rede muito privada de comunicação interativa. Mas comerciantes de todos os tipos lançaram-se no mercado na "nova comunicação", por sua vez captando o interesse do público por esta mídia etc. O sentido de uma técnica nunca se encontra determinado em sua origem. A cada instante t+1, novas conexões, novas interpretações podem modificar, ou mesmo inverter o sentido que prevalecia no instante t.

Nem determinismo...

O caso da *impressão* é particularmente adequado para ilustrar nossos dois princípios. Os chineses já conheciam a impressão muitos séculos antes da cristandade latina. Mas, sob o mesmo nome, não se tratava da mesma rede de interfaces que será estabelecida na Europa em fins do século XV. Enquanto o alfabeto latino possui apenas algumas dezenas de caracteres, a ideografia chinesa possui milhares deles, o que obviamente não facilitava as manipulações dos impressores do Império do Centro. Motivo pelo qual as pranchas entalhadas acabaram predominando sobre os caracteres móveis. Além disso, os materiais eram diferentes: os chineses usavam principalmente a cerâmica ou a madeira, enquanto os europeus fundiam caracteres em metal, muito mais sólidos. Em relação à impressão propriamente dita, Gutenberg havia reempregado a prensa de rosca dos vinicultores enquanto os chineses esfregavam folhas de papel sobre uma prancha recoberta por tinta, com a face virada para o alto. A impressão chinesa não estava conectada à mesma escrita, à mesma metalurgia, aos mesmos dispositivos de prensagem que a impressão europeia. Suas características técnicas não a tornavam forte candidata a tornar-se a primeira atividade industrial mecanizada e padronizada, como foi o caso na Europa. Além disso, a sociedade chinesa usou a imprensa de forma totalmente diferente da sociedade europeia. Entre uma cultura e outra, esta técnica foi tomada por circuitos de significação e de uso radicalmente diferentes. Na China, a impressão permaneceu quase sempre um monopólio do Estado. Foram publicados essencialmente os clássicos do budismo, do taoismo e a história oficial das dinastias. Na Europa, a impressão foi, como um todo, e apesar das tentativas de controle por parte dos governos, uma atividade comercial livre, descentralizada, competitiva, publicando não apenas clássicos e obras religiosas, mas também novidades em todos os domínios da vida cultural, contrariamente ao que ocorreu no Império do Centro.

Também é possível ilustrar nossos princípios de interpretação e de multiplicidade conectada através de um exemplo mais recente. O *microprocessador* foi inicialmente construído para guiar mísseis e não para constituir a parte central de um computador pessoal. Da mesma forma, o computador pessoal não poderia ter sido automaticamente deduzido a partir do microprocessador. A aventura da microinformática contribui para colocar novamente em questão o esquema linear

Para além do sujeito e do objeto 149

das "gerações" de materiais informáticos segundo o qual o progresso seria medido apenas pela velocidade de cálculo, capacidade de memória e densidade de integração dos circuitos.

O desenvolvimento do microprocessador foi a "causa" essencial ou determinante do sucesso dos computadores pessoais? Não, foi apenas um acontecimento entre muitos outros, interpretado e mobilizado a serviço de uma luta contra os gigantes da informática. Citemos, da lista heterogênea dos agentes captados pelos fundadores das primeiras firmas de microinformática: a linguagem de programação Basic, interfaces de comunicação concebidas para usuários que não seriam informatas profissionais, o movimento da "contracultura" que estava em seu auge nos Estados Unidos nos anos sessenta, as sociedades de capital de risco em busca de lucros rápidos etc. As empresas inovadores de Silicon Valley fizeram entrar em cena na história da informática outros atores sociais que não o Estado, a ciência e as grandes empresas. Em 1976, IBM não deu o mesmo sentido ao microprocessador que a Apple, não o alistou na mesma rede de alianças. Vemos aqui que os projetos divergentes dos atores sociais podem conferir significados diferentes às mesmas técnicas. Em nosso exemplo, um dos projetos consistia em fazer do computador um meio de comunicação de massa, enquanto o outro desejava conservar o uso dos computadores que prevalecia até então.

Em ecologia cognitiva, não há causas e efeitos mecânicos, mas sim ocasiões e atores. Inovações técnicas *tornam possíveis ou condicionam* o surgimento desta ou daquela forma cultural (não haveria ciência moderna sem impressão, nem computador pessoal sem microprocessador), mas as primeiras não irão, necessariamente, *determinar* as segundas. É mais ou menos como no domínio biológico: uma espécie não pode ser deduzida de um meio. É claro que não haveria peixes sem água, mas o mar não teria que ser, obrigatoriamente, povoado por vertebrados, poderia ter contido apenas algas e moluscos.

... NEM ESTRUTURALISMO

É preciso insistir nas dimensões coletivas, dinâmicas e sistêmicas das relações entre cultura e tecnologias intelectuais. Estas dimensões foram gravemente subestimadas por autores como Marshall McLuhan [76] ou Walter Ong [82], que se polarizaram sobre a relação direta entre os indivíduos e as mídias. Segundo eles, os meios de comunicação seriam sobretudo prolongamentos da vista ou do ouvido. Toda a teoria macluhaniana, por exemplo, funda-se sobre a hipótese segundo a qual cada nova mídia reorganiza o *sensorium* dos indivíduos. Mas os efeitos realmente coletivos como os que estão relacionados à *recorrência* de certos tipos de processamento das representações foram muito mal compreendidos. Chegamos, assim, ao paradoxo de uma análise imediata das mídias: como a impressão apresenta os signos de forma visual, sequencial e padronizada, provocaria uma forma de pensar visual, sequencial e padronizada. Este gênero de proposição é, evidentemente, apenas a caricatura grosseira de uma análise das relações entre atividade cognitiva e tecnologias intelectuais.

A ecologia cognitiva que tentamos ilustrar aqui deve ser também distinguida das abordagens em termos de estruturas, de *episteme* ou de paradigmas. Há estruturas, sem dúvida, mas é preciso descrevê-las como são: provisórias, fluidas, distribuídas, moleculares, sem limites precisos. Elas não descem do céu das ideias, nem tampouco emanam dos misteriosos "envios" do ser heideggeriano, mas antes resultam de dinâmicas ecológicas concretas. Os paradigmas ou as *epistémaï* nada explicam. São eles, ao contrário, que devem ser explicados pela interação e interpretação de agentes efetivos.

Vamos dissipar um último mal-entendido. Ao desenvolver a ideia de uma ecologia cognitiva, não temos de forma alguma a intenção de negar ou rebaixar o papel dos sujeitos na cognição. Certamente, a atividade cognitiva não é o privilégio de uma substância isolada. Só é possível pensar dentro de um coletivo. Chegamos mesmo a adiantar que os grupos, enquanto tais, eram dotados de pensamento (o que não quer dizer: de consciência). Mas esta posição tem sobretudo o efeito de fazer proliferar as subjetividades, e não de apagá-las. Interações complicadas entre homens e coisas são movidas por projetos, dotadas de sensibilidade, de memória, de julgamento. Elas mesmas fragmentadas e múltiplas, as subjetividades individuais misturam-se às dos grupos e das instituições. Elas compõem as macrossubjetividades móveis das culturas que as alimentam em retorno.

Ao contrário de certas correntes das ciências humanas que por muito tempo hipostasiaram "estruturas" misteriosamente atuantes em detrimento de uma subjetividade que foi declarada ilusória ou subordinada, a ecologia cognitiva localiza mil formas de inteligência ativa no seio de um coletivo cosmopolita, dinâmico, aberto, percorrido de individuações auto-organizadoras locais e pontuado por singularidades mutantes.

Bibliografia

BATESON, Gregory. *La Nature et la pensée*. Paris: Seuil, 1984.

BATESON, Gregory. *Vers une écologie de l'esprit* (2 vols.). Paris: Seuil, 1977-1980.

BOORSTIN, Daniel. *Les Découvreurs*. Paris: Seghers, 1986 (edição original: *The Discoverers*. Nova York: Random House, 1983).

CALLON, Michel (org.). *La Science et ses réseaux: genèse et circulation de faits scientifiques*. Paris/Strasbourg: La Découverte/Conseil de l'Europe/Unesco, 1989.

CICOUREL, Aaron. *La Sociologie cognitive*. Paris: PUF, 1979.

DELEUZE, Gilles; GUATTARI, Félix. *Mille plateaux: capitalisme et schizophrénie*. Paris: Minuit, 1980.

DELEUZE, Gilles. *Le Pli: Leibniz et le baroque*. Paris: Minuit, 1988.

DOUGLAS, Mary. *Ainsi pensent les institutions*. Paris: Usher, 1989 (edição original: *How Institutions Think*. Syracuse, Nova York: Syracuse University Press, 1986).

EISENSTEIN, Elizabeth. *La Révolution de l'imprimé à l'aube de l'Europe moderne*. Paris: La Découverte, 1991 (edição original: *The Printing Revolution in Early Modern Europe*. Cambridge/Londres/Nova York: Cambridge University Press, 1983).

FODOR, Jerry. *La Modularité de l'esprit: essai sur la psychologie des facultés*. Paris: Minuit, 1986 (edição original: *The Modularity of Mind: An Essay on Faculty Psychology*. Cambridge, Massachussets: MIT Press, 1983).

GOODY, Jack. *La Raison graphique: la domestication de la pensée sauvage*. Paris: Minuit, 1979.

GOODY, Jack. *La Logique de l'écriture: aux origines des societés humaines*. Paris: Armand Colin, 1986.

GUATTARI, Félix. *Les Trois écologies*. Paris: Galilée, 1989.

LATOUR, Bruno. *Les Microbes, guerre et paix*, seguido de *Irréductions*. Paris: A. M. Métailié, 1984.

LATOUR, Bruno. *La Science en action*. Paris: La Découverte, 1989 (edição original: *Science in Action*. Londres: Open University Press, 1987).

LATOUR, Bruno; WOOLGAR, Steve. *La Vie de laboratoire: la production des faits scientifiques*. Paris: La Découverte, 1988 (edição original: *Laboratory Life: The Construction of Scientific Facts*. Londres: Sage, 1979).

MCCLELLAND, James; RUMELHART, David (orgs.). *Parallel Distributed Processing: Explorations in the Microstructures of Cognition* (2 vols.). Cambridge, Massachusetts/Londres: MIT Press, 1986.

MINSKY, Marvin. *La Société de l'esprit*. Paris: Interéditions, 1988 (edição original: *The Society of Mind*. Nova York: Simon and Schuster, 1986).

MORIN, Edgar. *La Méthode* (tome 3: *La Connaissance de la connaissance*; livre premier: *Anthropologie de la connaissance*). Paris: Seuil, 1986.

ONG, Walter. *Orality and Litteracy: The Technologizing of the Word*. Londres/Nova York: Methuen, 1982.

PRIGOGINE, Ilya; STENGERS, Isabelle. *La Nouvelle alliance*. Paris: Gallimard, 1979.

PRIGOGINE, Ilya; STENGERS, Isabelle. *Entre le temps et l'éternité*. Paris: Éditions Fayard, 1988.

SCHLANGER, Judith. *Les Métaphores de l'organisme*. Paris: Vrin, 1971.

SERRES, Michel. *Le Parasite*. Paris: Grasset, 1980.

SERRES, Michel. *Statues*. Paris: François Bourin, 1987.

SPERBER, Dan. "Anthropology and Psychology: Towards an Epidemiology of Representations", *Man* (N. S.), 20, 73-89.

WATZLAWICK, Paul; HELMICK BEAVIN, Janet; JACKSON, Don. *Une logique de la communication*. Paris: Seuil, 1972.

Para além do sujeito e do objeto

13. AS TECNOLOGIAS INTELECTUAIS E A RAZÃO

A abordagem ecológica da cognição permite que alguns temas clássicos da filosofia ou antropologia sejam renovados, sobretudo o tema da razão. Diversos trabalhos desenvolvidos em psicologia cognitiva a partir dos anos sessenta mostraram que a dedução ou a indução formais estão longe de serem praticadas espontaneamente e corretamente por sujeitos reduzidos apenas aos recursos de seus sistemas nervosos (sem papel, nem lápis, nem possibilidade de discussão coletiva). É possível que não exista nenhuma faculdade particular do espírito humano que possamos identificar como sendo a "razão". Como alguns humanos conseguiram, apesar de tudo, desenvolver alguns raciocínios abstratos, podemos sem dúvida explicar este sucesso fazendo apelo a recursos cognitivos exteriores ao sistema nervoso. Levar em conta as tecnologias intelectuais permite compreender como os poderes de abstração e de raciocínio formal desenvolveram-se em nossa espécie. A razão não seria um atributo essencial e imutável da alma humana, mas sim um efeito ecológico, que repousa sobre o uso de tecnologias intelectuais variáveis no espaço e historicamente datadas.

O HOMEM IRRACIONAL

O que é a racionalidade? Esta é, sem dúvida, uma pergunta que pode gerar muitas controvérsias. Concordemos, por enquanto, com esta definição mínima: uma pessoa racional deveria seguir as regras da lógica ordinária e não contradizer de forma por demais grosseira a teoria das probabilidades nem os princípios elementares da estatística. Entretanto, um certo número de pesquisas desenvolvidas em psicologia cognitiva experimental a partir dos anos sessenta mostraram, de forma convincente, que, quando separado de seu meio ambiente sociotécnico pelos protocolos experimentais da psicologia cognitiva, o ser humano não é racional [40, 58, 104].

Experiências sobre a dedução foram realizadas em muitas centenas de pessoas, em sua maioria estudantes ou universitários, e entre estes muitos estudantes de lógica. A maior parte das pessoas tem dificuldade em processar as frases negativas, se atrapalha com os quantificadores (todos, alguns,...) e comete erros em seus silogismos. Apesar dos estudantes de lógica terem tido uma performance superior aos outros, ainda assim muitos deles se enganaram.

Sem ajudas externas tais como escritas simbólicas (p=>q), tabelas de valores verdade, diagramas e discussões coletivas diante de um quadro-negro, os humanos parecem não possuir nenhuma aptidão particular para a dedução formal. Também não são muito mais hábeis com os raciocínios indutivos (encontrar uma regra geral partindo de casos particulares) ou aqueles relativos às probabilidades ou estatísticas.

Parece que apenas levamos em conta, nos nossos raciocínios, aquilo que se enquadra em nossos estereótipos e nos esquemas preestabelecidos que usamos normalmente. Muito mais que o conteúdo bruto dos dados, nosso humor no momento e a maneira pela qual são apresentados os problemas determinam as soluções que adotamos.

Como explicar esta irracionalidade natural? Poderíamos dar conta dela através da hipótese da "arquitetura" do sistema cognitivo humano (por analogia com a arquitetura de computadores). Nossa atenção consciente ou nossa memória de curto prazo poderiam processar apenas uma quantidade mínima de informação a cada vez. Nosso sistema cognitivo ofereceria muito poucos recursos aos "processos controlados". Por outro lado, a memória de longo prazo disporia de uma enorme capacidade de armazenamento e de restituição pertinente dos conhecimentos. Nesta memória de longo prazo, a informação não se encontraria empilhada ao acaso, mas sim estruturada em redes associativas e esquemas. Estes esquemas seriam como "fichas mentais" sobre as situações, os objetos e os conceitos que nos são úteis no cotidiano. Poderíamos dizer que nossa visão do mundo, ou nosso modelo de realidade, encontram-se inscritos em nossa memória de longo prazo.

Devido a estas hipóteses sobre a arquitetura cognitiva, eis como poderíamos dar conta dos erros de raciocínio sistemáticos constatados pela psicologia cognitiva. Mesmo se nós "conhecemos" os princípios da lógica, da probabilidade e da estatística (estando estes armazenados em algum lugar da memória de longo prazo), nós raramente os seguimos, pois exigiriam que utilizássemos "processos controlados", muito custosos em termos de atenção e de memória de curto prazo. Dada a arquitetura do sistema cognitivo humano, é muito mais rápido e econômico recorrer aos esquemas já prontos de nossa memória de longo prazo. Aquilo que retivemos de nossas experiências anteriores pensa por nós.

Uma vez ativados os esquemas, modelos e associações da memória de longo prazo, disparamos um certo número de processos ditos *heurísticos*. As heurísticas são métodos rápidos que geralmente dão resultado, mas que algumas vezes podem revelar-se falsos. São passagens ou atalhos em relação aos cânones da racionalidade estrita, porém são mais econômicos que estes últimos porque estão fisicamente conectados dentro do sistema cognitivo. Sendo automáticos ou semiautomáticos, mobilizam muito pouco a memória de curto prazo (a concentração). Por exemplo, em vez de levar em conta todos os dados de um problema, temos tendência a reter apenas os mais marcantes ou aqueles que coincidem com situações com que lidamos usualmente.

As tecnologias intelectuais em auxílio da memória de curto prazo

As tecnologias intelectuais permitem que algumas fraquezas do espírito humano sejam corrigidas, ao autorizar processamentos de informações do mesmo tipo que os realizados pelos "processos controlados", mas sem que os recursos da atenção e da memória de curto prazo sejam saturados. A memória de curto prazo pode, por exemplo, delegar uma parte de suas funções à tinta, ao papel e à codificação escriturária. Uma vez que os processos de leitura/escrita e de cálculo tenham sido automatizados através de uma aprendizagem precoce e longa, não recorrem mais à atenção e à memória imediata. Usando uma tecnologia intelectual, buscamos o mesmo alvo que ao seguir uma heurística — a questão continua sendo a de economizar os processos controlados, que requerem uma atenção contínua. Mas, em vez de recorrer a um automatismo interno (como a heurística do "mais marcante"), utilizamos dispositivos externos (lápis e papel para elaborar a lista de dados de um problema), assim como outros automatismos internos, montados no sistema cognitivo através da aprendizagem (leitura/escrita, cálculo etc.).

Uma boa parte daquilo a que chamamos de "racionalidade", no sentido mais estrito do termo, equivale ao uso de um certo número de tecnologias intelectuais, auxílios à memória, sistemas de codificação gráfica e processos de cálculo que recorrem a dispositivos exteriores ao sistema cognitivo humano.

A lógica é um destes sistemas de codificação gráfica. Ela só foi mais ou menos formalizada há vinte e quatro séculos (um curto lapso de tempo comparado à duração da aventura humana). A teoria das probabilidades só existe há três séculos, e as estatísticas há duzentos anos. O que mostra o caráter histórico e provisório de toda definição da racionalidade que se apoiasse sobre estas tecnologias intelectuais. É bem possível que novas tecnologias intelectuais, baseadas na informática, se estabilizem, e estas tornariam "irracionais", ou ao menos muito grosseiros, raciocínios que utilizassem a lógica clássica e a teoria das probabilidades. Referimo-nos, em particular, a certas técnicas de inteligência artificial ou de simulação que permitem levar em conta e visualizar de forma dinâmica e interativa um grande número de fatores, que seriam impossíveis de apreender de forma eficaz somente através das técnicas de grafia e de cálculo sobre o papel. Não existe apenas uma racionalidade, mas sim normas de raciocínio e processos de decisão fortemente ligados ao uso de tecnologias intelectuais, que por sua vez são historicamente variáveis.

Mais uma vez, a lógica é uma tecnologia intelectual datada, baseada na escrita, e não uma maneira natural de pensar. A enorme maioria dos raciocínios humanos não usa regras de dedução formais. A lógica é, para o pensamento, o mesmo que a régua de madeira é para o traçado de linhas retas quando se desenha. Esta é a razão pela qual os trabalhos em inteligência artificial baseados unicamente na lógica formal têm poucas chances de chegar a uma simulação profunda da inteligência humana. Em vez de uma réplica do pensamento vivo, a IA clássica ou lógica construiu, na verdade, novas tecnologias intelectuais, como os sistemas especialistas.

COMO AS TECNOLOGIAS INTELECTUAIS ARTICULAM-SE AO SISTEMA COGNITIVO HUMANO: UMA TEORIA CONEXIONISTA

Existem, porém, outras tendências em inteligência artificial. Os pesquisadores da corrente *conexionista* baseiam-se muito mais no funcionamento do sistema nervoso do que nas regras da lógica formal. Segundo os conexionistas, os sistemas cognitivos são redes compostas por um grande número de pequenas unidades que podem atingir diversos estados de excitação. As unidades apenas mudam de estado em função dos estados das unidades às quais estão conectadas. Todas as transformações na rede têm, portanto, causas locais e os efeitos se propagam pelas proximidades. Para os conexionistas, o paradigma da cognição não é o raciocínio, mas sim a percepção. Seu mecanismo típico seria o seguinte:

— Em um instante t uma rede se encontra em determinada situação de equilíbrio;[12]

— No instante seguinte, as extremidades da rede em contato com o mundo exterior (os captadores) mudam de estado;

— As mudanças no estado dos captadores geram, por propagação, mudanças de estado em outras unidades da rede;

— As unidades continuam a modificar os estados umas das outras, até que a rede atinja uma nova situação de equilíbrio. Este estado de equilíbrio global funciona como uma "representação" dos eventos exteriores ao sistema que ocasionaram a modificação do estado dos captadores. A percepção é o conjunto do processo de desestabilização e de re-estabilização da rede.

É preciso também observar que, segundo as teorias conexionistas, cada nova percepção deixaria vestígios na rede. Em particular, as conexões que seriam mais frequentemente percorridas pelo processo de desestabilização/estabilização seriam reforçadas por ele. Não haveria, portanto, diferenças essenciais entre percepção, aprendizagem e memorização, mas sim uma única função psíquica que poderíamos chamar, por exemplo, de "experiência", mantendo toda a ambiguidade da palavra. A imaginação, ou a simulação de modelos mentais, seria a ativação de uma pseudopercepção a partir de estímulos internos. Esta simulação utilizaria, evidentemente, os vestígios mnésicos deixados pelas experiências anteriores (a memória de longo prazo).

Se o sistema cognitivo humano realiza seus cálculos estabilizando-se sobre soluções perceptivas e não através do encadeamento correto das inferências, como explicar que às vezes façamos verdadeiros raciocínios de acordo com as regras da lógica? Como dar conta da existência de um pensamento abstrato, em geral, e da atividade científica, em particular? Rumelhart, Smolensky, McClelland e Hinton, em um capítulo apaixonante de *Parallel Distributed Processing* [75], tentam responder a estas perguntas. Como era de se esperar, estes autores supõem que apenas a existência de artefatos externos aos sistemas cognitivos humanos torna possível o pensamento abstrato. Examine-

---

[12] Estado de equilíbrio.

mos, então, mais uma vez o papel das tecnologias intelectuais, mas, desta vez, de um ponto de vista conexionista.

O problema é o seguinte: como chegar a conclusões lógicas sem ser lógico, sem que haja qualquer faculdade especial do psiquismo humano que seja uma "razão"? Segundo Rumelhart, Smolensky, McClelland e Hinton, deveríamos contabilizar três grandes capacidades cognitivas humanas: a faculdade de perceber, a de imaginar e a de manipular. A combinação destas três faculdades, bem como sua articulação com as tecnologias intelectuais, permitem dar conta de todas as realizações do pensamento dito abstrato. Vamos examinar uma a uma as três aptidões cognitivas elementares.

A faculdade de *percepção* ou do reconhecimento de formas é caracterizada por sua grande rapidez. O sistema cognitivo se estabiliza em uma fração de segundo na interpretação de uma determinada distribuição de excitação dos captadores sensoriais. Reconhecemos imediatamente uma situação ou um objeto, encontramos a solução de um problema simples, sem que para isto tenhamos que recorrer a uma cadeia de deduções conscientes. Nisto, somos exatamente como os outros animais. A percepção imediata é a habilidade cognitiva básica.

A faculdade de *imaginar*, ou de fazer simulações mentais do mundo exterior, é um tipo particular de percepção, desencadeada por estímulos internos. Ela nos permite antecipar as consequências de nossos atos. A imaginação é a condição da escolha ou da decisão deliberada: o que aconteceria se fizéssemos isto ou aquilo? Graças a esta faculdade, nós tiramos partido de nossas experiências anteriores. A capacidade de simular o ambiente e suas reações tem, certamente, um papel fundamental para todos os organismos capazes de aprendizagem.

Finalmente, dispomos de uma faculdade operativa ou manipulativa que seria muito mais específica da espécie humana que as anteriores. A aptidão para *a bricolagem* é a marca distintiva do *homo faber* (ainda que haja apenas uma diferença de grau em relação às performances dos animais, em particular daqueles que servem-se de seus membros anteriores para outros fins que não a locomoção). Este poder de manejar e de remanejar o ambiente irá mostrar-se crucial para a construção da cultura, o pensamento lógico ou abstrato sendo apenas um dos aspectos, variável e historicamente datado, desta cultura. Na verdade, é porque possuímos grandes aptidões para a manipulação e bricolagem que podemos trafegar, reordenar e dispor parcelas do mundo que nos cerca de tal forma que elas acabem por *represen-*

tar alguma coisa. Agenciamos sistemas semióticos da mesma forma como talhamos o sílex, como construímos cabanas de madeira ou barcos. As cabanas servem para abrigar-nos, os barcos para navegar, os sistemas semióticos para representar.

Enfatizemos, a este respeito, que ao definir-se como espécie fabricadora, a humanidade envolve-se simultaneamente no trabalho do sentido. O desenvolvimento de um novo exercício operatório não pode ser dissociado da atividade de reinterpretação de um material preexistente: a madeira para as cabanas, a pele de animais para as roupas, os entalhes e impressões de sinetes sobre telhas de argila para a escrita. Em cada caso, uma atividade manipuladora, tateante e interpretativa faz com que materiais já existentes penetrem em novos domínios de uso e significação.

Uma vez identificadas as três faculdades elementares, podemos decompor as operações do pretenso pensamento abstrato de tal forma que, ao fim da análise, não reste mais nenhuma abstração.

Dado um problema como uma multiplicação de dois números de dez dígitos, por exemplo, como procedemos para resolvê-lo? Em primeiro lugar, graças à faculdade de manipulação, construímos uma representação material do problema através de símbolos visuais ou audíveis. Neste caso, o princípio desta representação material já se encontra à nossa disposição, uma vez que o aprendemos na escola. Vamos "armar a multiplicação", ou seja, posicionar os dois números sobre o papel, e depois acionar o algoritmo de multiplicação que nos foi ensinado. Vale observar que existe um grande número de algoritmos de multiplicação possíveis, de acordo com os sistemas numéricos, as escritas, os ábacos, os sistemas de fichas, as tabelas de multiplicação, de soma ou de divisão disponíveis... Mas, em todos estes casos, graças a um sistema de símbolos e aos procedimentos que o acompanham, o problema complexo e abstrato será decomposto em pequenos problemas simples e concretos. A partir desta decomposição, a faculdade de reconhecimento de forma rápida poderá sempre ser aplicada. É preciso que sejamos capazes de "ver" imediatamente cada uma das microssoluções intermediárias, diretamente (duas vezes três são... seis) ou indiretamente, olhando em uma tabela, em certa parte do ábaco etc.

Uma vez traduzidos para os sistemas de signos fornecidos pela cultura, problemas abstratos ou complexos encontram-se ao alcance da faculdade operativa e da percepção imediata.

Os modos de representação, como signos de escrita, tabelas, quadros, diagramas, mapas, visam simbolizar, de uma forma imediatamente perceptível, dados por demais numerosos ou difíceis de serem apreendidos diretamente. Além do mais, estas representações são concebidas para que nelas se possa efetuar facilmente algumas operações. A diferença entre os números árabes e os romanos ilustra bem esta ideia da ligação entre o sistema de notação e os procedimentos que estão ligados a ele. Os números árabes, com a notação por posição, permitem algoritmos para as operações aritméticas muito mais simples que os permitidos pelos números romanos. Pensemos ainda nos mapas geográficos quadriculados em latitudes e longitudes. Este modo de representação do espaço permitiu que o marinheiro calculasse mais facilmente sua posição em mares desconhecidos do que o tradicional portulano. As tecnologias intelectuais eficazes resultam muitas vezes desta aliança entre a visibilidade imediata (requerendo aprendizagem) e a facilidade de operação.

Podemos agora definir a abstração em termos de suas relações com as tecnologias intelectuais. É abstrato todo o problema fora de nossas capacidades de manipulação e de reconhecimento imediatos. Graças a sistemas de representações externas, problemas abstratos podem ser traduzidos ou reformulados de tal forma que possamos resolvê-los através da execução de uma série de operações simples e concretas, que façam uso de nossas faculdades operativas e perceptivas. Para serem corretamente efetuadas, estas manipulações de representações devem ser objeto de um aprendizado e treinamento, como qualquer outra atividade. Um problema que *permanecesse* abstrato seria simplesmente insolúvel.

Uma vez que tenhamos nos exercitado o bastante, podemos *imaginar* que manipulamos símbolos sensíveis e que, durante esta atividade, efetuamos reconhecimentos rápidos. É aqui que entra em jogo a terceira faculdade cognitiva: nossa capacidade de "rodar" modelos mentais de nosso ambiente. Podemos, por exemplo, imaginar que armamos uma operação durante um exercício de cálculo mental ou então dispor mentalmente certas informações em uma tabela de referências cruzadas, utilizar imagens internas de diagramas, figuras ou de mapas para esquematizar um raciocínio ou uma situação complexa etc. Nossa destreza em resolver certos problemas, imóveis, de olhos fechados, deriva da capacidade, aprendida, de resolvê-los fisicamente, encadeando atos reais e percepções aos sistemas semióticos fornecidos por nossa cultura.

As tecnologias intelectuais e a razão

Os sistemas cognitivos são combinações sujeito/objeto ou redes de interfaces compostas

Graças à simulação de modelos mentais, o sistema cognitivo introjeta parcialmente os sistemas de representação e os algoritmos operativos cujo uso foi adquirido por ele. As tecnologias intelectuais, ainda que pertençam ao mundo sensível "exterior", também participam de forma fundamental no processo cognitivo. Encarnam uma das dimensões objetais da subjetividade cognoscente. Os processos intelectuais não envolvem apenas a mente, colocam em jogo coisas e objetos técnicos complexos de função representativa e os automatismos operatórios que os acompanham.

As tecnologias intelectuais desempenham um papel fundamental nos processos cognitivos, mesmo nos mais cotidianos; para perceber isto, basta pensar no lugar ocupado pela escrita nas sociedades desenvolvidas contemporâneas. Estas tecnologias estruturam profundamente nosso uso das faculdades de percepção, de manipulação e de imaginação. Por exemplo, nossa percepção da cidade onde vivemos muda dependendo se costumamos ou não consultar seus mapas. Muitas vezes, os métodos para resolver certos problemas são incorporados nos sistemas de representações que a cultura nos oferece, como é o caso, por exemplo, na notação matemática ou nos mapas geográficos.

É pela dimensão objetal que atravessa a cognição que esta se encontra envolvida na história, uma história muito mais rápida que a da evolução biológica. As criações de novos modos de representação e de manipulação da informação marcam etapas importantes na aventura intelectual humana. E a história do pensamento não se encontra identificada, aqui, com a série dos *produtos* da inteligência humana, mas sim com as transformações do processo intelectual em si, este misto de atividades subjetivas e objetais.

A escola surge ao mesmo tempo que a escrita; sua função ontológica é precisamente a de realizar a fusão íntima de objetos e de sujeitos que permitirá o exercício de uma ou outra versão da "racionalidade". É nela que fazemos da caligrafia e da leitura uma segunda natureza, que as crianças são ensinadas a usar os dicionários, os índices e as tabelas, a decifrar ideogramas, quadros, esquemas e mapas, a desenhar a inclusão e a interseção com batatas, que são exercitadas na manipulação e interpretação dos signos, que aprendem, em suma, a maioria das técnicas da inteligência em uso em uma dada sociedade. Os empiristas imaginavam o saber como sendo unicamente modelado pela experiência. O mundo exterior supostamente inscrevia suas regularidades na tábula rasa da mente. Contra o empirismo, Kant deu um papel preponderante às estruturas transcendentais do sujeito cognoscente. Segundo o filósofo de Königsberg, a própria experiência é organizada pelas categorias do sujeito. Para qualificar a revolução que estimava ter produzido na filosofia, o próprio Kant comparava-a à revolução copernicana: a partir de então, era em torno do sujeito que girava o problema do conhecimento.

A ecologia cognitiva nos incita a revisar a distribuição kantiana dos papéis entre sujeitos e objetos. A psicologia contemporânea e a neurobiologia já confirmaram que o sistema cognitivo humano não é uma tábula rasa. Sua arquitetura e seus diferentes módulos especializados organizam nossas percepções, nossa memória e nossos raciocínios, de forma muito restritiva. Mas articulamos aos aparelhos especializados de nosso sistema nervoso dispositivos de representação e de processamento da informação que são exteriores a eles. Construímos automatismos (como o da leitura) que soldam muito estreitamente os módulos biológicos e as tecnologias intelectuais. O que significa que não há nem razão pura nem sujeito transcendental invariável. Desde seu nascimento, o pequeno humano pensante se constitui através de línguas, de máquinas, de sistemas de representação que irão estruturar sua experiência.

O sujeito transcendental é histórico, variável, indefinido, compósito. Ele abrange objetos e códigos de representação ligados ao organismo biológico pelos primeiros aprendizados. Deve, mesmo, ser estendido a todo o equipamento cognitivo fornecido ao indivíduo por sua cultura e pelas instituições das quais ele participa: língua, conceitos, metáforas, procedimentos de decisão... O ser cognoscente é uma rede complexa na qual os nós biológicos são redefinidos e interfaceados por nós técnicos, semióticos, institucionais, culturais. A distinção feita entre um mundo objetivo inerte e sujeitos-substâncias que são os únicos portadores de atividade e de luz está abolida. É preciso pensar em efeitos de subjetividade nas redes de interface e em mundos emergindo provisoriamente de condições ecológicas locais.

Bibliografia

ANDERSON, John. *Cognitive Psychology and its Implications* (2ª ed.). Nova York: W. H. Freeman and Company, 1985.

BADDELEY, Alan. *Your Memory: A User's Cuide.* Toronto: McGraw-Hill, 1982.

DENIS, Michel. *Image et cognition.* Paris: PUF, 1989.

GARDNER, Howard. *The Mind's New Science: A History of the Cognitive Revolution.* Nova York: Basic Books, 1985.

GUINDON, Raimonde (org.). *Cognitive Science and its Application for Human--Computer Interaction.* Hillsdale, New Jersey: Lawrence Erlbaum, 1988.

JOHNSON-LAIRD, Philip. *Mental Models.* Cambridge, Massachusetts: Harvard University Press, 1983.

LATOUR, Bruno (org.). *Les Vues de l'esprit,* nº 14 da revista *Culture Technique,* junho de 1985.

MCCLELLAND, James; RUMELHART, David (orgs.). *Parallel Distributed Processing: Explorations in the Microstructures of Cognition* (2 vols.). Cambridge, Massachusetts/Londres: MIT Press, 1986.

STILLINGS, Neil *et al. Cognitive Science: An Introduction.* Cambridge, Massachusetts: MIT Press, 1987.

14. AS COLETIVIDADES PENSANTES
E O FIM DA METAFÍSICA

Na filosofia cartesiana, o livre-arbítrio, a razão e a atenção consciente remetiam-se indefinidamente umas às outras, no centro de uma substância única e transparente a si mesma. Esta imagem da alma humana, a partir de agora, está caduca.

Mesmo que não concordemos com todas as suas ideias, Freud mostrou de maneira convincente que uma parte essencial de nossos sentimentos e de nossas motivações é inconsciente. Propôs, além disso, modelos do psiquismo nos quais atuam diversas instâncias (por exemplo, o "id", o "ego" e o "superego") que interagem de forma mais ou menos conflituosa, negociando, transferindo compromissos etc. Cada uma destas instâncias funciona, supostamente, de acordo com princípios diferentes. Por exemplo, o "id", sede dos "processos primários", não conheceria nem a passagem do tempo nem a lógica, enquanto o "ego" seria mais racional.

O que a psicanálise realizou no começo do século em relação à vida emocional, a psicologia contemporânea realiza hoje na dimensão cognitiva do psiquismo. Em particular, há duas teses que os psicólogos cognitivos prezam que se situam na antítese da imagem cartesiana da alma. Uma é a da modularidade ou da multiplicidade da mente, e outra a dos limites da introspecção simples, ou seja, o caráter estritamente limitado da consciência.

A questão da unidade da alma está ligada à do grau de inconsciência das operações mentais. Realmente, se a maior parte das funções psíquicas fossem realizadas sob o controle da consciência, não seria absurdo supor uma espécie de linguagem comum às diferentes partes da mente, ou ao menos uma tradução possível no idioma da consciência. Além disso, o acesso direto de uma parte da mente à diversidade das operações mentais seria, em si, a realização de uma espécie de unidade psíquica. Por outro lado, se quase toda a vida psíquica encontra-se situada fora da zona de atenção, a tese da modularidade ou da multiplicidade heterogênea das funções e das instâncias psíquicas torna-se mais plausível. Neste caso, as diferentes partes da mente não compartilham a mesma "lógica" subjacente.

A SOCIEDADE DA MENTE

De acordo com Marvin Minsky [79], a mente não forma um todo coerente e harmonioso. Pelo contrário, é constituída de peças e pedaços. Empregando uma metáfora, o célebre pesquisador de inteligência artificial do MIT sugere que um crânio humano conteria milhares de computadores diferentes, estruturados de acordo com centenas de arquiteturas distintas, desenvolvidos de forma independente ao longo de milhões de anos de evolução. Não haveria nem mesmo um código ou princípio de organização comum a todo o sistema cognitivo. Minsky nos traça um quadro da mente humana no qual *milhares* de agentes, eventualmente agrupados em "agências", competem por recursos limitados, buscam objetivos divergentes, cooperam, subordinam-se uns aos outros... O psiquismo deve ser imaginado como uma sociedade cosmopolita, e não como um sistema coerente, menos ainda como uma substância.

Numerosos filósofos, de Platão a Nietzsche, e psicólogos como William James, Freud e Jung, já haviam percebido, cada um à sua maneira, a multidão colorida que se esconde por trás de cada pensamento. Hoje em dia, psicólogos humanistas estranhos às ciências cognitivas, como James Hillmann, ou filósofos muito distantes da tradição anglo-saxônica, como Deleuze e Guattari, também pleiteiam uma abordagem múltipla, politeísta, da psique.

Grandes psicólogos, como Piaget, podem ter dado a entender que a inteligência era um conjunto único e generalizável de habilidades lógico-matemáticas que operariam em todos os domínios. De acordo com Howard Gardner [39, 40], devemos, pelo contrário, reconhecer várias inteligências, independentes umas das outras. Diversas séries de fatos vêm apoiar esta tese. Em primeiro lugar, sabe-se que danos em zonas limitadas do cérebro podem afetar certas competências mentais, deixando outras perfeitamente intactas. Além disso, encontramos frequentemente sábios idiotas, músicos ignorantes, pessoas hábeis nas relações interpessoais mas refratárias à geometria etc. Enfim, em muitas culturas, diversos tipos de inteligência são identificados separadamente. Baseado em certos dados da psicologia cognitiva, e de acordo com uma pesquisa comparativa sobre as representações da inteligência nas culturas do mundo, Gardner supõe que existam ao menos sete aptidões mentais diferentes. Seria preciso distinguir entre o pensamento linguístico, musical, lógico-matemático, espacial, corporal/

166   Rumo a uma ecologia cognitiva

cinestésico, interpessoal, e intrapessoal. A competência linguística caracteriza o orador ou o escritor, a competência espacial o geômetra ou o arquiteto, a competência corporal/cinestésica é a do esportista etc. Cada um de nos possui todas estas capacidades, mas em graus diferentes. Portanto, ninguém é inteligente ou estúpido como um todo. É preciso que nós habituemos a pensar as pessoas como grupos, sociedades. Qualquer julgamento feito sobre o grupo como um todo, sem distinção dos indivíduos que o compõem, será necessariamente injusto.

A MODULARIDADE DA MENTE

Um dos fundadores das ciências cognitivas contemporâneas, o linguista Noam Chomsky [19], acreditava na existência de *órgãos* mentais, assim como há corações, aparelhos visuais ou sistemas de coordenação motora. Por que o cérebro seria a única entidade do mundo biológico desprovida de estrutura, indiferenciada? Chomsky tentou, em particular, colocar em evidência que um *processador de linguagem*, geneticamente determinado, era responsável pela aquisição das línguas assim como pela compreensão e produção dos enunciados linguísticos. Se levarmos esta ideia até suas últimas consequências, é preciso abandonar toda uma maneira de pensar a cognição. Por exemplo, supondo que Chomsky tenha razão, não poderia haver *uma* teoria da aprendizagem comum a todos os domínios, já que não existiria nenhuma razão a priori para que todos os "órgãos da mente" se desenvolvessem da mesma forma.

Seguindo Chomsky, Jerry Fodor [37] estimou que uma parte importante do sistema cognitivo humano é estruturada por faculdades relativamente independentes umas das outras. Os módulos perceptivos (visão, audição etc.) são exemplos destas faculdades autônomas.

Estas faculdades ou módulos cognitivos não compartilham recursos comuns ao conjunto do sistema cognitivo, tais como memória, "inteligência" ou atenção consciente. São autossuficientes. Qualquer que seja a mobilização de nossa memória ou atenção consciente, continuamos a ver e a ouvir da mesma forma.

Os módulos cognitivos descritos por Fodor funcionam automaticamente, fora do controle consciente. No caso da faculdade linguística, por exemplo, numerosas experiências mostraram que somos *obrigados* a compreender o sentido de uma frase que ouvimos. É impossível considerá-la apenas como barulho. Acontece o mesmo em relação à leitura. Nós somos incapazes de olhar uma linha impressa como uma sequência de manchas pretas. Somos obrigados a *ler*.

Em consequência de seu caráter automático, os módulos cognitivos especializados são extremamente rápidos. A maior parte dos humanos é capaz de repetir um discurso contínuo, *compreendendo aquilo que repete*, com apenas um quarto de segundo de defasagem. Os módulos de audição, de compreensão de linguagem e da fala realizam suas operações em velocidade máxima e coordenam perfeitamente seus funcionamentos sem que nossa vontade consciente seja mobilizada.

Grande número de módulos do sistema cognitivo são, portanto, "encapsulados", automáticos e muito rápidos. Isto significa, entre outros, que eles escapam da consciência. Seus resultados podem muito bem chegar até a zona de atenção consciente de nossa mente, mas os processos realizados por estes módulos permanecem totalmente opacos para nós, e escapam a qualquer tentativa de controle.

A ARQUITETURA COGNITIVA E A CONSCIÊNCIA

O que é a consciência? A transparência do espírito a si mesmo? O sentido moral (a ciência sem consciência sendo apenas ruína da alma)? A resposta da psicologia cognitiva poderia muito bem ser esta: a consciência é o agente responsável pela anunciação parcial da memória de curto prazo. A maior parte dos atores da sociedade da mente se relaciona com outros atores desta sociedade e não com o mundo exterior. Mas somos quase totalmente insensíveis a estas relações entre nossos agentes. Podemos apenas apreender os acontecimentos internos representados em nossa memória de curto prazo.

Uma vez que a memória de curto prazo tem, como vimos, recursos limitados, é difícil estar consciente de mais do que duas ou três coisas de cada vez, ou de dirigir nossa atenção consciente a vários eventos ao mesmo tempo. Ora, nosso sistema cognitivo realiza diversas operações simultâneas. Como são externas ao campo de atenção, estas operações são, portanto, inconscientes. Uma vez que escapam da vontade consciente, elas são automáticas. De acordo com o que conhecemos sobre o funcionamento do cérebro e do sistema cognitivo humano como um todo, nenhuma agência da mente, mesmo inconsciente, possui supervisão e controle sobre todas as outras. A consciência onisciente e a vontade onipotente não serão substituídas por nenhum maestro clandestino.

Quando dizemos que a maior parte dos processos cognitivos são *automáticos*, não queremos com isso dizer que o cérebro seria um equivalente formal de uma máquina de Turing. O fato da maior parte dos processos cognitivos serem automáticos não significa que o sistema nervoso seja efetivamente composto por uma infinidade de pequenos computadores de comportamento determinado, incapazes de sair dos trilhos de uma programação prévia. Os dispositivos eletrônicos atuais são muito diferentes dos agenciamentos fluidos, contínuos, parcialmente instáveis e indeterminados dos seres vivos. As noções de determinismo e de automatismo são distintas. É porque são autônomos, não controlados, relativamente independentes uns dos outros, que grande número de processos cognitivos podem ser qualificados como automáticos. A mente é, em sua maioria, inconsciente, maquinal, composta por peças e pedaços. A ignorância mútua destas partes assegura a rapidez e independência de certos processamentos, como os da percepção, por exemplo. Este automatismo condiciona, sem dúvida, a sobrevivência de nossos organismos. Certamente é melhor para nós que a maneira pela qual nós enxerguemos ou escutemos não seja função de nosso humor ou de nossas convicções do momento.

Como não requerem a interpretação de conhecimentos declarativos, os processos automáticos, ou compilados, não ocupam espaço na memória de trabalho. Liberam-na, assim, para outras tarefas. Cada um de nós é capaz de manter uma conversa enquanto realiza uma tarefa automática, seja ela fisicamente conectada desde o nascimento, como a visão ou respiração, ou aprendida, como dirigir automóveis. Muitos processos automáticos são dirigidos por dados externos ao organismo. Por exemplo, o som de uma voz humana dispara automaticamente o módulo de reconhecimento e de compreensão da fala, quaisquer que sejam nossas intenções. A maior parte do funcionamento de nossa mente escapa ao nosso controle voluntário.

A ECOLOGIA COGNITIVA E O FIM DA METAFÍSICA

Acabamos de resumir algumas contribuições da psicologia cognitiva contemporânea. Precisamos, agora, retirar delas as conclusões que interessam à ecologia cognitiva. Todos os trabalhos sobre os módulos cognitivos, a sociedade da mente e as inteligências múltiplas nos sugerem que o pensamento está baseado, em grande parte, na articulação de diversos aparelhos automáticos, sobre a operação conflituosa de faculdades heterogêneas. O mecanismo, a inconsciência, a multiplicidade heteróclita, em uma palavra a exterioridade radical encontram-se alojados no próprio cerne da vida mental. A partir disto, não há nenhum absurdo em conceber a participação, no pensamento, de mecanismos ou processos não biológicos, como dispositivos técnicos ou instituições sociais, elas mesmas constituídas de coisas e de pessoas. Não somente é impossível, hoje, fazer do pensamento o atributo de uma substância única e transparente a si mesma, mas também a distinção clara entre subjetividade e objetividade deve ser abandonada. Por um desvio inesperado, a ecologia cognitiva nos faz reencontrar "o fim da metafísica" anunciado por Heidegger. Entretanto, desta vez, a metafísica (ou seja, o fortalecimento de um sujeito livre e voluntário frente a um universo objetivo, reduzido à inércia e aos mecanismos causais) não se apaga em proveito da transcendência de um ser guiando nossos destinos de longe. A ecologia cognitiva substitui as oposições radicais da metafísica por um mundo matizado, misturado, no qual *efeitos de subjetividade* emergem de processos locais e transitórios. Subjetividade e objetividade pura não pertencem, de direito, a nenhuma categoria, a nenhuma substância bem definida. De um lado, mecanismos cegos e heterogêneos, objetos técnicos, territórios geográficos ou existenciais contribuindo para a formação das subjetividades [26, 47, 48]. De outro, as coisas do mundo são recheadas de imaginário, investidas e parcialmente constituídas pela memória, os projetos e o trabalho dos homens.

Vamos reexaminar o caso da linguagem. É sabidamente difícil girar sete vezes sua própria língua dentro da boca antes de falar. Ainda que os enunciados linguísticos que emitamos atinjam, na maior parte do tempo, nossa consciência, o módulo de linguagem é em grande medida involuntário.

Como todos sabem desde a vulgarização da psicanálise, "o id fala". Mas "o id fala" em um sentido ainda mais radical do que em Freud ou Lacan. Não são apenas nossas pulsões, recalques e outros complexos que se exprimem através de nossas bocas, mas também gramáticas, dicionários, províncias inteiras com suas expressões idiomáticas e modos de dizer, mas ainda diversas redes sociais às quais pertencemos... É uma multidão cosmopolita que nos transmite suas "palavras de ordem" e fala por nossa voz.

Como outros autores, Michel Serres enfatizou esta dimensão semiautomática, impessoal, da linguagem. Segundo o autor de *Parasite*, a linguagem faria parte ao mesmo tempo do sujeito, já que nos constitui, e do objeto, devido a seu caráter em grande parte automático, exterior, socialmente compartilhado.

A linguagem é um bom exemplo da dimensão social, transpessoal, da cognição. Já vimos que um grande número de processos e de elementos intervêm em um pensamento. Mais uma vez, não há mais paradoxo em pensar que um grupo, uma instituição, uma rede social ou uma cultura, em seu conjunto, "pensem" ou conheçam. *O pensamento já é sempre a realização de um coletivo*. Sociologia e psicologia possuem apenas diferenças de granulação na observação. Estamos sempre diante do devir de redes heterogêneas. Devemos, simplesmente, apreender a sociedade da mente em outra escala. Tanto em uma quanto na outra, processos cooperativos ou agonísticos semelhantes estão operando. Em ambas, são diversas mensagens que são traduzidas e retraduzidas, transformam-se e circulam.

O ARGUMENTO DA DESCONTINUIDADE

A multiplicidade dos agentes, a descontinuidade e a ausência de fronteiras nítidas dos coletivos humanos não podem servir como argumentos para recusar ao social a possibilidade de cognição. As mesmas razões levariam a negar que as pessoas pensam. Os dispositivos cognitivos dos indivíduos não são nem mais substanciais, mais homogêneos e nem mesmo melhor divididos do que os dos grupos. O funcionamento do corpo, o uso de técnicas, os sistemas semióticos fornecidos pela cultura, uma infinidade de acontecimentos e de situações sociais vem confundir as fronteiras de um agenciamento cognitivo pessoal já composto por peças heterogêneas e processos antagônicos.

Pensar é um devir coletivo no qual misturam-se homens e coisas. Pois os artefatos têm o seu papel nos coletivos pensantes. Da caneta ao aeroporto, das ideografias à televisão, dos computadores aos complexos de equipamentos urbanos, o sistema instável e pululante das coisas participa integralmente da inteligência dos grupos.

Como nos dispositivos cognitivos dos indivíduos, muitos processos sociais são automáticos, maquinais e encapsulados. O secretariado desta organização, o serviço de contabilidade de tal empresa, determinado segmento da burocracia de um ministério funcionam ou deveriam funcionar como máquinas, do ponto de vista daqueles que as utilizam ou enfrentam. Mas uma rede de mensageiros pode ser substituída por um correio eletrônico, um serviço de contabilidade por um programa de computador etc. As máquinas sociais são indiferentemente compostas por homens e artefatos, por animais e potência naturais. Que existam numerosos segmentos não biológicos ou não humanos no coletivo cognitivo não altera absolutamente nada em sua natureza pensante, do ponto de vista funcional que nos interessa aqui. O cérebro é composto por numerosos módulos automáticos. Da mesma forma, o social está recheado de segmentos maquinais. Repetindo, muitas vezes estes segmentos são relativamente independentes uns dos outros, desconectáveis, como uma máquina de fotocópias, um computador, uma central hidrelétrica ou o departamento de uma grande organização.

A CONSCIÊNCIA É INDIVIDUAL, MAS O PENSAMENTO É COLETIVO

Não é preciso ser consciente para pensar? Pode-se considerar que grupos sejam efetivamente sujeitos cognitivos, enquanto só podemos falar de consciência coletiva enquanto metáfora? Como já vimos, do ponto de vista das ciências cognitivas contemporâneas, a consciência e tudo aqui que se encontra diretamente baseado nela representam um aspecto importante, mas não essencial, da inteligência. A consciência pode ser considerada como uma das interfaces entre o organismo, seu ambiente, e o funcionamento de seu próprio sistema cognitivo. É o sistema de fixação de uma parte da memória de curto prazo, a pequena janela sobre os processos controlados. Estes processos controlados são menos potentes e rápidos que os processos automáticos ou reflexos. Em compensação, oferecem maior flexibilidade. Apresentam uma maior sensibilidade em relação aos *objetivos* em curso do que os automatismos, que teriam tendência a reagir aos *dados* em função de conexões inatas ou da experiência passada. Ora, nos grupos, esta flexibilidade e esta sensibilidade pode ser atingidas por outros meios que não a consciência. A deliberação coletiva, a existência de contrapoderes, os mecanismos institucionalizados de temporização poderiam, por exemplo, ocupar o seu lugar. Haveria, então, outros dispositivos que não a consciência para atingir a flexibilidade e as capacidades de negociação com a novidade que caracterizam a inteligência.

No social, nada corresponde aos limites drásticos da memória de curto prazo que encontramos nos sistemas cognitivos pessoais, sobretudo após a invenção da escrita. Ora, como nós vimos, parece que a sequencialidade e o sentimento de unidade associados à vida mental consciente estão intimamente ligados às restrições que pesam sobre a arquitetura cognitiva do indivíduo humano. Novamente, como os grupos não compartilham estas restrições com os indivíduos, não têm necessidade de consciência para serem inteligentes.

É necessário ainda esclarecer que a linearidade e o sentimento de unidade só valem em uma escala média de introspecção. No nível neuronal, o funcionamento paralelo, a multiplicidade das entidades em interação, e portanto a inconsciência, são, ao contrário, traços determinantes. Nem a consciência, nem a unidade substancial, nem o funcionamento sequencial são indispensáveis ao pensamento.

A consciência, portanto, não é quase nada, e é por isso que podemos dotar de pensamento os coletivos cosmopolitas, por natureza inconscientes. Ora, a consciência (necessariamente individual) parece ser, por outro lado, quase tudo.

Mais frequentemente um simples relé, efeito de rede, ponto singular no seio de um dispositivo social e cósmico que a excede por todos os lados, a consciência funciona precisamente porque se ergue como centro causal e origem das representações. Ao proclamar "eu penso, eu sei, eu quero etc.", ela se apropria e se atribui aquilo que, rigorosamente falando, pertence apenas a um agenciamento infinitamente complexo que ultrapassa os limites do indivíduo. Esta ilusão tem sua importância, já que decisões seguidas por efeitos, transformações reais da ecologia cognitiva ou do metassocial cosmopolita irão emanar dela. Este erro fecundo, esta oscilação entre a ínfima realidade e a grande ilusão, este quase nada que se crê quase tudo e termina por produzir alguma coisa no centro da megarrede (e sobretudo das frágeis redes de consciências...), eis o que define o papel paradoxal da consciência individual na ecologia cognitiva. Ainda que nos *saibamos* efeitos contingentes de redes cosmopolitas, não nos vivenciamos, ou o fazemos muito raramente, desta forma. Ainda por cima, devemos

As coletividades pensantes e o fim da metafísica

dar conta de nossas palavras e de nossos atos *enquanto seres conscientes*. O que parece ser um paradoxo insuperável no papel não perturba de forma alguma o sono da maior parte dos humanos (que têm muitas outras preocupações) e também não os dissuade de buscar, a partir do momento em que acordam, suas paixões ordinárias. Não é esta uma nova prova da estreiteza do domínio de aplicação da lógica?

Objetos inanimados, vocês têm uma alma afinal?

Mesmo quando se admite que grupos humanos enquanto tais sejam capazes de cognição, pode-se ser mais reticente em aceitar que coletivos mistos, englobando coisas e conjuntos naturais, possam ser inteligentes. Como uma *coisa* poderia participar da inteligência? Limitaremos provisoriamente nossa resposta às tecnologias intelectuais, deixando assim de lado os moinhos de vento, os trens de alta velocidade e os canais de irrigação em proveito de sistemas semióticos como as escritas, máquinas complexas como os computadores, ou objetos manipuláveis como as folhas de papel, os lápis e os livros impressos.

Leroi-Gourhan disse que o biface de sílex prolongava a mão, como uma espécie de monstruosa unha cultural. McLuhan baseou sua análise das mídias em suas relações com os sentidos. A impressão prolongaria e ampliaria a visão, o rádio aumentaria a potência de nossos ouvidos etc. Será que a metáfora do prolongamento pode ajudar-nos a compreender o papel das tecnologias intelectuais? Será enquanto ferramentas do sistema nervoso, extensões do cérebro, que coisas aparentemente inertes podem fazer parte da inteligência? Teríamos a imagem de instrumentos basicamente passivos comandados por um pensamento humano soberano, como o cinzel e o martelo nas mãos do escultor. Mas esta descrição não é mais procedente se o pensamento está identificado antes com um efeito de coletivo heterogêneo do que com o atributo de uma entidade unificada e senhora de si mesma.

O espírito humano não é um centro organizador em torno do qual giram tecnologias intelectuais, como satélites a seu serviço. Em si, não é nada além de um agenciamento de satélites de todos os tamanhos e todo tipo de composições, desprovido de um sol central.

O computador, ou ainda o arranjo composto pelo papel, o lápis e o alfabeto formam micromódulos relativamente coerentes que vêm juntar-se, como nós suplementares, a numerosos outros nós se-

174 Rumo a uma ecologia cognitiva

mi-independentes de uma rede cognitiva ao mesmo tempo pessoal e transpessoal.

Como delimitar claramente o pensamento e aquilo de que ele vive, e que se estende em todas as direções, sem limites precisos? Como separar a inteligência da rede orgânica, objetiva, social à qual ela está acoplada? O que é o espírito sem a mão que desenha e pinta, esculpe, escreve, e constrói, e maneja o florete? E sem o pincel, o lápis e a tesoura entre os dedos dessa mão? O que é o pensamento sem a imagem interior, e portanto sem o globo ocular, seu humor vítreo, seus pigmentos irisados, e tudo aquilo que foi inventado para fazer imagens, do ocre de Altamira até os pixels das telas? O que é a mente sem linguagem, este veículo onipresente, meio sujeito, meio objeto, produto do coletivo, que fala quase dentro de nós como um autômato? O que é a mente sem a conversação, sem a presença do social e de todos os seus aparelhos de memória? Quase nada.

Tecnologias intelectuais e subjetividade fractal

Quem pensa? Uma imensa rede loucamente complicada, que pensa de forma múltipla, cada nó da qual é por sua vez um entrelace indiscernível de partes heterogêneas, e assim por diante em uma descida fractal sem fim. Os atores desta rede não param de traduzir, de repetir, de cortar, de flexionar em todos os sentidos aquilo que recebem de outros. Pequenas chamas evanescentes de subjetividade unitária correm na rede como fogos-fátuos no matagal das multiplicidades. Subjetividades transpessoais de grupos. Subjetividades infrapessoais do gesto, do olhar, da carícia. É claro, a pessoa pensa, mas é porque uma megarrede cosmopolita pensa dentro dela, cidades e neurônios, escola pública e neurotransmissores, sistemas de signos e reflexos. Quando deixamos de manter a consciência individual no centro, descobrimos uma nova paisagem cognitiva, mais complexa, mais rica. Em particular, o papel das interfaces e das conexões de todos os tipos adquire uma importância fundamental. Citando apenas um exemplo clássico, é sabido que o uso do alfabeto impresso faz trabalhar sobretudo o cérebro esquerdo (mais analítico e linguístico), enquanto as escritas ideográficas também utilizam o cérebro direito (mais global, ligado às imagens e ritmos). Assim, as tecnologias intelectuais não se conectam sobre a mente ou o pensamento em geral, mas sobre certos segmentos do sistema cognitivo humano. Elas formam, com estes módulos, agenciamentos transpessoais, transversais, cuja coerência pode ser mais forte do que algumas conexões intrapessoais.

As tecnologias intelectuais situam-se *fora* dos sujeitos cognitivos, como este computador sobre minha mesa ou este livro em suas mãos. Mas elas também estão *entre* os sujeitos como códigos compartilhados, textos que circulam, programas que copiamos, imagens que imprimimos e transmitimos por via hertziana. Ao conectar os sujeitos, interporem-se entre eles, as técnicas de comunicação e de representação estruturam a rede cognitiva coletiva e contribuem para determinar suas propriedades. As tecnologias intelectuais estão ainda *nos* sujeitos, através da imaginação e da aprendizagem. Mesmo com as mãos vazias e sem nos mexermos, pensamos com escritas, métodos, regras, compassos, quadros, grafos, oposições lógicas, cantigas algorítmicas, modos de representação e de visualização diversos. Para escrever aquilo que está sendo lido agora, usei um programa de hipertexto no qual os nós — blocos de texto — organizam-se em redes em vez de estarem ligados sequencialmente. Estas redes são representadas na tela por mapas nos quais rótulos (os nomes dos blocos) estão ligados por setas. Mesmo quando eu não estava frente a meu computador, quando uma ideia me vinha à mente, imaginava a parte do diagrama onde ela iria encaixar-se.

A interiorização das tecnologias intelectuais pode ser muito forte, quase um reflexo, como podem sê-lo o conhecimento de uma língua natural, a leitura e escrita de ideogramas ou alfabetos, os sistemas de numeração e de medida, a representação em linhas e em colunas, o uso do teclado das máquinas de escrever ou dos computadores etc. Palavras cochichadas ao crepúsculo, signos brilhando sob o sol de meio-dia ou sobre o céu inverso das telas, nós introjetamos agenciamentos semióticos dispersos no mundo. E é com estes elementos de fora interiorizados, subjetivados, metaforicizados pelo hábito ou a imaginação, que criamos novas entidades audíveis ou visíveis, concretudes duráveis ou acontecimentos fugazes, que outros ou talvez nós mesmos interiorizaremos novamente... O estudo das tecnologias intelectuais permite, então, colocar em evidência uma relação de encaixamento fractal e recíproco entre objetos e sujeitos. O sujeito cognitivo só funciona através de uma infinidade de objetos simulados, associados, imbricados, reinterpretados, suportes de memória e pontos de apoio de combinações diversas. Mas estas coisas do mundo, sem as quais o sujeito não pensaria, são em si produto de sujeitos, de coletividades intersubjetivas que as saturaram de humanidade. E estas comunidades e sujeitos humanos, por sua vez, carregam a marca dos elementos objetivos que misturam-se inextrincavelmente à sua vida, e assim por diante, ao longo de um processo em abismo no qual a subjetividade é envolvida pelos objetos e a objetividade pelos sujeitos.

BIBLIOGRAFIA

CHOMSKY, Noam. *Règles et représentations*. Paris: Flammarion, 1985 (edição original: *Rules and Representations*. Nova York: Columbia University Press, 1980).

DELEUZE, Gilles; GUATTARI, Félix. *Mille plateaux: capitalisme et schizophrénie*. Paris: Minuit, 1980.

DENIS, Michel. *Image et cognition*. Paris: PUF, 1989.

FODOR, Jerry. *La Modularité de l'esprit: essai sur la psychologie des facultés*. Paris: Minuit, 1986 (edição original: *The Modularity of Mind: An Essay on Faculty Psychology*. Cambridge, Massachusetts: MIT Press, 1983).

GARDNER, Howard. *Frames of Mind: The Idea of Multiple Intelligence*. Nova York: Basic Books, 1983.

GARDNER, Howard. *The Mind's New Science: A History of the Cognitive Revolution*. Nova York: Basic Books, 1985.

GUATTARI, Félix. *Cartographies schizoanalytiques*. Paris: Galilée, 1989.

GUATTARI, Félix. *Les Trois écologies*. Paris: Galilée, 1989.

MCCLELLAND, James; RUMELHART, David (orgs.). *Parallel Distributed Processing: Explorations in the Microstructures of Cognition* (2 vols.). Cambridge, Massachusetts/Londres: MIT Press, 1986.

MINSKY, Marvin. *La Société de l'esprit*. Paris: Interéditions, 1988 (edição original: *The Society of Mind*. Nova York: Simon and Schuster, 1986).

SERRES, Michel. *Statues*. Paris: François Bourin, 1987.

SERRES, Michel. "Gnomon". In: SERRES, Michel (org.). *Éléments d'histoire des sciences*. Paris: Bordas, 1989.

VATTIMO, Gianni. *Les Aventures de la différence*. Paris: Minuit, 1985.

15. INTERFACES

Falou-se muito em interfaces neste livro. Preferimos colocar em obra e ilustrar o conceito antes de defini-lo, mas talvez tenha chegado o momento de tratar esta noção em si mesma. Para além de seu significado especializado em informática ou química, a noção de interface remete a operações de tradução, de estabelecimento de contato entre meios heterogêneos. Lembra ao mesmo tempo a comunicação (ou o transporte) e os processos transformadores necessários ao sucesso da transmissão. A interface mantém juntas as duas dimensões do devir: o movimento e a metamorfose. É a operadora da passagem.

A análise "em rede de interfaces" de um dispositivo sociotécnico impede a fascinação paralisante, o deslumbramento do pensamento e da ação pelas essências. Cada nova interface transforma a eficácia e a significação das interfaces precedentes. É sempre questão de conexões, de reinterpretações, de traduções em um mundo coagulado, misturado, cosmopolita, opaco, onde nenhum efeito, nenhuma mensagem pode propagar-se magicamente nas trajetórias lisas da inércia, mas deve, pelo contrário, passar pelas torções, transmutações e reescritas das interfaces.

A INTERFACE NA INFORMÁTICA

Enquanto vocábulo especializado, a palavra "interface" designa um dispositivo que garante a comunicação entre dois sistemas informáticos distintos ou um sistema informático e uma rede de comunicação. Nesta acepção do termo, a interface efetua essencialmente operações de transcodificação e de administração dos fluxos de informação. O modem (modulador-demodulador) é um exemplo de interface simples. Ele transforma os sinais binários dos computadores em sinais analógicos aptos a viajar através da linha telefônica clássica, realizando também a transformação inversa. É graças a estas interfaces digitais/analógicas — os modems — que computadores podem comunicar-se através da rede telefônica.

Uma *interface homem/máquina* designa o conjunto de programas e aparelhos materiais que permitem a comunicação entre um sistema informático e seus usuários humanos.

Cada vez mais, usa-se o termo interface, sem acrescentar nada, no sentido de interface homem/máquina. Este vocábulo substitui parcialmente aos de *entrada* e *saída* dos sistemas informáticos. O teclado de um computador foi primeiro considerado como um "dispositivo de entrada", da mesma forma, por exemplo, que um leitor de cartões perfurados. As telas foram vistas por muito tempo como "dispositivos de saída", da mesma forma como as luzes que piscam, as perfuradoras de fita ou as impressoras dos computadores dos anos sessenta. A digitadora ou operadora de entrada alimentava a máquina, e outros operadores recolhiam e processavam os resultados do cálculo. O vocabulário testemunhava sobre a posição que o autômato ocupava no centro do dispositivo sociotécnico. A "entrada" e a "saída" estavam situadas em lados opostos de uma máquina central. Esta época terminou. Através de uma verdadeira dobradura lógica, as duas extremidades juntaram-se e, viradas para o mesmo lado, compõem hoje a "interface". No momento em que a maioria dos usuários definitivamente não são mais informatas profissionais, quando os problemas sutis da comunicação e da significação suplantam os da administração pesada e do cálculo bruto que foram os da primeira informática, a interface torna-se o ponto nodal do agenciamento sociotécnico.

Aplicamos, retroativamente, o termo de interface a todos os dispositivos técnicos que garantissem o contato entre uma calculadora eletrônica e seu ambiente exterior. Foi desta forma que pudemos perceber um computador como um encaixe, um folheado, uma rede de interfaces sucessivas. As interfaces de hoje são eliminadas amanhã (como os leitores de cartões perfurados) ou redescobertas por novas interfaces e assim reintegradas à máquina (interfaces materiais como certos comutadores eletrônicos, ou lógicas como a linguagem binária).

Esta análise em termos de rede de interfaces permitiu-nos recusar qualquer visão essencialista, estática ou logicizante do computador. Não é possível deduzir nenhum efeito social ou cultural da informatização baseando-se em uma definição pretensamente estável dos autômatos digitais. Basta que seja conectada uma nova interface (a tela catódica, o mouse, uma nova linguagem de programação, uma redução de tamanho) à rede de interfaces que constitui o computador no instante t, e no instante t+1 se terá obtido um outro coletivo, uma outra sociedade de microdispositivos, que entrará em novos arranjos sociotécnicos, mediatizará outras relações etc. Pode-se muito bem dizer que o Macintosh e o Edvac[13] são dois computadores, mas são redes de interfaces totalmente diferentes, que se imbricam com módulos cognitivos, sensório-motores e anatômicos diferentes e não entram nos mesmos agenciamentos práticos com as outras tecnologias, processos de trabalho, instituições etc.

Tomemos uma máquina para processamento de textos. Ela contém um grande número de interfaces: línguas, números, escritas, alfabetos, a impressão, a máquina de escrever (o teclado), a informática, diversos programas, a tela catódica. Muitas destas interfaces agem apenas nas entranhas do computador, traduzindo, transformando na sombra. Mas todas contribuem para compor este agenciamento complexo que é a máquina. A dimensão de envoltórios sucessivos, de combinação e integração vertical cruza uma outra dimensão, a das conexões horizontais. Para continuar com nosso exemplo, o DTP (*desktop publishing*, ou editoração eletrônica) veio da associação de quatro grandes características de interface: o processamento de textos Wysiwyg,[14] os microcomputadores, os programas de layout e as impressoras laser de baixo custo. No final dos anos setenta, a ideia de DTP se impôs pouco a pouco, à medida que as interfaces acrescentavam-se umas às outras, sem que ninguém a houvesse perseguido explicitamente. Ao abrir novos espaços para a publicação descentralizada, o DTP provocou toda uma reorganização dos circuitos de comunicação das empresas, das pequenas edições e do jornalismo. Como fo-

---

[13] Foi nos planos do Edvac (Electronic Discrete Variable Computer), redigidos por John von Neumann, que foram formulados pela primeira vez os princípios fundamentais que constituem, ainda hoje, a base da organização interna dos computadores. A construção do Edvac só foi completada em 1951 [70].

[14] O princípio Wysiwyg (*What you see is what you get*) assegura uma conformidade, em princípio perfeita, entre o que aparece na tela e o que será impresso no papel. Os primeiros programas de processamento de textos, para assinalar na tela que uma palavra seria impressa em itálico, colocavam um código convencional antes da palavra, enquanto os programas Wysiwyg simplesmente exibem em itálico na tela a palavra que será impressa em itálico. Este princípio de interface permite ao usuário controlar a aparência da página antes mesmo da impressão, evitando assim surpresas desagradáveis, reduzindo o processo de tentativa e erro, e finalmente melhorando as condições de trabalho na tela, livre de códigos abstratos inúteis.

ram incorporadas a programas de DTP, muitas das antigas habilidades relativas à impressão difundiram-se largamente, novas profissões apareceram etc.

Ainda que ele represente um dos principais usos da informática no início dos anos noventa, era impossível prever o DTP levando-se em conta os computadores dos anos sessenta, já que nem a impressora a laser de baixo custo, nem o computador pessoal, nem os programas de processamento de textos "amigáveis" estavam previstos nesta época. Em 1975, o DTP era inimaginável. Cada nova interface permite novas conexões, que por sua vez vão abrir novas possibilidades, de forma que é impossível prever ou deduzir o que quer que seja para além de uma ou duas camadas técnicas.

Se conectarmos o DTP aos bancos de imagens digitais, aos bancos de dados, aos hipertextos, aos sistemas especialistas, obteremos ainda outro efeito concreto, dificilmente deduzível dos componentes básicos do agenciamento em questão. O sentido de um dispositivo técnico não é a soma dos sentidos de seus componentes, mas sim algo de novo que irá surgir, na forma interpretativa, de um exterior indeterminável.

AS TECNOLOGIAS INTELECTUAIS ENQUANTO REDES DE INTERFACES

Ao invés de confinar a noção de interface ao domínio da informática, podemos fazê-la trabalhar na análise de todas as tecnologias intelectuais. O livro que você segura em suas mãos, por exemplo, é uma rede de interfaces. Há, em primeiro lugar, o próprio princípio da escrita, que é a interface visual da língua ou do pensamento. A esta primeira característica vem articular-se a do alfabeto fonético (e não a ideografia). Por sua vez, o sistema alfabético encontra-se envolvido sob uma aparência, em uma embalagem particular. É a interface romana, e não a grega ou a árabe. Mas este alfabeto romano, como será apresentado, de acordo com qual caligrafia? Com letras carolíngias, itálicas, unciais? E todos estes caracteres, sobre qual material estarão inscritos? Papiro, tabuinha de argila, mármore, pergaminho, papel, tela catódica, de cristais líquidos? Cada suporte permite formas, usos e conexões diferentes da escrita: o papiro requer o rolo, o pergaminho e o papel permitiram a invenção do códex.

Interfaces

A impressão edificou-se sobre uma rede de interfaces já elaborada: o alfabeto latino, a letra carolíngia padronizada por Alcuíno no reinado de Carlos Magno, o papel, o códex. Depois do triunfo da prensa mecânica, como vimos, os impressores acrescentaram novas camadas lógicas para facilitar o acesso ao texto: sumários, índices, numeração das páginas, sinais de pontuação...

O que é um livro? Uma sociedade de palavras? Certamente, mas estas palavras encontram-se materializadas, conectadas, apresentadas e valorizadas junto ao leitor por uma rede de interfaces acumulada e polida pelos séculos. Caso se acrescente ou se suprima uma única interface à rede técnica da escrita em um dado momento, toda a relação com o texto se transforma.

É unicamente com a condição de descer ao plano molecular das interfaces que poderemos compreender os agenciamentos sociotécnicos dos quais as tecnologias intelectuais tomam parte. Tecnologia intelectual é demasiadamente molar. Como se diversos dispositivos vistos de longe, tomados como um todo, unificados violentamente sob um conceito, pudessem ter características práticas independentes de suas conexões concretas, das modificações da microssociedade que os compõem, das interpretações dos atores sociais. A interface abre-se para uma descrição molecular, vibratória, múltipla e reticular das tecnologias intelectuais.

A interface possui sempre pontas livres prontas a se enlaçar, ganchos próprios para se prender em módulos sensoriais ou cognitivos, estratos de personalidade, cadeias operatórias, situações. A interface é um agenciamento indissoluvelmente material, funcional e lógico que funciona como armadilha, dispositivo de captura. Sou captado pela tela, a página, ou o fone, sou aspirado para dentro de uma rede de livros, enganchado a meu computador ou minitel. A armadilha fechou-se, as conexões com meus módulos sensoriais e outros estão estreitas a ponto de fazer-me esquecer o dispositivo material e sentir-me cativado apenas pelas interfaces que estão na interface: frases, história, imagem, música.

Mas, inversamente, a interface contribui para definir o modo de captura da informação oferecido aos atores da comunicação. Ela abre, fecha e orienta os domínios de significação, de utilizações possíveis de uma mídia. O videocassete transforma a relação com a televisão, os fones e o pequeno tamanho dos walkmen reinstituem o uso do cassete... A interface condiciona a dimensão pragmática, aquilo que pode ser feito com a interface ou o "conteúdo", termo tão inadequado. Já que, examinando de perto, um conteúdo também contém, assim como a cebola é composta por cascas sucessivas, sem que jamais possamos encontrar uma polpa ou um núcleo de significação. O sentido remete sempre aos numerosos filamentos de uma rede, é negociado nas fronteiras, na superfície, ao acaso dos encontros.

ONTOLOGIA DAS INTERFACES

A mesma espécie que refinou ao extremo o mundo das significações cercou-se de um tecnocosmos. Estes dois aspectos do humano ecoam um ao outro, se entrelaçam, quase que se confundem. A essência da técnica está toda nestas ondas alternadas de ramificação e solidificação de redes de interfaces que a história descobre. Como no universo simbólico, todos os usos, todas as interpretações técnicas sustentam-se, apoiam-se umas sobre as outras, respondem-se ou opõem-se no centro de uma enorme estrutura instável, em constante reconfiguração. Bifurcações ou associações inesperadas abrem bruscamente novos universos de possibilidades tanto no centro de um agenciamento técnico quanto em um texto. O coletivo sociotécnico é constituído de tal forma que enormes revoluções da ecologia cognitiva giram sobre a ponta aguda de pequenas reformas na sociedade das coisas: Gutenberg passou anos regulando problemas na prensa, na tinta, na liga de chumbo e estanho...

Todas as técnicas, e não somente as tecnologias intelectuais, podem ser analisadas em redes de interfaces. Armas, ferramentas, diferentes máquinas, como os dispositivos de inscrição ou de transmissão, são concebidos precisamente para se imbricar o mais intimamente possível com módulos cognitivos, circuitos sensório-motores, porções de anatomia humana e outros artefatos em múltiplos agenciamentos de trabalho, guerra ou comunicação.

A noção de interface pode estender-se ainda para além do domínio dos artefatos. Esta é, por sinal, sua vocação, já que interface é uma superfície de contato, de tradução, de articulação entre dois espaços, duas espécies, duas ordens de realidade diferentes: de um código para outro, do analógico para o digital, do mecânico para o humano... Tudo aquilo que é tradução, transformação, passagem, é da ordem da interface. Pode ser um objeto simples como uma porta, mas também

Interfaces

um agenciamento heterogêneo (um aeroporto, uma cidade), o momento de um processo, um fragmento de atividade humana. Estas entidades pertencem, sem dúvida, a reinos ou estratos ontológicos distintos, mas de um ponto de vista pragmático todas são condutores deformantes em um coletivo heterogêneo, cosmopolita. Os mais diversos agenciamentos compósitos podem interfacear, ou seja, articular, transportar, difratar, interpretar, desviar, transpor, traduzir, trair, amortecer, amplificar, filtrar, inscrever, conservar, conduzir, transmitir ou parasitar. Propagação de atividades nas redes transitórias, abertas, que se bifurcam...

O que passa através da interface? Outras interfaces. As interfaces são embutidas, dobradas, amarrotadas, deformadas umas nas outras, umas pelas outras, desviadas de suas finalidades iniciais. E isto até o último invólucro, até a última pequena dobra. Mais uma vez, se há conteúdo, devemos imaginá-lo como sendo feito de recipientes encaixados, aglomerados, prensados, torcidos... O interior é composto por antigas superfícies, prestes a ressurgir, mais ou menos visíveis por transparência, contribuindo para definir um meio continuamente deformável. Tanto é assim que um ator qualquer não tem nada de substancial para comunicar, mas sempre outros atores e outras interfaces a captar, deslocar, envolver, desviar, deformar, conectar, metabolizar.

A primeira interface de nosso corpo é a pele, estanque e porosa, fronteira e local de trocas, limite e contato. Mas o que esta pele envolve? No nível da cabeça, a caixa craniana. E nesta caixa? O cérebro: uma extraordinária rede de comutadores e de fios entrelaçados, eles mesmos conectados por inúmeros (neuro-) transmissores.

A função reprodutora faz com que se juntem (interfaceia) os dois sexos e constitui o corpo inteiro enquanto meio, canal ou recipiente para outros indivíduos. O aparelho circulatório: uma rede de canais. O sangue, um veículo. O coração, um trocador. Os pulmões: uma interface entre o ar e o sangue. O aparelho digestivo: um tubo, um transformador, um filtro. Enzimas, metabólitos, catalisadores, processos de codificação e decodificação moleculares. Sempre intermediários, transportadores, mensageiros. O corpo como uma imensa rede de interfaces.

A língua: uma trama infinitamente complicada onde se propagam, se dividem e se perdem as fulgurações luminosas do sentido. As palavras já são interfaces, colocadas em ressonância por uma voz, distendidas ou torcidas por um canto, estranhamente conectadas a outras palavras por um ritmo ou rimas, projetadas no espaço visual pela escrita, padronizadas, multiplicadas e colocadas em rede pelo impresso, mobilizadas, tornadas tão leves na ponta dos dedos pelo programa... vestimentas multiplamente revestidas, arrepios diversamente perturbados por outras palpitações.

Cada instante não é nada além de uma passagem entre dois instantes. Uma pletora indefinida e ruidosa de veículos, de canais, de intérpretes, e de emissários constitui o fundo do devir. *Angelus*: o mensageiro. Sempre polifônico e por vezes discordante, eis o coração irisado dos anjos.

Retorno ao problema do conhecimento

Para que nos serve, aqui, esta ontologia da interface, ou melhor, esta metodologia? Para preparar o terreno para o pensamento do pensamento que é a ecologia cognitiva.

Um mundo molecular e conexionista resistirá melhor às maciças oposições binárias entre substâncias: sujeito e objeto, homem e técnica, indivíduo e sociedade etc. Ora, são estas grandes dicotomias que nos impedem de reconhecer que todos os agenciamentos cognitivos concretos são, ao contrário, constituídos por ligas, redes, concreções provisórias de interfaces pertencendo geralmente aos dois lados das fronteiras ontológicas tradicionais.

Não se trata, de forma alguma, de negar a heterogeneidade ou a diversidade do real para jogar tudo sobre um único polo. Não iremos alegar, por exemplo, que existe *apenas* "matéria" e que isto nos autoriza a colocar cérebros em contato com telefones ou computadores. Não iremos tampouco profetizar alguma nova versão do panpsiquismo que nos permitiria afirmar que as coisas pensam. Não precisamos destas unificações maciças para fazer com que as coisas participem do pensamento ou conectar computadores ao cérebro. Em oposição às metafísicas com espaços homogêneos e universais, a noção de interface nos força pelo contrário a reconhecer uma diversidade, uma heterogeneidade do real perpetuamente reencontrada, produzida e sublinhada, a cada passo e tão longe quanto se vá. Se todo processo é interfaceamento, e portanto tradução, é porque quase nada fala a mesma língua nem segue a mesma norma, é porque nenhuma mensagem se transmite tal qual, em um meio condutor neutro, mas antes deve ul-

Interfaces

trapassar descontinuidades que a metamorfoseiam. A própria mensagem é uma movente descontinuidade sobre um canal e seu efeito será o de produzir outras diferenças. A teoria da comunicação, apesar de todas as suas insuficiências, havia sugerido uma ontologia baseada em *acontecimentos*, puramente relacionais, e que portanto não são nem materiais nem espirituais, nem objetivos nem subjetivos.

Sob estas entidades instituídas que são as técnicas de comunicação, os gêneros de conhecimento, ou as representações culturais, o método de análise em redes de interfaces revela coletivos heterogêneos abertos a novas conexões, redes interligadas e dispersas ao sabor de dinâmicas ecológicas. Ela permite dissolver as substâncias, as definições imutáveis e as pretensas determinações para devolver os seres e as coisas à fluidez do devir. A seu devir social, questão de lutas e de projetos, mas também a seu possível devir estético ou existencial.

A teoria das interfaces que tentamos empregar nesta obra evitou que reificássemos, autonomizássemos artificialmente determinado gênero de conhecimento, determinado complexo de representações como se existisse em si, independentemente de seus suportes, de suas conexões, do dispositivo sociotécnico que lhe dá sentido. Como na versão conexionista ou neuronal da inteligência, todo conhecimento reside na articulação dos suportes, na arquitetura da rede, no agenciamento das interfaces. Traduzir antigos saberes em novas tecnologias intelectuais equivale a produzir novos saberes (escrever um texto, compor um hipertexto, conceber um sistema especialista). A ilusão consiste em crer que haveria "conhecimentos" ou "informações" estáveis que poderiam mudar de suporte, ser representadas de outra forma ou simplesmente viajar guardando ao mesmo tempo sua identidade. Ilusão, porque aquilo sobre o que versam as teorias do conhecimento: saberes, informações e significações são precisamente efeitos de suportes, conexões, proximidades, interfaces.

O que é conhecer? Isto coloca em jogo dobras um pouco mais densas, amálgamas mais apertados, folheados de interfaces possivelmente mais espessos, redes conectando sem dúvida mais longamente seus trocadores e seus canais... Mas entre o curso do mundo tal como decorre no grande coletivo cosmopolita dos homens, dos seres vivos e das coisas, e os processos cognitivos, não existe nenhuma diferença de natureza, talvez apenas uma fronteira imperceptível e flutuante.

Conclusão
POR UMA TECNODEMOCRACIA

A TÉCNICA E O GRANDE HIPERTEXTO

O conjunto das mensagens e das representações que circulam em uma sociedade pode ser considerado como um grande hipertexto móvel, labiríntico, com cem formatos, mil vias e canais. Os membros da mesma cidade compartilham grande número de elementos e conexões da megarrede comum. Entretanto, cada um tem apenas uma visão pessoal dele, terrivelmente parcial, deformada por inúmeras traduções e interpretações. São justamente estas associações indevidas, estas metamorfoses, estas torções operadas por máquinas locais, singulares, subjetivas, conectadas a um exterior, que reinjetam movimento, vida, no grande hipertexto social: na "cultura".

Qual o modo de constituição deste hipertexto? De que forma se ligam às representações? Qual a topologia das redes onde circulam as mensagens? Que tipos de operação os discursos e as imagens produzem, transformam e transportam? Estas são algumas das perguntas às quais uma ecologia cognitiva deveria poder responder.

Ao mesmo tempo em que deve mobilizar tudo o que as ciências humanas clássicas têm a dizer sobre as artes, as ciências, a comunicação e a cultura, a ecologia cognitiva deve recorrer à *tecnologia* das ciências, da cultura etc. Efetivamente, as conexões, os nós, os trocadores e os operadores da grande rede cosmopolita em que se inscrevem as civilizações não são apenas pessoas mas também obras de arte.

Se colocamos a ênfase na tecnologia, foi para reparar uma injustiça, para devolver a inteligência as coisas, que por muito tempo foram mantidas à distância. Não se trata, de forma alguma, de acreditar que "a técnica" como um todo (como se a palavra designasse uma entidade real e homogênea) "determina", ou funda, ou forma a "infraestrutura" do que quer que seja. Quando tentamos compreender como pensam e sonham os coletivos, estaríamos antes diante de sistemas ecológicos abertos, em reorganização permanente e povoados por inúmeros atores.

É certo que alguns artefatos concretos desempenham um papel fundamental neste ou naquele agenciamento particular de comunicação, de representação ou de cálculo. Mas encontram-se, então, totalmente imbricados a coletivos humanos. A "técnica"? Uma poeira de interfaces, uma multidão heteróclita de simbiotas artificiais, muito diferentes uns dos outros, compartilhando as aventuras divergentes dos grupos que os abrigam. Seu envolvimento em uma via particular resulta de circunstâncias locais, da interpretação talvez contingente dos atores humanos que os cercam e que lhes dão sentido. Não são portanto os membros uniformes de uma mesma espécie "técnica" coligados tendo em vista determinado fim ou a obtenção de certo efeito. Assim como não há natureza humana, não há tampouco natureza das coisas.

As técnicas não determinam nada. Resultam de longas cadeias intercruzadas de interpretações e requerem, elas mesmas, que sejam interpretadas, conduzidas para novos devires pela subjetividade em atos dos grupos ou dos indivíduos que tomam posse dela. Mas ao definir em parte o ambiente e as restrições materiais das sociedades, ao contribuir para estruturar as atividades cognitivas dos coletivos que as utilizam, elas *condicionam* o devir do grande hipertexto. O estado das técnicas influi efetivamente sobre a topologia da megarrede cognitiva, sobre o tipo de operações que nela são executadas, os modos de associação que nela se desdobram, as velocidades de transformação e de circulação das representações que dão ritmo a sua perpétua metamorfose. A situação técnica inclina, pesa, pode mesmo interditar. Mas não dita.

Uma certa configuração de tecnologias intelectuais em um dado momento abre certos campos de possibilidades (e não outros) a uma cultura. Quais possibilidades? Na maior parte das vezes só descobrimos isto depois. Gutenberg não previu e não podia prever o papel que a impressão teria no desenvolvimento da ciência moderna, no sucesso da Reforma ou, tanto através do livro quanto do jornal, sobre a evolução política do Ocidente. Foi preciso que atores humanos se coligassem, se arriscassem, explorassem. Atores moldados pela história longa de que são herdeiros, orientados pelos problemas que perpassam seu coletivo, limitados pelo horizonte de sentido de seu século.

A significação e o papel de uma configuração técnica em um momento dado não podem ser separados do projeto que move esta configuração, ou talvez dos projetos rivais que disputam-na e puxam-na em todos os sentidos. Não podemos *deduzir* o próximo estado da cultura nem as novas produções do pensamento coletivo a partir das novas possibilidades oferecidas pelas técnicas de comunicação de suporte informático. Podemos apenas propor algumas indicações, esboçar uma ou duas pistas. Nesta conclusão, nosso propósito consiste antes de mais nada em designar as tecnologias intelectuais como um terreno político fundamental, como lugar e questão de conflitos, de interpretações divergentes. Pois é ao redor dos equipamentos coletivos da percepção, do pensamento e da comunicação que se organiza em grande parte a vida da cidade no cotidiano e que se agenciam as subjetividades dos grupos.

Em que medida certos projetos, certos atores singulares conseguirão desviar de seu destino espetacular a grande rede digital para qual convergem progressivamente a informática, as telecomunicações, a edição, a televisão, o cinema e a produção musical? Ela irá escapar às visões imediatistas racionalizadoras e utilitárias? Poderemos lançar-nos nela à procura de outras razões que não as do lucro, outras belezas que não as do espetáculo?

Não haverá respostas positivas para estas perguntas a menos que renunciemos previamente à ideia de uma tecnociência autônoma, regida por princípios diferentes daqueles que prevalecem nas outras esferas da vida social, tanto no plano do conhecimento quanto no da ação. Voltamos assim ao tema de nossa introdução. Ao longo deste livro, vimos que os projetos, conflitos e interpretações divergentes dos atores sociais (tanto criadores quanto produtores ou usuários) desempenhavam um papel decisivo na definição das tecnologias intelectuais. É possível, acreditamos, generalizar tal julgamento à tecnociência como um todo. Esta proposta é libertadora, já que, se por trás da dinâmica contemporânea das ciências e técnicas se esconderem não mais a razão e a eficácia (quer demos a estes termos um valor positivo ou negativo), mas sim uma infinidade de razões e de processos interpretativos divergentes, então não será mais possível, de direito, excluir a tecnociência da esfera política.

A TECNOCIÊNCIA COMO UM TODO É HERMENÊUTICA

Podemos separar um domínio abençoado onde reinaria a hermenêutica pura de uma zona maldita onde a *operação* pura teria livre curso, sem que a graça do sentido jamais venha tocá-la?

Em uma escala microscópica, há tanta interpretação em função do contexto ou da história na leitura de uma curva traçada por um instrumento de medição quanto na leitura de um clássico chinês ou de um texto sagrado. Na escala macroscópica, a história das ciências e das técnicas encontra-se inteiramente enrijecida por interpretações e reinterpretações de todos os tipos (como tão bem mostraram, por exemplo, os autores de *Éléments d'histoire des sciences*, sob a direção de Michel Serres).

A técnica, mesmo a mais moderna, é toda constituída de bricolagem, reutilização e desvio. Não é possível utilizar sem interpretar, metamorfosear. O ser de uma proposição, de uma imagem, ou de um dispositivo material só pode ser determinado pelo uso que dele fazemos, pela interpretação dada a ele pelos que entram em contato com ele. E os turbulentos operadores da história das técnicas não param de interpretar e de desviar tudo aquilo de que tomam posse para fins diversos, imprevisíveis, passando sem cessar de um registro a outro. Esta mobilidade é ainda mais evidente para a técnica contemporânea do que para a das sociedades de evolução lenta, ainda que o menor dos objetos técnicos já seja algo arrancado do domínio natural, ou do uso precedente, para ser reinterpretado, torcido em outro uso. Nenhuma técnica tem uma significação intrínseca, um "ser" estável, mas apenas o sentido que é dado a ela sucessiva e simultaneamente por múltiplas coalizões sociais. Talvez houvesse uma "essência da técnica", mas esta se confundiria com uma capacidade superior de captar, de desviar, de interpretar aquilo que está no núcleo da antropogênese. Não são portanto a objetivação, a conexão mecânica entre a causa e o efeito, ou o desdobramento cego de um "sistema técnico" pretensamente *inumano* que melhor qualificam a técnica, mas sim a formigante atividade hermenêutica de inúmeros coletivos.

Isabelle Stengers e Judith Schlanger [92] mostraram que, longe de identificar-se com a "aplicação" automática de uma teoria científica, uma inovação técnica constitui uma criação de significações. "Estas significações remetem tanto a restrições econômicas (custos, patentes, situação do mercado, investimentos, estratégias de desenvolvimento da firma...) quanto sociais (qualificações, relações sociais implicadas à construção ou utilização da inovação), políticas (acessibilidade das matérias-primas, estado da legislação a respeito da eventual poluição, monopólios do Estado) ou culturais (relações com o público). Uma inovação técnica só existe se ela faz face de maneira coerente a estas diferentes restrições heterogêneas, se ela consegue adquirir sentido ao mesmo tempo no plano científico, econômico, cultural etc."[15] E nenhuma destas aquisições de sentido encontra-se previamente garantida, nenhum avanço técnico é determinado a priori, antes de ter sido submetido à prova do coletivo heterogêneo, da rede complexa onde ela deverá circular e que ela conseguirá, eventualmente, reorganizar.

UM PENSAMENTO-CÁLCULO?

Um dos principais erros de Heidegger e de muitos críticos da tecnociência é o de *crer na ciência*, quer dizer, agir como se as estratégias, as alianças, as interpretações, as negociações, que são tramadas sob o rótulo da tecnociência, possuíssem uma qualidade especial, ausente das outras atividades humanas. Heidegger escreveu, por exemplo: "A exatidão do não verdadeiro possui uma irresistibilidade própria em todo o domínio da vontade de vontade". O que é o mesmo que dizer que, em sua esfera própria, a ciência é infalível e a técnica sempre eficaz. Mas não! Falha-se bastante, tateia-se sempre, em ciência como em outras coisas.

Michel Callon, Bruno Latour e a nova escola de sociologia das ciências mostraram que, longe de serem "irresistíveis", as proposições científicas eram objeto de controvérsias violentas. Mesmo após aceitas, é preciso ainda *mantê-las* (já que cada membro da comunidade reinterpreta e desvia aquilo que recebe dos outros) ao custo de um considerável gasto de energia (laboratórios, aparelhos de medida e gravação, circuitos de publicações, ensino, financiamentos, aliados diversos...). Quanto às máquinas e aos processos técnicos, também não se propagam "irresistivelmente". Para cada aparelho que faz sucesso (todos reconhecem que é eficaz, é um item obrigatório) cem terão sido abortados nas sombras. Ciência e técnica são farinha do mesmo saco que os processos usuais do coletivo.

É verdade que os enunciados científicos tomam ares de serem neutros, objetivos, fatuais, formais, universais. Mas esta pretensa neutralidade, inumanidade, infalibilidade da ciência moderna é um efei-

---

[15] In: Isabelle Stengers e Judith Schlanger, *Les Concepts scientifiques: invention et pouvoir*, Paris, La Découverte, 1989.

Por uma tecnodemocracia

to, um produto. Ela não está de forma alguma relacionada à essência da ciência. A maior parte dos enunciados que circulam na comunidade científica e nos laboratórios são tão incertos, polêmicos, circunstanciais, personalizados, interpretativos quanto aqueles que ocorrem nas outras comunidades. Confundimos o produto acabado ideal e a atividade que tenta desajeitadamente construí-lo e que na maior parte do tempo não o consegue, apesar de um enorme gasto de laboratórios, de procedimentos complicados, de dinheiro, de pessoal, e a organização garantida pelas instituições de ensino, as bibliotecas, a indústria etc. O que é notável é o enorme esforço que é preciso despender para estabelecer alguns enunciados neutros e universais, quer dizer, aceitos por todos e reproduzidos nos manuais (estabilização por sinal totalmente provisória, afinal "a ciência avança"...), e não que exista um domínio maravilhoso, transcendente, não axiológico etc., no qual a subjetividade a história e os conflitos não ocorressem.

Se não existe tecnociência como *potência separada do devir coletivo*, existe efetivamente sob o nome de "ciência" uma visão de conhecimento que não deve ser reduzida a algo que é apenas um aspecto local e momentâneo de seu devir.

Não se trata unicamente, na ciência, desta "[...] objetividade em virtude da qual a natureza se oferece a nossa representação como um sistema cinético espaçotemporal e de alguma maneira pré-calculável" (Heidegger). Isto é, se ouso dizer, um clichê de uma ciência baseada em cálculo, leis universais e mecanismo determinista. Se esta imagem fosse correta, se fosse isto tudo o que a atividade científica tivesse para oferecer ao coletivo que a alimenta, a oposição entre o "mundo da vida" e a "razão" poderia ter alguma consistência. Mas Ilya Prigogine e Isabelle Stengers [87] recentemente colocaram em seu devido lugar esta imagem enganosa, ao mostrar que ela correspondia apenas a uma etapa da aventura científica, e apenas em alguns domínios. Infelizmente, ficamos muitas vezes presos à versão de Husserl sobre a pretensa fundação da ciência moderna por Galileu ou aos anátemas de Heidegger contra a ciência que "não pensa". O divórcio que pronunciamos rápido demais entre vida e razão, ciência e meditação ou técnica e sociedade depende de uma versão terrivelmente parcial do processo científico. Nada disso pode favorecer o estabelecimento de uma tecnodemocracia.

Heidegger ou Michel Henry "acreditam" na ciência como as pessoas da Idade Média acreditavam na realeza do direito divino. Tal pessoa não é rei porque seu pai mandou estrangular o monarca titular, não porque dispõe da força armada, da submissão do povo, da ajuda dos grandes e de uma aliança com um vizinho poderoso, não, ele é rei "pelo direito divino". Maquiavel ainda não escreveu *O príncipe*.

Falta realizar para a ciência e a técnica a obra de *laicização* que Maquiavel realizou para a autoridade política. Este trabalho já se encontra bastante adiantado, graças aos trabalhos da nova escola de antropologia das ciências. Não é a "razão" contra a "vida" ou a "objetividade" contra o "ser", mas, como em tudo, questões de forças, de alianças, de redes mais ou menos sólidas, de finura, de tateamentos, e de interpretação, tanto com entidades humanas quanto com não humanas (micróbios, macromoléculas, elétrons, campos, circuitos, motores etc.)

Sobre uma pretensa oposição entre o homem e a máquina

Como a oposição entre o homem e máquina poderia ser tão radical? O recorte pertinente não passa pela sociedade dos humanos de um lado, e a raça das máquinas de outro. Toda a eficácia de um e a própria natureza do outro se devem a esta interconexão, esta aliança de uma espécie animal com um número indefinido, sempre crescente de artefatos, estes cruzamentos, estas construções de coletivos híbridos e de circuitos crescentes de complexidade, colocando sempre em jogo mais vastas, ou mais ínfimas, ou mais fulgurantes porções de universo.

O que não quer dizer que a máquina seja a melhor amiga do homem, não mais que o próprio homem. Há máquinas de morte e de assujeitamento, máquinas de exploração, máquinas loucas lançadas por humanos contra humanos, construídas e mantidas por homens e triturando outros homens. Mas a máquina cotidiana, útil, apropriada, a máquina mimada, polida, mantida, também existe.

Chega de nos polarizarmos sobre a oposição fácil, grosseira e espetacular entre o homem de carne e a máquina de metal e silicone para que possamos discernir as megamáquinas híbridas, feitas de pedras e homens, tinta e papel, palavras e estradas de ferro, regulamentos e privilégios, redes telefônicas e computadores: estes grandes monstros heteróclitos que são as empresas, as administrações, as usinas, as universidades, os laboratórios, as comunidades e coletivos de todos os tipos. O Estado, por exemplo, desde sempre ou quase, desde a Suméria, com seus grandes palácios de tijolos envernizados, armazéns, hierarquias complicadas, guardas, capatazes e canais de irrigação, ferreiros, armas, escravos, bois e pequenos animais, suas tabuinhas de argila seca, contas cuneiformes e exércitos de escribas, terras semeadas com cevada, coletores de impostos andando nas estradas.

Que novas megamáquinas, quais agenciamentos mutantes os computadores do futuro irão organizar?

O que seria preciso opor, não é o homem e a tecnologia enlouquecida, mas o real mais maciço, mais espesso, múltiplo, infinitamente diverso, não totalizável, não sistematizável, turbilhonante, incomodativo, misturado, confundindo as pistas mais claras, quase totalmente opaco de um lado, e a ordem rígida de um discurso racional no qual se encadeariam de forma lógica os fins e os meios, os meios sempre subordinados aos fins e os fins em algum céu etéreo da ética, ou da palavra, ou da liberdade, ou de uma república das vontades racionais, ou de Deus. Certamente não é o pretenso sistema técnico que se opõe a esta visão inconsistente dos destinos humanos, mas sim o turbilhonamento infinito do real.

A CIDADE CONTEMPORÂNEA SE ESTENDE À TOTALIDADE DO MUNDO (COSMÓPOLIS)

O hormônio que estimula a lactação das vacas foi descoberto em 1920. Graças à engenharia genética, há pouco tempo tornou-se possível fabricar este hormônio (pudicamente rebatizado de proteína) através de microrganismos. Os grupos industriais que financiaram estas pesquisas têm, evidentemente, a intenção de torná-las rentáveis. Para tal seria preciso convencer os fazendeiros da excelência, utilidade e rentabilidade de seu produto. Seria também preciso persuadir as administrações que regulamentam a saúde e a agricultura que o hormônio não era nocivo. Para este fim, foi desenvolvida uma infinidade de testes para verificar a inocuidade da proteína. Estes testes colocavam em jogo numerosos produtos químicos, aparelhagens complexas, animais, cobaias humanas etc. Como os fazendeiros e as administrações já haviam sido convencidos nos Estados Unidos, seria mais fácil para as indústrias veterinárias pleitear sua causa junto aos europeus. Entretanto, como é sabido, a Europa atravessa uma enorme superprodução de leite. Somas enormes são destinadas a congelar manteiga e fabricar leite em pó. Os preços do leite são artificialmente inchados para sustentar os fazendeiros. O que fazer, então, com um processo que permitia fabricar mais leite? Resposta das indústrias veterinárias: fazer a mesma quantidade de leite, mas com menos vacas. O que seria ainda mais vantajoso devido a existência de um incentivo ao abatimento, justamente por causa da superprodução. Entretanto, as coisas se complicam ainda mais, uma vez que as vacas tratadas com este hormônio, já que fabricam mais leite precisam de uma alimentação muito mais abundante e mais rica que a grama das pastagens da Normandia ou da Charente. Requerem, portanto, alimentos especiais para animais, fabricados industrialmente. A partir de soja brasileira, por exemplo... Esta nova procura por soja provavelmente provocaria a extensão da monocultura para exportação no Brasil. Isto ocorreria em detrimento da policultura de subsistência, à custa da floresta primitiva? De qualquer forma, resultaria em um modificação de paisagens e ecossistemas no continente sul-americano. A transformação da paisagem rural europeia também é certa. Como evoluirão os bosques normandos após o abandono das pastagens? Quais espécies animais e vegetais sofrerão ou lucrarão com esta mudança?

Observemos que nada, absolutamente nada força as organizações agrícolas e as instituições europeias a aceitar a proposta das indústrias veterinárias. Quase nada proíbe que associações de cidadãos do Mercado Comum Europeu tentem influenciar as decisões dos organismos comunitários. É claro que ambas as partes podem ter seus especialistas, seus cientistas, seus agrotécnicos.

Um novo processo para fabricar uma proteína coloca em jogo, portanto, uma rede complexa na qual interagem laboratórios farmacêuticos, seus equipamentos, seus testes e estábulos; mas também micróbios, vacas, fazendeiros, pastagens normandas, a monocultura de soja em certas regiões do Brasil, os regulamentos europeus etc.

A questão está limitada a relações entre humanos? É evidente que não. Relações foram estabelecidas entre homens, animais, micróbios, proteínas, equipamento científico, leis, regulamentos, paisagens, plantas, ecossistemas etc. O objetivo das indústrias farmacêuticas é o de desfazer o agenciamento acima, para construir um outro, que funcionaria a seu favor.

Em qual terreno estas associações são tramadas ou resolvidas? Na sociedade? Não, o terreno de manobras é muito mais vasto que a

Por uma tecnodemocracia

195

sociedade. Poderíamos chamar este lugar metassocial de *a Terra*; não fazemos distinção entre as entidades conforme sejam inertes ou vivas, homens ou coisas, pequenas (micróbios) ou grandes (paisagens rurais, ecossistemas)... O projeto de democracia técnica baseia-se em uma antropologia cosmopolita.

A ciência moderna não para de curto-circuitar as fronteiras, as separações e as regras. A democracia deve fazer o mesmo.

Neutralidade da técnica?

A técnica em geral não é nem boa, nem má, nem neutra, nem necessária, nem invencível. É uma dimensão, recortada pela mente, de um devir coletivo heterogêneo e complexo na cidade do mundo. Quanto mais reconhecermos isto, mais nos aproximaremos do advento de uma tecnodemocracia.

O processo de metamorfose sociotécnica era lento na maior parte das sociedades do passado, seu ritmo acelerou-se há dois ou três séculos, primeiro no Ocidente e depois em toda parte. Possui muitas vezes um caráter epidêmico e destruidor para "sistemas técnicos" antigos, estáveis em maior ou menor grau, e para as sociedades que se organizaram em torno desses sistemas; pois a "técnica", repetimos, encontra-se sempre intimamente misturada às formas de organização social, às instituições, às religiões, às representações em geral. Os "valores" são contingentes em um sentido muito profundo, já que estão ligados às estabilizações provisórias de múltiplos dispositivos materiais e organizacionais, necessariamente suscetíveis de serem reinterpretados, capturados e abandonados por uma infinidade de protagonistas. Eis, sem dúvida, o porquê de muitos autores identificarem a técnica como uma das causas do mal contemporâneo, eles veem nela a fonte da decadência dos valores aos quais estavam ligados. Mas a técnica é apenas uma dimensão, recortada pela mente, do conjunto do jogo coletivo, aquela na qual desenham-se as conexões físicas do mundo humano com o universo. A partir do momento em que reificamos este ponto de vista em força autônoma podemos atribuir a ele, magicamente, uma vida própria, uma responsabilidade sobre as dificuldades que assolam hoje a humanidade. Mas quaisquer que sejam os horrores cometidos pelas armas avançadas, ou na ocasião de desastres ecológicos, da destruição de meios de vida tradicionais, ou do estabe-

196   Conclusão

lecimento de ambientes inumanos, é a coletividade humana que é responsável por tais agressões contra si mesma e contra outras formas de vida, não uma entidade exterior e separável que poderíamos culpar por todos os males, como uma espécie de bode expiatório conceitual. Pelas mesmas razões que não podemos condená-la, é igualmente absurdo incensar a técnica. Sobretudo, não lhe pedir nada em relação aos fins últimos, não lhe pedir demais, no geral. Nenhuma "solução" pode vir da "técnica", mas somente algumas saídas favoráveis ou desfavoráveis das negociações e conflitos entre agricultores, insetos, empresas, atmosfera, jornalistas, sindicatos, universidades, vírus, laboratórios, rios, classes sociais, Estados, macromoléculas, associações diversas, organismos internacionais, elétrons etc.

Para aqueles que observam-no dia após dia, nos detalhes de seu desenvolvimento, o processo sociotécnico aparece como uma infinidade de singularidades que se conectam, se agenciam, se destroem, desaparecem e mutam. As evoluções regulares, as tendências a longo prazo, os paradigmas, as macroestruturas são apenas ilusões de ótica retrospectivas, encenações a serviço de operações de captura, que por sua vez são apenas produções temporárias de singularidade.

Uma vez que o pretenso "sistema técnico" ou "a técnica" tenham sido novamente imersos no rio do devir coletivo, podemos enfim reconhecer que a dimensão instituinte está presente em toda parte, ao menos enquanto potência. Mais uma vez descobrimos o alcance político desta discussão: quanto mais "a técnica" for concebida como autônoma, separada, fatal, todo-poderosa e possuidora de uma essência particular, menos pensaremos que ainda temos poder. Em compensação, quanto melhor compreendermos "a essência da técnica", mais se tornará claro que há espaço para uma tecnodemocracia, que um amplo espaço permanece aberto à crítica e à intervenção, aqui e agora.

Na era do planeta unificado, dos conflitos mundializados, do tempo acelerado, da informação desdobrada, das mídias triunfantes e da tecnociência multiforme e onipresente, quem não sente que é preciso repensar os objetivos e os meios da ação política? A integração plena das escolhas técnicas no processo de decisão democrática seria um elemento chave da necessária mutação da política. As sociedades ditas democráticas, se merecem seu nome, têm todo o interesse em reconhecer nos processos sociotécnicos fatos políticos importantes, e em compreender que a instituição contemporânea do social se faz tanto nos organismos científicos e nos departamentos de pesquisa e desenvolvimento das grandes empresas, quanto no Parlamento ou na rua. Ao lançar o catálogo eletrônico ou trabalhar nas manipulações genéticas, contribui-se da mesma forma para forjar a cidade do mundo quanto votando. Mas esta produção do coletivo é sempre ambígua, polissêmica, aberta à interpretação. O Minitel francês, de grande rede estatal que era ao ser lançado, foi rapidamente reinterpretado por grande número de usuários como um suporte de troca de mensagens interativa onde foram inventadas novas formas de comunicar, mas estas trocas de mensagens foram desviadas pelos vendedores de ilusões cor-de-rosa, que, por sua vez etc.

Já foi possível compreender que, de certa forma, a tecnopolítica já ocorre nas reinterpretações, desvios, conflitos, alianças e compromissos aos quais se dedicam os operadores do coletivo. Para tornar-se tecnodemocracia, não falta à tecnopolítica nada além de transcorrer também na cena pública, onde os atores são cidadãos iguais, e onde a razão do mais forte nem sempre prevalece. Renunciar à imagem falsa de uma tecnociência autônoma, separada, fatal, todo-poderosa, causa do mal ou instrumento privilegiado do progresso para reconhecer nela uma dimensão particular do devir coletivo, significa compreender melhor a natureza deste coletivo e tornar mais provável o advento de uma tecnodemocracia. Não alimento nenhuma ilusão quanto a um pretenso domínio possível do progresso técnico, não se trata tanto de dominar ou de prever com exatidão, mas sim de assumir coletivamente um certo número de escolhas. De tornar-se responsável, todos juntos. O futuro indeterminado que é o nosso neste fim do século XX deve ser enfrentado de olhos abertos.

BIBLIOGRAFIA

ALFONSI, Philippe. *Au nom de la science*. Paris: Barrault-Taxi, 1989.

CALLON, Michel (org.). *La Science et ses réseaux: genèse et circulation de faits scientifiques*. Paris/Strasbourg: La Découverte/Conseil de l'Europe/Unesco, 1989.

HEIDEGGER, Martin. *Essais et conférences* (trad. André Préaux). Paris: Gallimard, 1958.

LATOUR, Bruno. *Les Microbes: guerre et paix*, seguido de *Irréductions*. Paris: A. M. Métailié, 1984.

LATOUR, Bruno. *La Science en action*. Paris: La Découverte, 1989.

LATOUR, Bruno; WOOLGAR, Steve. *La Vie de laboratoire*. Paris: La Découverte, 1988.

PRIGOGINE, Ilya; STENGERS, Isabelle. *Entre le temps et l'éternité*. Paris: Fayard, 1988.

SERRES, Michel (org.). *Éléments d'histoire des sciences*. Paris: Bordas, 1989.

STENGERS, Isabelle (org.). *D'une science à l'autre: des concepts nomades*. Paris: Seuil, 1987.

STENGERS, Isabelle; SCHLANGER, Judith. *Les Concepts scientifiques: invention et pouvoir*. Paris: La Découverte, 1989.

AGRADECIMENTOS

Este livro foi concebido e parcialmente redigido enquanto estive como professor convidado no departamento de comunicação da universidade do Quebec em Montreal. Meus colegas de Montreal, Gilles "Zenão" Maheu, Charles Halary e Jacques Ajenstat, sugeriram-me boas leituras e excelentes ideias.

As discussões que prosseguiram no colóquio de Treilles entre os autores de *Éléments d'histoire des sciences* (sob a direção de Michel Serres) levaram-me a revisar minha concepção da técnica. Os silêncios eloquentes, e depois o estímulo de Bruno Latour talvez tenham desempenhado, neste aspecto, um papel determinante.

Agradeço particularmente a Isabelle Stengers, que incansavelmente respondeu, através de críticas construtivas, amigáveis e detalhadas, aos textos com os quais eu abarrotei sua caixa de correspondência.

Minha gratidão, enfim, para Dominique, que fez tudo para facilitar meu trabalho, cujo suporte jamais me faltou, e que pacientemente releu as sucessivas versões deste livro, agraciando-me com suas observações.

BIBLIOGRAFIA GERAL

[1] ALFONSI, Philippe. *Au nom de la science*. Paris: Barrault-Taxi, 1989.

[2] AMBRON, Sueann; HOOPER, Kristina (orgs.). *Interactive Multimedia*. Redmond, Washington: Microsoft Press, 1988.

[3] ANDERSON, John R. *Cognitive Psychology and its Implications* (2ª ed.). Nova York: W. H. Freeman and Company, 1985.

[4] ANDLER, Daniel (org.). *Une nouvelle science de l'esprit: intelligence artificielle, sciences cognitives, nature du cerveau*. Número especial da revista *Le Débat*, nº 47, Paris, Gallimard, 1987.

[5] ANDRÉ-LEICKNAM, Béatrice; ZIEGLER, Christiane (orgs.). *Naissance de l'écriture: cunéiformes et hiéroglyphes* (catálogo da exposição no Grand Palais). Paris: Éditions de la Reunion des Musées Nationaux, 1982.

[6] BADDELEY, Alan. *Your Memory: A User's Guide*. Toronto: McGraw-Hill, 1982.

[7] BATESON, Gregory. *La Nature et la pensée*. Paris: Seuil, 1984.

[8] BATESON, Gregory. *Vers une écologie de l'esprit* (2 vols.). Paris: Seuil, 1977--1980.

[9] BLOOR, David. *Sociologie de la logique ou les limites de l'épistémologie*. Paris: Éditions Pandore, 1982 (edição original: *Knowledge and Social Imagery*. Londres: Routledge and Kegan Paul, 1976).

[10] BONNET, Alain; HATON, Jean-Paul; TRUONG-NGOC, Jean-Michel. *Systèmes-experts: vers la maîtrise technique*. Paris: Interéditions, 1986.

[11] BOORSTIN, Daniel. *Les Découvreurs*. Paris: Seghers, 1986 (edição original: *The Discoverers*. Nova York: Random House, 1983).

[12] BOTTERO, Jean. *Mésopotamie: l'écriture, la raison et les dieux*. Paris: Gallimard, 1987.

[13] BRANDT, Stewart. *Inventing the Future at MIT*. Nova York: Viking Penguin, 1987.

[14] BRETTON, Philippe. *Histoire de l'informatique*. Paris: La Découverte, 1987.

[15] CALLON, Michel (org.). *La Science et ses réseaux: genèse et circulation de faits scientifiques*. Paris/Strasbourg: La Découverte/Conseil de l'Europe/Unesco, 1989.

[16] CASTORIADIS, Cornélius. *L'Institution imaginaire de la société*. Paris: Seuil, 1975.

[17] CHAOS COMPUTER CLUB (Jürgen Wieckmann, org.). *Danger pirates informatiques*. Paris: Plon, 1989 (edição original: *Das Chaos Computer Club*. Reinbek bei Hamburg: Rowohlt Verlag, 1988).

[18] CHESNEAUX, Jean. *La Modernité monde*. Paris: La Découverte, 1989.

[19] CHOMSKY, Noam. *Règles et représentations*. Paris: Flammarion, 1985 (edição original: *Rules and Representations*. Nova York: Columbia University Press, 1980).

[20] CICOUREL, Aaron. *La Sociologie cognitive*. Paris: PUF, 1979.

[21] COMMISSION MONDIALE SUR L'ENVIRONNEMENT ET LE DÉVELOPPEMENT. *Notre avenir à tous (Rapport Brundtland)*. Montreal: Éditions du Fleuve/Les Publications du Québec, 1988.

[22] CORTEN, André; TAHON, Marie-Blanche (orgs.). *La Radicalité du quotidien: communauté et informatique*. Montreal: VLB, 1987.

[23] COULON, Alain. *L'Ethnométhodologie*. Paris: PUF, 1987.

[24] DEBORD, Guy. *Commentaires sur la société du spectacle*. Paris: Éditions Gérard Lebovici, 1988.

[25] DEBORD, Guy. *La Société du spectacle*. Paris: Buchet-Chastel, 1967.

[26] DELEUZE, Gilles; GUATTARI, Félix. *Mille plateaux: capitalisme et schizophrénie*. Paris: Minuit, 1980.

[27] DELEUZE, Gilles. *Le Pli: Leibniz et le baroque*. Paris: Minuit, 1988.

[28] DENIS, Michel. *Image et cognition*. Paris: PUF, 1989.

[29] *DIX ANS DE TABLEUR*, dossiê da revista *Science et Vie Micro*, n° 68, janeiro de 1990.

[30] DOUGLAS, Mary. *Ainsi pensent les institutions*. Paris: Usher, 1989 (edição original: *How Institutions Think*. Syracuse, Nova York: Syracuse University Press, 1986).

[31] DURAND, Jean-Pierre; LÉVY, Pierre; WEISSBERG, Jean-Louis. *Guide de l'informatisation: informatique et société*. Paris: Belin, 1987.

[32] EISENSTEIN, Elizabeth. *The Printing Revolution in Early Modern Europe*. Cambridge/Londres/Nova York: Cambridge University Press, 1983.

[33] ELLUL, Jacques. *La Technique ou l'enjeu du siècle*. Paris: Armand Colin, 1954.

[34] ELLUL, Jacques. *Le Bluff technologique*. Paris: Hachette, 1988.

[35] ELLUL, Jacques. *Le Système technicien*. Paris: Calmann-Lévy, 1977.

[36] FEYERABEND, Paul. *Adieu la raison*. Paris: Seuil, 1989 (edição original: *Farewell to Reason*. Londres: Verso, 1987).

[37] FODOR, Jerry. *La Modularité de l'esprit: essai sur la psychologie des facultés*. Paris: Minuit, 1986 (edição original: *The Modularity of Mind: An Essay on Faculty Psychology*. Cambridge, Massachusetts: MIT Press, 1983).

[38] GANASCIA, Jean-Gabriel. *L'Âme machine: les enjeux de l'intelligence artificielle*. Paris: Seuil, 1990.

[39] GARDNER, Howard. *Frames of Mind: The Idea of Multiple Intelligence*. Nova York: Basic Books, 1983.

[40] GARDNER, Howard. *The Mind's New Science: A History of the Cognitive Revolution*. Nova York: Basic Books, 1985.

[41] GARFINKEL, Harold. *Studies in Ethnomethodology*. Engelwood Cliffs, New Jersey: Prentice Hall, 1967.

[42] GOLDSTINE, Hermann. *The Computer from Pascal to Von Neumann*. Princeton, New Jersey: Princeton University Press, 1972.

[43] GOODY, Jack. *La Logique de l'écriture: aux origines des sociétés humaines*. Paris: Armand Colin, 1986.

[44] GOODY, Jack. *La Raison graphique: la domestication de la pensée sauvage*. Paris: Minuit, 1979.

[45] GRAS, Alain; POIROT-DELPECH, Sophie (orgs.). *L'Imaginaire des techniques de pointe*. Paris: L'Harmattan, 1989.

[46] *GROUPWARE*, dossiê da revista *Byte*, dezembro de 1988.

[47] GUATTARI, Félix. *Cartographies schizoanalytiques*. Paris: Galilée, 1989.

[48] GUATTARI, Félix. *Les Trois écologies*. Paris: Galilée, 1989.

[49] GUINDON, Raimonde (org.). *Cognitive Science and its Application for Human-Computer Interaction*. Hillsdale, New Jersey: Lawrence Erlbaum, 1988.

[50] HAVELOCK, Eric A. *Aux origines de la civilisation écrite en Occident*. Paris: Maspero, 1981.

[51] HAVELOCK, Eric A. *The Muse Learns to Write: Reflections on Orality and Litteracy from Antiquity to the Present*. New Haven, Connecticut/Londres: Yale University Press, 1986.

[52] HEIDEGGER, Martin. *Essais et conférences* (trad. André Préaux). Paris: Gallimard, 1958.

[53] HENRI, Michel. *La Barbarie*. Paris: Grasset, 1987.

[54] HOTTOIS, Gilbert. *Le Signe et la technique*. Paris: Aubier, 1984.

[55] *HYPERTEXT*, dossiê da revista *Byte*, outubro de 1988.

[56] ILLICH, Ivan; SANDERS, Barry. *ABC: l'alphabétisation de l'esprit populaire*. Paris: La Découverte, 1990 (contém uma importante bibliografia sobre a relação entre a oralidade, a escultura e a cultura).

[57] JANICAUD, Dominique. *La Puissance du rationnel*. Paris: Gallimard, 1985.

Bibliografia geral 203

[58] JOHNSON-LAIRD, Philip N. *Mental Models*. Cambridge, Massachusetts: Harvard University Press, 1983.

[59] *LA RECHERCHE EN INTELLIGENCE ARTIFICIELLE* (Pierre Vandeginste, org.). Paris: Seuil, 1987.

[60] *LA TECHNO-DÉMOCRATIE, MODE D'EMPLOI*, dossiê da revista *Esprit*, agosto e setembro 1983.

[61] LAFONT, Robert (org.). *Anthropologie de l'écriture*. Paris: CCI/Centre Georges Pompidou, 1984.

[62] LAMBERT, Steve; ROPIEQUET, Suzanne (orgs.). *CD-ROM: The New Papyrus*. Redmond, Washington: Microsoft Press, 1986 (contém a reprodução do texto de Vannevar Bush, "As We May Think", originalmente publicado em *The Atlantic Monthly* em 1945).

[63] LANDRETH, Bill. *Out of the Inner Circle* (2ª ed.). Redmond, Washington: Tempus Books/Microsoft Press, 1989.

[64] LATOUR, Bruno (org.). *Les Vues de l'esprit*, nº 14 da revista *Culture Technique*, junho de 1985.

[65] LATOUR, Bruno. *Les Microbes: guerre et paix*, seguido de *Irréductions*. Paris: A. M. Métailié, 1984.

[66] LATOUR, Bruno; WOOLGAR, Steve. *La Vie de laboratoire: la production des faits scientifiques*. Paris: La Découverte, 1988 (edição original: *Laboratory Life: The Construction of Scientific Facts*. Londres: Sage Publications, 1979).

[67] LATOUR, Bruno. *La Science en action*. Paris: La Découverte, 1989 (edição original: *Science in Action*. Londres: Open University Press, 1987).

[68] LE MOIGNE, Jean-Louis (org.). *Intelligence des mécanismes, mécanismes de l'intelligence*. Paris: Fayard/Fondation Diderot, 1986.

[69] LEROI-GOURHAN, André. *Le Geste et la parole*, vols. 1 e 2. Paris: Albin Michel, 1964.

[70] LÉVY, Pierre. "L'Invention de l'ordinateur". In: SERRES, Michel (org.). *Éléments d'histoire des sciences*. Paris: Bordas, 1989.

[71] LÉVY, Pierre. *La Machine univers: création, cognition et culture informatique*. Paris: La Découverte, 1987.

[72] LIGONNIÉRE, Robert. *Préhistoire et histoire des ordinateurs*. Paris: Robert Laffont, 1987.

[73] MARCHAND, Marie. *La Grande aventure du Minitel*. Paris: Librairie Larousse, 1988.

[74] MATURANA, Humberto; VARELA, Francisco. *The Tree of Knowledge*. Boston, Massachusetts: New Science Library, 1987.

[75] MCCLELLAND, James; RUMELHART, David (orgs.). *Parallel Distributed Processing: Explorations in the Microstructures of Cognition* (2 vols.). Cambridge, Massachusetts/Londres: MIT Press, 1986.

[76] MCLUHAN, Marshall. *La Galaxie Gutenberg: face à l'ère électronique*. Montreal: Éditions HMH, 1967.

[77] MCNEILL, William. *The Pursuit of Power Technology: Armed Forces and Society since A.D. 1000*. Chicago: University of Chicago Press, 1982.

[78] MIÈGE, Bernard. *La Société conquise par la communication*. Grenoble: Presses Universitaires de Grenoble, 1989.

[79] MINSKY, Marvin. *La Société de l'esprit*. Paris: Interéditions, 1988 (edição original: *The Society of Mind*. Nova York: Simon and Schuster, 1986).

[80] MORIN, Edgar. *La Méthode* (tome 3: *La Connaissance de la connaissance*; livre premier: *Anthropologie de la connaissance*). Paris: Seuil, 1986.

[81] MUMFORD, Lewis. *Technique et civilisation*. Paris: Seuil, 1950.

[82] ONG, Walter. *Orality and Literacy: The Technologizing of the Word*. Londres/Nova York: Methuen, 1982.

[83] ONG, Walter. *Method and the Decay of the Dialogue*. Cambridge, Massachusetts: Harvard University Press, 1958.

[84] PAPERT, Seymour. *Jaillissement de l'esprit: ordinateurs et apprentissage*. Paris: Flammarion, 1981 (edição original: *Mindstorms: Children, Computers, and Powerful Ideas*. Nova York: Basic Books, 1980).

[85] PARRY, Adam (org.). *The Making of the Homeric Verse: The Collected Papers of Milman Parry*. Oxford: The Clarendon Press, 1971.

[86] PRIGOGINE, Ilya; STENGERS, Isabelle. *La Nouvelle alliance* (2ª ed.). Paris: Gallimard, 1986.

[87] PRIGOGINE, Ilya; STENGERS, Isabelle. *Entre le temps et l'éternité*. Paris: Fayard, 1988.

[88] QUÉRÉ, Louis. *Des miroirs équivoques*. Paris: Aubier-Montaigne, 1982.

[89] RASTIER, François. *Sémantique interprétative*. Paris: PUF, 1987.

[90] SCHANK, Roger. *The Cognitive Computer*. Reading, Massachusetts: Addison-Wesley, 1984.

[91] SCHLANGER, Judith. *Les Métaphores de l'organisme*. Paris: Vrin, 1971.

[92] SCHLANGER, Judith; STENGERS Isabelle. *Les Concepts scientifiques: invention et pouvoir*. Paris: La Découverte, 1988.

[93] SERRES, Michel. *Le Parasite*. Paris: Grasset, 1980.

[94] SERRES, Michel. *Statues*. Paris: François Bourin, 1987.

[95] SERRES, Michel (org.). *Éléments d'histoire des sciences*. Paris: Bordas, 1989.

[96] SERRES, Michel. "Gnomon". In: SERRES, Michel (org.). *Éléments d'histoire des sciences*. Paris: Bordas, 1989.

[97] SERRES, Michel. *Hermès IV. La distribution*. Paris: Minuit, 1977.

[98] SIBONY, Daniel. *Entre dire et faire: penser la technique*. Paris: Éditions Grasset, 1989.

[99] SIMONDON, Gilbert. *Du mode d'existence des objets techniques*. Paris: Aubier, 1958.

[100] SIMONDON, Gilbert. *L'Individuation psychique et collective*. Paris: Aubier, 1989.

[101] SPERBER, Dan. "Anthropology and Psychology: Towards an Epidemiology of Representations". *Man* (N. S.), 20, 73-89.

[102] SPERBER, Dan; WILSON, Deirdre. *La Pertinence: communication et cognition*. Paris: Minuit, 1989.

[103] STENGERS, Isabelle (org.). *D'une science à l'autre: des concepts nomades*. Paris: Seuil, 1987.

[104] STILLINGS, Neil *et al*. *Cognitive Science: An Introduction*. Cambridge, Massachusetts: MIT Press, 1987.

[105] SVENBRO, Jesper. *Phrasikleia: anthropologie de la lecture en Grèce ancienne*. Paris: La Découverte, 1988.

[106] TURKLE, Sherry. *Les Enfants de l'ordinateur*. Paris: Denoël, 1986 (edição original: *The Second Self*. Nova York: Simon and Schuster, 1984).

[107] VARELA, Francisco J. *Autonomie et connaissance: essai sur le vivant*. Paris: Seuil, 1989.

[108] VATTIMO, Gianni. *Les Aventures de la différence*. Paris: Minuit, 1985.

[109] VIRILIO, Paul. *L'Espace critique*. Paris: Galilée, 1987.

[110] WATZLAVICK, Paul; HELMICK BEAVIN, Janet; JACKSON, Don D. *Une logique de la communication*. Paris: Seuil, 1972.

[111] WEISSBERG, Jean-Louis (org.). *Les Chemins du virtuel: simulation informatique et création industrielle*, número especial de *Cahiers du CCI*, Paris, abril de 1989.

[112] WINICIN, Yves (org.). *La Nouvelle communication*. Paris: Seuil, 1981.

[113] WINOGRAD, Terry; FLORES, Fernando. *L'Intelligence artificielle en question*. Paris: PUF, 1988 (edição original: *Understanding Computers and Cognition*. Norwood, New Jersey: Ablex, 1986).

[114] YATES, Frances. *L'Art de la mémoire*. Paris: Gallimard, 1975 (edição original: *The Art of Memory*. Londres: Routledge and Kegan Paul, 1966).

[115] YOUNG, Jeffrey S. *Steve Jobs, un destin fulgurant*. Paris: Éditions Micro Application, 1989 (edição original: *Steve Jobs: The Journey is the Reward*. Nova York: Scott Foresman and Company, 1987).

Notemos, enfim, a excelente revista *Terminal*, editada em Paris a partir de 1980 (com mais de cinquenta números publicados).

SOBRE O AUTOR

Pierre Lévy nasceu em 1956 em Túnis, capital da Tunísia. Em Paris, fez o mestrado em História das Ciências na Sorbonne (1980) e o doutorado em Sociologia na EHESS (1983), obtendo depois o PhD em Ciências da Informação e da Comunicação na Universidade de Grenoble (1991). Atualmente é professor e pesquisador da Universidade de Ottawa, no Canadá. Publicou:

La machine univers: création, cognition et culture informatique. Paris: La Découverte, 1987 (ed. bras.: *A máquina universo: criação, cognição e cultura informática*. Porto Alegre: Artmed, 1998).

Les technologies de l'intelligence: l'avenir de la pensée à l'ère informatique. Paris: La Découverte, 1990 (ed. bras.: *As tecnologias da inteligência: o futuro do pensamento na era da informática*. Rio de Janeiro: Editora 34, 1993).

L'idéographie dynamique: vers une imagination artificielle? Paris: La Découverte, 1991 (ed. bras.: *A ideografia dinâmica: rumo a uma imaginação artificial?* São Paulo: Loyola, 1998).

De la programmation considérée comme un des beaux-arts. Paris: La Découverte, 1992.

Les arbres de connaissances (com Michel Authier). Paris: La Découverte, 1992 (ed. bras.: *As árvores de conhecimentos*. São Paulo: Escuta, 1998).

L'intelligence collective: pour une anthropologie du cyberespace. Paris: La Découverte, 1994 (ed. bras.: *A inteligência coletiva: por uma antropologia do ciberespaço*. São Paulo: Loyola, 1998).

Qu'est-ce que le virtuel? Paris: La Découverte, 1995 (ed. bras.: *O que é o virtual?* São Paulo: Editora 34, 1996).

Cyberculture. Paris: Odile Jacob, 1997 (ed. bras.: *Cibercultura*. São Paulo: Editora 34, 1999).

Le feu libérateur (com Darcia Labrosse). Paris: Arléa, 1999 (ed. bras.: *O fogo liberador*. São Paulo: Iluminuras, 2000).

World philosophie: le marché, le cyberespace, la conscience. Paris: Odile Jacob, 2000 (ed. bras.: *A conexão planetária: o mercado, o ciberespaço, a consciência*. São Paulo: Editora 34, 2001).

Cyberdémocratie. Paris: Odile Jacob, 2002 (ed. bras., modificada: *O futuro da internet: em direção a uma ciberdemocracia planetária*, com André Lemos. São Paulo: Paulus, 2010).

La sphère sémantique 1: computation, cognition, économie de l'information. Paris: Hermes Science/Lavoisier, 2011.

ESTE LIVRO FOI COMPOSTO EM SABON,
PELA BRACHER & MALTA, COM CTP DA
NEW PRINT E IMPRESSÃO DA GRAPHIUM
EM PAPEL PÓLEN SOFT 80 G/M^2 DA CIA.
SUZANO DE PAPEL E CELULOSE PARA A
EDITORA 34, EM ABRIL DE 2016.